Diogenes Taschenbuch 24597

Südtirol

Geschichten zwischen Almen und Palmen

Ausgewählt von Silvia Zanovello,
Marie Hesse und Lena Thomma

Diogenes

Originalausgabe
Alle Rechte an dieser Ausgabe vorbehalten
Copyright © 2022
Diogenes Verlag AG Zürich
www.diogenes.ch
80/22/44/1
ISBN 978 3 257 24597 4

Inhalt

In den Katakomben

∗

Männer haben mich nie interessiert. Die Vorstellung, Liebe könnte etwas mit ihnen zu tun haben, fand ich lächerlich. Für mich waren sie zu plump oder zu behaart oder zu grob. Manchmal alles zusammen. Hier in der Gegend besaßen die meisten ein Stück Land und etwas Vieh, und das war der Geruch, den sie mit sich herumtrugen. Stall und Schweiß. Hätte ich mir vorstellen müssen, mit jemandem zu schlafen, dann lieber mit einer Frau. Lieber die harten Wangenknochen eines Mädchens als die kratzige Haut eines Mannes. Am liebsten aber wollte ich allein bleiben. Sogar Nonne zu werden hätte mir nicht missfallen. Doch der Gedanke an Gott war schon immer zu schwierig, wenn er mir in den Sinn kam, verirrte ich mich darin.

Erich war der Einzige, den ich anschaute. Ich sah ihn immer im Morgengrauen vorbeigehen, die Mütze in die Stirn gezogen und schon um diese Zeit eine Zigarette im Mundwinkel. Jedes Mal wollte ich mich zum Fenster hinausbeugen und ihn grüßen, doch hätte ich es geöffnet, hätte Mutter die Kälte eindringen gespürt und bestimmt gerufen, ich solle sofort zumachen.

»Trina, bist du verrückt geworden«, hätte sie gekreischt.

Mutter war eine, die ständig kreischte. Doch selbst wenn ich das Fenster geöffnet hätte, was hätte ich ihm denn sagen sollen? Mit siebzehn Jahren war ich so gehemmt, dass ich höchstens herumgestottert hätte. Daher schaute ich ihm nach, wie er sich zum Wald hin entfernte, während Strupp, sein Hund, die Herde vorwärtstrieb. Wenn Erich mit den Kühen unterwegs war, bewegte er sich so langsam, dass es aussah, als käme er nicht vom Fleck. Also senkte ich den Blick auf die Bücher, sicher, ihn an derselben Stelle wiederzusehen, doch wenn ich den Kopf hob, war er nur noch eine winzige Gestalt am Ende der Straße. Unter den Lärchen, die es nicht mehr gibt.

In jenem Frühjahr saß ich immer häufiger mit dem Bleistift im Mund vor den aufgeschlagenen Büchern und dachte an Erich. Als Mutter, die sonst oft in meiner Nähe herumhantierte, einmal nicht da war, fragte ich Vater, ob das Leben der Bauern nicht etwas für Träumer sei. Wenn man den Gemüsegarten geharkt hat, kann man mit den Tieren auf die Weide gehen, sich auf einen Felsen setzen und in der Stille den Fluss betrachten, der seit Jahrhunderten gemächlich dahinfließt, den kalten Himmel, von dem man nicht weiß, wo er endet.

»Das alles können die Bauern doch machen, nicht wahr, Vater?«

Vater schmunzelte, mit der Pfeife im Mund. »Frag mal den Jungen, den du morgens heimlich am Fenster beobachtest, ob seine Arbeit etwas für Träumer ist ...«

Zum ersten Mal habe ich vor dem Haus mit ihm gesprochen. Vater arbeitete als Schreiner in Reschen am See, doch auch daheim bei uns ging es zu wie in seiner Werkstatt. Es herrschte ein ständiges Kommen und Gehen von Leuten, die etwas repariert haben wollten. Mutter schimpfte, nie könne man seine Ruhe haben. Er, der keinen noch so kleinen Vorwurf im Raum stehenlassen wollte, antwortete, da gebe es überhaupt nichts zu meckern, denn für einen Unternehmer gehöre es zur Arbeit, jemandem ein Glas anzubieten oder einen Schwatz zu halten, damit gewinne man nämlich die Kunden. Um die Diskussion abzubrechen, zog sie ihn an seiner Knollennase.

»Die ist ja noch länger geworden«, sagte sie zu ihm.

»Und bei dir ist der Arsch dicker geworden!«, erwiderte er.

Mutter wurde dann laut: »Da sieht man mal, was ich geheiratet habe, einen Trottel!« Sie warf einen Lappen nach ihm. Vater grinste und warf den Bleistift nach ihr, sie noch einen Lappen, er noch einen Bleistift. Sich Sachen an den Kopf zu werfen war für sie ein Ausdruck der Zuneigung.

An jenem Nachmittag standen Erich und Vater rauchend beieinander und betrachteten mit zusammengekniffenen Augen die Wolken, die sich über dem Ortler zusammenballten. Vater sagte zu ihm, er solle einen Augenblick warten, er wolle nur rasch ein Gläschen Schnaps holen. Erich war einer, der gewöhnlich statt zu reden bloß das Kinn hob und ein Lächeln andeutete, so selbstsicher, dass ich mich daneben klein fühlte.

»Was machst du nach dem Studium? Wirst du Lehrerin?«, fragte er mich jetzt.

»Ja, vielleicht. Vielleicht gehe ich auch ganz weit weg«, erwiderte ich, nur so, um eine erwachsene Antwort zu geben.

Sein Gesicht wurde finster. Er zog so heftig an seiner Zigarette, dass er sich an der Glut beinahe die Finger verbrannt hätte.

»Ich würde nie aus Graun fortwollen«, sagte er und wies auf das Tal.

Daraufhin sah ich ihn an wie ein kleines Mädchen, dem die Worte fehlen, und Erich strich mir zum Abschied über die Wange.

»Sag deinem Vater, den Schnaps trinke ich ein andermal.«

Ich nickte stumm. Die Ellbogen auf den Tisch gestützt, schaute ich ihm nach, während er davonging. Ab und zu warf ich einen Blick zur Tür, da ich fürchtete, Mutter könnte plötzlich herauskommen. Manchmal fühlt man sich wie eine Diebin, wenn Liebe im Spiel ist.

*

Im Frühjahr 1923 bereitete ich mich auf die Reifeprüfung vor. Mussolini hatte extra mein Examen abgewartet, um die Schule umzukrempeln. Im Jahr davor hatte der Marsch auf Bozen stattgefunden, und die Faschisten hatten die Stadt verwüstet. Sie hatten die öffentlichen Gebäude angezündet, die Leute verprügelt, mit Gewalt den Bürgermeister fortgejagt, und die Carabinieri hatten wie üblich tatenlos zugesehen. Hätten sie und der König nicht die Arme verschränkt, hätte der Faschismus dort nicht Fuß fassen können. Noch heute bin ich entsetzt, wenn ich durch Bozen gehe. Alles wirkt feindselig auf mich. Die zwanzig Jahre Faschismus haben so viele Spuren hinterlassen, und wenn ich sie sehe, fällt mir Erich wieder ein und wie sehr er sich vor Wut verzehren würde.

Bis zum Marsch auf Bozen verlief das Leben in den Grenztälern im Rhythmus der Jahreszeiten. Es schien, als käme die Geschichte nicht bis hier herauf. Sie war wie ein Echo, das verhallte. Die Sprache war Deutsch, die Religion christlich, die Arbeit die auf dem Feld und im Stall. Das war alles. Daraus bestand das Leben dieser Bergler, zu denen auch du gehörst, da du schließlich hier geboren bist.

Mussolini ließ Straßen, Bäche und Berge umtaufen ... Sogar die Toten haben sie gestört, diese Mörder, indem sie die Inschriften auf den Grabsteinen änderten. Sie haben unsere Namen italianisiert, die Schilder an den Geschäften ausgetauscht. Sie haben uns verboten, unsere Tracht zu tragen. Von einem Tag zum anderen standen in der Klasse Lehrer aus Venetien, aus der Lombardei und aus Sizilien vor uns. Sie verstanden uns nicht, wir verstanden sie nicht. Italienisch war hier in Südtirol eine exotische Sprache, man hörte es ab und zu von einem Grammophon oder wenn ein Händler aus dem Brandtal den Vinschgau hinaufwanderte auf dem Weg nach Österreich, um dort Geschäfte zu machen.

Dein ausgefallener Name prägte sich sofort ein, und für die, die ihn nicht kannten, warst du einfach die Tochter von Erich und Trina. Sie behaupteten, wir glichen einander wie ein Ei dem anderen.

»Falls sie sich mal verläuft, bringen sie sie dir nach Haus!«, brummte der Bäcker und schnitt dir zur Begrüßung Fratzen mit seinem zahnlosen Mund. Weißt du noch? Wenn es auf der Straße nach frischen Brötchen duftete, zogst du mich an der Hand zum Laden hin, damit ich dir eins kaufte. Nichts mochtest du lieber als warmes Brot.

Ich kannte jeden einzelnen Einwohner von Graun, aber richtig befreundet war ich nur mit Maja und Barbara. Jetzt wohnen sie nicht mehr hier. Sie sind vor Jahren weggezogen, und ich weiß nicht einmal, ob sie noch leben. Damals waren wir so eng befreundet, dass wir uns für dieselbe Schule entschieden. Zwar konnten wir diese Pädagogische Hochschule nicht besuchen, weil sie zu weit weg war, doch wenn wir einmal im Jahr zu den Prüfungen nach Bozen fuhren, war es jedes Mal ein Abenteuer. Aufgeregt erkundeten wir die Stadt, endlich etwas anderes als Sennereien und Berge, endlich die Welt. Hohe Häuser, Geschäfte, verkehrsreiche Straßen.

Maja und ich fühlten uns wirklich zum Unterrichten berufen und konnten es kaum erwarten, vor einer Klasse zu stehen. Barbara dagegen wäre lieber Schneiderin geworden. Sie hatte sich nur unseretwegen eingeschrieben: »Dann bleiben wir zusammen«, sagte sie. In diesen Jahren war sie wie mein Schatten. Wir verbrachten die Zeit damit, uns gegenseitig heimzubringen. Vor der Tür des Bauernhauses sagte die eine zur anderen: »Komm, es ist noch hell, ich begleite dich.«

Wir machten weite Umwege, am Fluss oder am Waldrand entlang, und ich weiß noch, dass Barbara auf diesen Spaziergängen immer zu mir sagte: »Wenn ich so wäre wie du ...«

»Wieso, wie bin ich denn?«

»Na ja, du hast klare Vorstellungen, du weißt, was du willst. Mich dagegen bringt alles durcheinander, und ich suche immer jemanden, der mich an die Hand nimmt.«

»Ich finde nicht, dass es mir so viel Glück bringt zu sein, wie ich bin.«

»Du bist eben ein Nimmersatt.«

»Jedenfalls«, sagte ich mit einem Schulterzucken, »würde ich meinen Charakter sofort dafür hergeben, so hübsch zu sein wie du.«

Dann lächelte sie, und wenn niemand in der Nähe war oder der Himmel dunkler wurde, gab sie mir einen Kuss und sagte mir zärtliche Worte, an die ich mich nicht mehr erinnere.

Mit der Ankunft des Duce war klar, dass wir wahrscheinlich keine Stelle bekommen würden, weil wir keine Italienerinnen waren, also fingen wir alle drei an, die Sprache zu lernen, in der Hoffnung, dann trotzdem eine Anstellung zu finden. Die Nachmittage verbrachten wir in jenem Frühjahr mit den Grammatikbüchern am Seeufer. Wir trafen uns nach dem Mittagessen, mal mit dem in eine Serviette gewickelten Nachtisch-Obst in der Hand, mal noch mit dem letzten Bissen im Mund.

»Hört jetzt auf, deutsch zu reden!«, sagte ich, um sie zur Ordnung zu rufen.

»Ich wollte Lehrerin werden, aber nicht für die Sprache der anderen!«, schimpfte Maja und schlug mit der Hand auf ihr vollgekritzeltes Heft.

»Was soll ich dann sagen, ich wollte eigentlich Kleider entwerfen!«, jammerte Barbara.

»Also bitte, es hat dich doch niemand gezwungen, Lehrerin zu werden«, erwiderte Maja.

»Jetzt hör sich einer diese Schlange an … Was soll das heißen, mich hat niemand gezwungen?«, protestierte Barbara, während sie ihre rebellische rote Mähne zu einem Pferdeschwanz band. Und danach fing sie wieder mit dieser Geschichte an, dass wir drei zusammenziehen müssten, anstatt zu heiraten.

»Glaubt mir, wenn wir heiraten, werden wir zu Dienstmädchen!«, schloss sie überzeugt.

Wenn ich nach Hause kam, ging ich sofort schlafen. Ich brauchte Zeit für mich. Ich schlüpfte ins Bett, lag im feuchten Dunkel des Zimmers und dachte nach. Es beunruhigte mich, dass ich allmählich erwachsen wurde, ob ich wollte oder nicht. Wer weiß, ob du auch solche Ängste gehabt hast oder ob du mehr deinem Vater gleichst, der das Leben als Fluss sah. Wenn ich mich einer Veränderung oder einem Ziel näherte, sei es der Abschlussprüfung oder der Hochzeit, bekam ich regelmäßig Lust, davonzulaufen und alles über den Haufen zu werfen. Warum bedeutet leben unbedingt vorwärtsgehen? Auch bei deiner Geburt dachte ich: »Warum kann ich sie nicht noch ein bisschen hier drin behalten?«

Im Mai trafen Maja, Barbara und ich uns auch unter der Woche, nicht wie in den Jahren davor nur gelegentlich oder zur Sonntagsmesse. Wir übten diese fremde Sprache und hofften, die Faschisten würden unseren Eifer und unser Diplom zu schätzen wissen. Da wir aber selbst nicht recht daran glaubten, saßen wir oft im Kreis und hörten, statt

Grammatik zu lernen, Barbaras Schallplatten mit italienischen Liedern.

Un bacio ti darò
Se qui ritornerai
Ma non ti bacerò
Se alla Guerra partirai.

Einen Kuss geb ich dir
Wenn du zurückkehrst zu mir
Doch ich küss dich nicht
Wenn du in den Krieg ziehst.

Eine Woche vor den schriftlichen Prüfungen erlaubte mir Vater, bei Barbara zu übernachten. Es war nicht leicht, aber zuletzt konnte ich ihn überreden.

»Gut, meine Kleine, geh zu deiner Freundin, aber dafür musst du mir dann ein Spitzenzeugnis nach Hause bringen.«

»Was meinst du denn mit Spitzenzeugnis?«, fragte ich, nachdem ich ihm einen Kuss auf die Wange gedrückt hatte.

»Einen Einser-Durchschnitt natürlich!«, erwiderte er und streckte die Hände aus. Und auch Mutter, die neben ihm saß und Strümpfe strickte, nickte mit Nachdruck. Mutter strickte in jeder freien Minute Strümpfe, denn mit kalten Füßen friere man am ganzen Körper, sagte sie.

Die besten Noten bekam dann aber nicht ich. Maja war es, die den Umtrunk bezahlte und den Kuchen buk, wie wir es am Anfang der Ausbildung ausgemacht hatten. Obwohl sie Barbaras Meinung nach eine Eins bekommen hatte, weil ihr Professor ein Schwein war und nur auf ihren Busen geschaut hatte.

»Ich habe eine Drei, weil ich bloß diese zwei Äpfelchen habe«, murrte sie, indem sie ihre Brüste herausstreckte und in den Händen wog.

»Du hast eine Drei, weil du strohdumm bist!«, erwiderte Maja, und schon fielen sie übereinander her und rollten sich im Gras. Ich sah ihnen lachend zu, die Augen in der Sonne halb geschlossen.

*

Nachdem wir unser Diplom in der Tasche hatten, trafen wir uns weiterhin am Seeufer und unter den Lärchen, doch von Italienischlernen war keine Rede mehr.

»Wenn sie uns in der Schule anstellen, gut, sonst sollen sie zum Teufel gehen!« Damit war das Thema für Maja erledigt.

»Außer uns hat hier keiner ein Diplom, also bleibt ihnen gar nichts anderes übrig«, sagte Barbara.

»Was juckt die Faschisten schon dieses Stück Papier! Die interessiert es doch nur, den Italienern Arbeit zu verschaffen.«

»Zum Schluss haben wir völlig umsonst so viel gebüffelt«, schnaubte Maja. »Dann muss ich mit meinem Vater im Laden stehen, und wir werden uns dauernd zanken.«

»Immer noch besser als daheim sitzen und Strümpfe stopfen«, sagte ich, denn beim bloßen Gedanken, die Tage mit Mutter zu verbringen, blieb mir die Luft weg.

Unterdessen besetzten die Faschisten nicht nur die

Schulen, sondern auch die Rathäuser, die Postämter, die Gerichte. Die Tiroler Angestellten wurden fristlos entlassen, und die Italiener brachten in den Büros Schilder mit der Aufschrift *Deutsch sprechen verboten* und *Mussolini hat immer recht* an. Sie setzten die faschistischen Verordnungen durch, Ausgangssperre, samstagnachmittags Appelle in Anwesenheit des Podestà, neue faschistische Feiertage.

Maja sagte: »Ein einziges Minenfeld, auf dem wir uns befinden.« Unsere Gespräche, die sich zuletzt immer um Belanglosigkeiten drehten, hatte sie bald satt. »Ja, seht ihr denn nicht, was zum Teufel hier los ist?«, knurrte sie verärgert. »Graun, Reschen, St. Valentin ... seit die Faschisten da sind, gehört uns nichts mehr. Die Männer gehen nicht mehr ins Wirtshaus, die Frauen schleichen dicht an den Hauswänden entlang, am Abend ist keine Menschenseele unterwegs! Wie schafft ihr es bloß, das alles so an euch abprallen zu lassen?«

»Mein Bruder sagt, die Tage des Faschismus sind gezählt«, antwortete Barbara, um sie zu beruhigen.

Doch Maja beruhigte sich keineswegs. Sie schnaubte wie ein Pferd, ließ sich rückwärts ins Gras fallen und sagte, wir sähen einfach nicht über den Tellerrand hinaus.

Sie war anders erzogen worden als wir. Ihr Vater war ein gebildeter Mann, der seinen Kindern stundenlang erklärte, was in Südtirol und in der Welt vor sich ging. Er erzählte ihnen, wer ein bestimmter Gouverneur oder Minister war, und wenn er auch mich und Barbara zu Hause vorfand, setzte er zu weitschweifigen Reden an, in denen er eine endlose Reihe von Namen und Orten herunterbetete, von denen wir noch nie im Leben gehört hatten. Am Ende ermahnte er uns: »Sagt euren Männern das, wenn ihr heiratet, und denkt auch selber dran: Wenn ihr euch nicht mit der Politik beschäftigt, beschäftigt sich die Politik mit euch!« Dann zog er sich ins Nebenzimmer zurück. Maja liebte ihren Vater abgöttisch, und kaum schwieg er, nickte sie zum Zeichen des Gehorsams zustimmend mit dem Kopf. Barbara und ich schauten zum Fenster hinaus, weil wir uns fühlten wie dumme Gänse.

»Wenn's so weitergeht, wird Maja noch fanatischer als ihr Vater«, sagte Barbara hinterher auf dem Heimweg zu mir.

Manchmal zogen sie und ich alleine los. Wir setzten uns aufs Rad, fuhren am See entlang bis nach St. Valentin und spürten, wie der kühle Hauch des Wassers über unsere verschwitzten Gesichter strich.

»Mir kommt es vor, als würden die Berge mit uns wachsen«, sagte sie, während sie mit gerecktem Kopf in die Pedale trat.

»Meinst du, sie versperren uns die Sicht auf die Welt?«, fragte ich, denn ich wollte abwechselnd an einem Tag fortlaufen und am nächsten mich zu Hause verkriechen.

»Was schert dich die Welt?«, erwiderte sie.

Wenn Vater aus der Werkstatt kam, wiederholte er jedes Mal, es liege immer noch Krieg in der Luft. Majas Eltern meinten, es sei besser, nach Österreich auszuwandern, weg von den Faschisten. Barbaras Familie dagegen wollte zu Verwandten nach Deutschland ziehen.

Unterdessen veränderte sich auch die Bevölkerung von Südtirol. Im Lauf der Monate kamen immer mehr vom

Duce geschickte italienische Zuwanderer. Ein paar kamen sogar bis nach Graun. Man erkannte sie sofort, diese Fremden aus dem Süden, die mit dem Koffer in der Hand und der Nase in der Luft nie gesehene Steilhänge und zu niedrig hängende Wolken bestaunten.

Vom ersten Augenblick an hieß es: Wir gegen sie. Die Sprache des einen gegen die des anderen. Die Arroganz der plötzlichen Macht gegen das Pochen auf jahrhundertealte Wurzeln.

Erich kam häufig zu uns, er war seit je mit Vater befreundet. Vater mochte ihn, weil er keine Eltern hatte.

Mutter hingegen gefiel er nicht sonderlich. »Zu eingebildet«, sagte sie. »Er tut, als sei es eine Gnade, wenn er mit dir spricht.« Von den anderen erwartete sie die ganze Redseligkeit, die sie selbst nicht besaß.

Vater ließ ihn auf dem Hocker Platz nehmen, dann drehte er seinen Stuhl um, stützte die Ellbogen auf die Lehne und umfasste seine bärtigen Wangen mit den Händen. Erich hätte sein Sohn sein können. Ein unruhiger Sohn, der bei allem um Rat fragt. Ich beobachtete sie hinter dem Türrahmen. Mit angehaltenem Atem drückte ich mich flach an die Wand. Wenn mein Bruder Peppi auftauchte, zog ich ihn neben mich und hielt ihm den Mund zu. Er versuchte, mir zu entwischen, aber damals konnte ich ihn noch bändigen. Der Peppi war sieben Jahre jünger als ich, und ich wusste wirklich nicht, was ich mit diesem Muttersöhnchen anfangen sollte. Er war für mich bloß ein Rotzbengel mit schmutzigem Gesicht und aufgeschlagenen Knien.

»Es sieht so aus, als wollte die italienische Regierung

das Staudammprojekt wieder aufgreifen«, sagte Erich eines Abends. »Einige Bauern, die ihr Vieh Richtung St. Valentin treiben, haben Bautrupps anrücken sehen.«

Vater zog die Schultern hoch. »Das sagen sie seit Jahren, aber dann geschieht nichts«, erwiderte er mit seinem gutmütigen Lächeln.

»Falls sie mit dem Bau anfangen, müssen wir einen Weg finden, um sie zu stoppen«, fuhr Erich fort und wandte den Blick ab. »Die Faschisten haben größtes Interesse daran, unsere Gemeinschaft zu zerschlagen und über ganz Italien zu verstreuen.«

»Keine Angst, selbst angenommen, die Faschisten bleiben an der Macht: Hier kann man keinen Staudamm bauen, weil der Boden zu schlammig ist.«

Doch Erichs graue Augen flackerten weiter unruhig wie die einer Katze.

1911 war der Plan für den Staudamm zum ersten Mal bekanntgemacht worden. Unternehmer der Montecatini-Gruppe wollten Reschen und Graun enteignen und die Strömung des Flusses zur Energiegewinnung nutzen. Italienische Fabrikanten und Politiker behaupteten, das Wasser sei das Gold Südtirols, und schickten immer häufiger Ingenieure, um die Täler zu besichtigen und die Flussläufe zu erkunden. Unsere Dörfer sollten in einem Wassergrab verschwinden, die Bauernhöfe, die Kirche, die Geschäfte, die Felder und Weiden überflutet. Mit dem Staudamm würden wir die Höfe, die Tiere und die Arbeit verlieren. Nichts würde von uns übrig bleiben. Wir würden auswandern müssen, alles würde anders. Eine andere Arbeit, ein anderer Ort, andere Leute. Auch sterben würden wir fern vom Vinschgau und von Tirol.

1911 wurde der Plan nicht verwirklicht, da man den Boden als zu gefährlich betrachtete. Er hatte keine Festigkeit, bestand nur aus Dolomitgeröll. Doch nachdem der Faschismus an die Macht gekommen war, wussten wir alle, dass der Duce bald Industriezentren in Bozen und Meran ansiedeln würde – diese Städte würden ums Doppelte und Dreifache wachsen, scharenweise würden Italiener auf Arbeitssuche hier heraufkommen – und der Energiebedarf würde enorm steigen.

Unten im Wirtshaus, auf dem Kirchplatz, in Vaters Werkstatt redete Erich sich in Rage. »Ihr werdet sehen, die kommen wieder. Da könnt ihr ganz sicher sein.« Doch er konnte sich noch so aufregen, die Bauern fuhren seelenruhig fort, zu trinken, zu rauchen und Karten zu spielen. Sie verzogen das Gesicht, um das Thema abzutun, oder wedelten mit den Händen, wie um Fliegen zu verjagen.

»Was sie nicht sehen, gibt es nicht«, sagte Erich zu Vater. »Gib ihnen ein Glas Wein, und schon sind sie nicht mehr fähig zu denken.«

*

Um bloß nicht uns nehmen zu müssen, stellten sie lieber halbe Analphabeten aus Sizilien und dem ländlichen Venetien ein. Ob die Tiroler Kinder etwas lernten, kümmerte den Duce sowieso herzlich wenig.

Wir drei verbrachten die Tage damit, niedergeschlagen über den belebten Dorfplatz zu schlendern, wo bis zum

Abend die Straßenhändler ihre Waren anpriesen und die Frauen sich um die Karren scharten.

Eines Morgens kam uns der Pfarrer entgegen. Er schob uns in eine menschenleere Gasse mit Moosflecken an den Mauern. Wenn wir wirklich unterrichten wollten, sagte er, müssten wir in die Katakomben gehen. In die Katakomben gehen hieß, heimlich Deutsch zu unterrichten. Das war illegal und bedeutete Geldstrafen, Prügel und Rizinusöl. Man konnte sogar auf eine abgelegene Insel verbannt werden. Barbara lehnte sofort ab, Maja und ich sahen uns unschlüssig an.

»Da braucht ihr nicht noch lange darüber nachzudenken!«, drängte uns der Pfarrer.

Als ich es daheim erzählte, fing Mutter an zu schreien, dass ich in Sizilien bei den Negern landen würde. Vater dagegen meinte, es sei eine gute Sache. Eigentlich wollte ich es gar nicht, ich war nie mutig. Aber ich hatte mich dazu entschlossen, um vor Erich zu glänzen. Ich hatte ihn sagen hören, dass er zu den klandestinen Versammlungen ging, sich deutsche Zeitungen besorgte, zu einem Zirkel gehörte, der den Anschluss an Deutschland befürwortete. In den Katakombenschulen zu unterrichten war für mich eine gute Gelegenheit, um ihn zu beeindrucken und gleichzeitig herauszufinden, ob Lehrerin zu werden wirklich das war, was ich im Sinn hatte.

Der Pfarrer wies mir einen Keller in St. Valentin und Maja einen Stall in Reschen zu. Gegen fünf Uhr nachmittags machte ich mich auf, da war es schon dunkel. Oder manchmal sonntags vor der Messe, und auch da war es dunkel. Keuchend trat ich in die Pedale, fuhr über Schotterwege, von deren Existenz ich vorher nichts wusste. Wenn sich ein Blatt bewegte oder eine Grille zirpte, erschrak ich fürchterlich. Vor dem Dorf versteckte ich das Fahrrad hinter einem Gebüsch und ging mit gesenktem Kopf weiter, um keinem Carabiniere aufzufallen. Inzwischen kamen sie mir mehr wie Motten vor, diese verfluchten Carabinieri. Ich sah sie überall.

Im Keller von Frau Martha stapelten wir Korbflaschen und alte Möbel aufeinander und setzten uns auf Strohhaufen. Wir sprachen leise, denn man musste auf die Geräusche von draußen achten. Ein paar Schritte im Hof genügten, um uns in Panik zu versetzen. Die Buben waren tapferer, die Mädchen dagegen schauten mich mit flackerndem Blick an. Es waren Siebenjährige, und ich lehrte sie Lesen und Schreiben. Ich nahm ihre Hände und umschloss sie mit meiner Faust wie mit einem Panzer. So half ich ihnen, die Buchstaben des Alphabets nachzumalen, die Wörter, die ersten Sätze. Anfangs schien es aussichtslos, doch dann, von einem Abend zum anderen, konnten sie auf einmal etwas buchstabieren, lasen nacheinander laut vor und fuhren mit dem Finger die Zeile entlang, um ja nicht den Faden zu verlieren. Deutsch zu unterrichten war wunderschön. Es gefiel mir so gut, dass ich manchmal vergaß, eine klandestine Lehrerin zu sein. Ich dachte an Erich, er wäre stolz gewesen, wenn er mich hätte sehen können, wie ich da unten auf ein Stück Schiefer Buchstaben und Zahlen schrieb, die die Kinder abschrieben und gedämpft im Chor wiederholten. Auf dem Heimweg machte ich meine Haare auf, weil die Kopfschmerzen sonst nicht nachließen. Doch selbst das Kopfweh war eine gute Gesellschaft, es lenkte mich von der Angst ab.

Eines Abends traten zwei Carabinieri die Türe ein, als ob wir Verbrecher wären. Ein kleines Mädchen fing zu schreien an, die anderen flüchteten sich in die Ecken und drehten sich zur Wand, um nichts zu sehen. Nur Sepp blieb an seinem Platz, ging dann langsam zu einem der beiden hin und beschimpfte ihn mit einer verhaltenen Wut, die ich nie vergessen werde. Der Carabiniere verstand kein Deutsch, versetzte ihm aber mit voller Wucht eine Ohrfeige. Der Bub rührte sich keinen Zentimeter. Er weinte nicht, sondern starrte den Mann weiter hasserfüllt an.

Als alle hinausgegangen waren, zertrümmerten die Carabinieri die Tafel an der Wand, traten gegen die Korbflaschen, warfen die Möbel um.

»Du kommst ins Gefängnis!«, schrien sie, als sie mich aufs Rathaus schleppten.

Die ganze Nacht schlossen sie mich in einem kahlen Raum ein. An der Wand hing ein Bild von Mussolini, die Hände in die Seiten gestemmt, mit stolzem Blick. Es hieß, er wäre sehr beliebt bei den Frauen, und ich grübelte, was denn an ihm so anziehend war. Sobald ich einnickte, trat ein Carabiniere herein und hieb mit einem Stock auf den Tisch, um mich zu wecken. Er leuchtete mir mit einer Lampe ins Gesicht und fragte immer wieder: »Wer verschafft dir das Material?« – »Wo verstecken sich die anderen klandestinen Lehrer?« – »Wer sind die Eltern der Kinder?«

Als Vater mich abholen kam, rissen sie ihm den Schnurrbart aus, wie sie es immer machten bei denen, die ihnen nicht passten. Anschließend knöpften sie ihm einen Haufen Geld ab. Ich fühlte mich hundeelend, hatte Magenkrämpfe und blutunterlaufene Augen. Ich dachte, dass Vater mir nun verbieten würde zu unterrichten, doch während er mir am Brunnen mit einem nassen Lappen das Gesicht abwischte, sagte er: »Jetzt bleibt dir nichts anderes übrig, als weiterzumachen.«

Wir zogen um und trafen uns jetzt bei einem Kunden von Vater auf dem Speicher. Alle kamen wieder, nur das kleine Mädchen, das zu kreischen begonnen hatte, wollte nicht mehr mitmachen. Meine Schüler hatten nichts als ein Blatt Papier, manchmal nicht einmal das. Einige rissen einfach eine Seite aus dem Heft, das sie in der italienischen Schule benutzten, zu deren Besuch sie ja verpflichtet waren. Am Ende des Unterrichts ließ ich sie durch die Hintertür hinaus. Einmal, als es plötzlich klopfte, kletterten wir hastig aufs Dach, schnell wie die Mäuse. Ich hielt die Kinder alle an mich gedrückt vor Angst, dass sie hinunterrutschen könnten, und hinterher kam die Hausherrin und sagte lachend, es sei der Bäcker gewesen, der das Brot lieferte.

Im Sommer wurde alles leichter. Wir hielten unseren Unterricht inmitten der Felder ab, und die Sonne und all das Licht verjagten hässliche Gedanken. Im Freien wurde es zum Spiel, die klandestine Schule zu tarnen. Stundenlang probten wir ein Stück, das ich an Weihnachten auf Majas Bauernhof aufführen wollte. Wir lasen Andersens Märchen und Grimms Märchen, aber auch verbotene Gedichte, die ich noch auswendig konnte, weil ich sie als Kind gelernt hatte, als es noch die österreichische Schule gab. Ab und zu ließ mich ein Geräusch von der Straße verstummen, dann nahm Sepp meine Hand und beruhigte mich mit seinen eisigen Augen. Jahre später erfuhr ich, dass Sepp einer der jüngsten Kollaborateure der Nazis geworden war. Er selektierte die Häftlinge im KZ Bozen.

Jede Nacht träumte ich von den Carabinieri und den Schwarzhemden. Schweißgebadet fuhr ich aus dem Schlaf hoch und starrte dann stundenlang an die Decke. Ich konnte erst wieder einschlafen, wenn ich das ganze Haus durchsucht und mich vergewissert hatte, dass wirklich nirgendwo einer versteckt war. Ich schaute auch unters Bett, in den Schrank, und Mutter, die einen leichten Schlaf hatte, fragte von nebenan: »Trina, wieso um alles in der Welt bist du um diese Zeit auf?«

»Ich sehe nach, ob Carabinieri im Haus sind!«, erwiderte ich.

»Unter dem Bett?«

»Ehm …«

Dann hörte ich, wie sie sich zur Seite drehte und murmelte, ich sei ja nicht ganz bei Trost.

Die Katakombenschulen nahmen unterdessen zu. Die Schmuggler brachten uns aus Bayern und Österreich Hefte, Rechenbretter und Tafeln mit. Sie gaben alles den Pfarrern, die das Material dann sortierten. Obwohl die Faschisten sich anstrengten und überall ihre Schilder *Deutsch sprechen verboten* anbrachten, konnten sie nichts und niemanden italianisieren und wurden immer gewalttätiger.

Als es wieder Winter wurde, begannen die Kinder, sich zu verkleiden, um die Carabinieri zu täuschen. Sie erschienen bis obenhin vermummt in dicken Mänteln, als ob sie Fieber hätten, in notdürftig zusammengeflickten Arbeitshosen, herausgeputzt, als müssten sie gerade zur Erstkommunion … Wenn ich abends heimradelte und endlich unser

Haus auftauchte, wo hinter den verrußten Scheiben die Petroleumlampe brannte, lachte ich vor Erleichterung, dass ich ein weiteres Mal davongekommen war.

Eines Tages machte ich mit Barbara einen Ausflug. Wir küssten uns im Gras, und als wir aufstanden, waren unsere Kleider zerknittert. Es machte uns Spaß, aber warum wir es taten, wüsste ich nicht zu sagen. Vielleicht braucht man, wenn man noch so jung ist, nicht unbedingt einen Grund. Wir saßen auf einem gefällten Baumstamm, und Barbara hielt ein Tütchen mit Schokoladenkeksen in der Hand.

»Auf Deutsch zu unterrichten gefällt mir«, erzählte ich ihr mit vollem Mund, »und zu wissen, dass ich damit etwas gegen die Faschisten tue, gefällt mir noch besser.«

»Hast du gar keine Angst?«

»Na ja, am Anfang habe ich mich schon ein wenig gefürchtet, aber inzwischen habe ich gelernt, die Gesichter der Kinder zu beobachten. Wenn sie entspannt sind, werde auch ich ruhig.«

»Diese Schweine haben mich nicht einen Tag unterrichten lassen«, sagte sie untröstlich.

»Warum kommst du nicht auch zu uns?«

»Trina, ich hab's dir schon gesagt, ich bin nicht wie du. Wenn mir das passiert wäre, was du erlebt hast, hätte ich einen Herzinfarkt gekriegt.«

»Es war nur ein böser Schrecken.«

»Mittlerweile helfe ich im Laden, mein Vater verlässt sich auf mich«, fuhr sie abwehrend fort.

»Aber du kannst doch auch unterrichten, ohne mit der Arbeit aufzuhören. Zwischendurch, wenn du ein paar

Stunden freihast«, schloss ich hastig. »Wirst sehen, mit den Kindern zusammen zu sein tut dir gut, sie sind viel besser als die Erwachsenen.«

Sie überlegte lange, kaute auf ihren Lippen und sagte dann: »Also einverstanden, aber verrate es niemandem. Auch nicht meinen Eltern.«

Als ich mit dem Pfarrer darüber sprach, war er hocherfreut. In Reschen wartete schon eine weitere Gruppe darauf anzufangen.

Barbara schaffte es knapp, mir zu erzählen, dass ihr das Unterrichten Spaß machte. Dann kam der Donnerstagabend. In Graun regnete es. Der gewohnte, schräge Regen, der im November fällt. Ich war mit dem Peppi daheim, wir machten gerade Fleischklößchen.

Draußen ließ jemand ein Fahrrad fallen und hämmerte mit den Fäusten an die Tür.

Es war Maja. »Sie sind runtermarschiert, haben die Sakristei geräumt, alles zertrümmert und die Kinder mit Fußtritten davongejagt!«, schrie sie außer Atem, mit finsterem Blick. »Als Barbara dann allein dastand, haben sie sie an den Haaren weggezogen und ins Auto gestoßen. Schon bald soll sie in die Verbannung nach Lipari geschickt werden.«

Ich konnte nicht einmal fragen, ob sie sie auch verprügelt hatten. Starr stand ich da, mit ausgetrocknetem Mund.

Der Regen fiel weiter auf die Schwelle und machte mein Gesicht nass.

*

Vater und Erich machten weiter wie immer. Gespräche, Schnaps, Zigaretten. Auch ich machte weiter wie immer. Ich lauerte hinter dem Türrahmen, hing meinen Träumereien nach und flüchtete in die Küche, sobald Erich aufstand. Jedes Mal tat ich so, als würde ich gerade eine Tischdecke falten oder Wasser trinken, als wäre ich der Wüste entronnen. Ich dachte, es würde ewig so bleiben. Und im Grunde missfiel es mir nicht. Wenn ich ihn einsam dort auf dem Hocker sitzen sah, fühlte ich mich schon viel weniger allein. Kann das nicht ebenso eine Art zu lieben sein? Ihn einfach heimlich anschauen, ohne das übliche Theater mit Hochzeit und Kindern?

Eines Tages im November erschien er dann mit einer klaffenden Wunde am Kinn, einer Verletzung, die schräg den Hals hinunter verlief bis unters Hemd. Es sah aus, als hätte jemand versucht, seinen Kopf zu spalten wie eine Wassermelone. Vater fasste ihn spontan um die Schultern und führte ihn zu dem Stuhl vor dem Kamin.

»Mit einer Gruppe Bauern haben wir uns in den letzten Nächten hinter dem Dorf verschanzt«, erzählte Erich. »Auf einmal sind italienische Inspektoren gekommen. ›Hier wohnen wir seit Jahrhunderten, hier leben unsere Väter und unsere Kinder: Und hier liegen unsere Toten!‹, habe ich geschrien. Da hat einer dieser Feiglinge den Schlagstock gezückt, doch ein Ingenieur hat ihn gebremst und mir geantwortet, wir würden sicher zu einer Einigung kommen. ›Der Fortschritt ist mehr wert als eine Handvoll Häuser‹, hat er gesagt.«

Ich war traurig, als ich ihn so entstellt sah, aber auch glücklich, ihm endlich nahe zu sein und mich nicht mehr verstecken zu müssen. Ich wollte ihn mit Watte verarzten und sagen, sprich nur weiter, Erich, um deine Verletzung kümmere ich mich.

»Ein anderer von uns hat gebrüllt, wir würden unter keinen Umständen weggehen, das ganze Dorf würde Widerstand leisten. ›Wir nehmen die Mistgabeln, öffnen die Ställe und lassen die Hunde frei!‹, schrie er. Daraufhin sind die Faschisten mit Schlagstöcken und Peitschen auf uns losgegangen.« Er fasste sich an die Wunde, als könnten wir ihm sonst nicht glauben.

Vater hörte mit offenem Mund zu.

»Möchtest du zum Essen bleiben?«, habe ich ihn gefragt, was mir einen bösen Blick von Mutter eintrug.

Doch Erich erwiderte, er müsse jetzt allein sein.

Eines Nachmittags bin ich zu Barbaras Haus gegangen. Ich konnte es nicht hinnehmen, dass wir nur hundert Schritte auseinander wohnten und auf einmal nicht mehr Hand in Hand spazieren gehen durften. Also stibitzte ich nach dem Mittagessen, sobald Mutter sich hingelegt hatte, ein Stück Kuchen vom Tisch, wickelte es in ein Küchentuch und ging los, ohne irgendwem etwas zu sagen.

Verschwitzt kam ich an der Tür ihres Bauernhauses an und war plötzlich wie gelähmt. Ich konnte weder klopfen noch ihren Namen rufen. Ich wartete darauf, dass Barbara zum Fenster neben dem Stall herausschauen würde wie sonst, wenn die Eltern ihr nicht erlaubten, das Haus zu verlassen. An manchen Sommertagen ließ sie es offen, und wenn ich vorbeikam, um sie abzuholen, stieß ich einen Pfiff aus. Sie antwortete mit einem anderen Pfiff, dann sprang sie mit einem Satz herunter und brachte immer ein Tütchen Süßigkeiten mit, die wir unterwegs naschten. Ihre Schwester Alexandra sagte, mit unserem Gepfeife seien wir noch primitiver als die Schäfer.

Ich weiß nicht, wie lang ich dort vor der Tür stand, mit steifen Beinen, und es nicht einmal schaffte umzukehren. Bis ausgerechnet Alexandra herauskam. Sie trug mehrere Taschen in der Hand, und bei meinem Anblick ließ sie alles fallen.

»Kann ich mit Barbara sprechen?«, fragte ich sie kaum hörbar.

Alexandra riss die Augen auf, ich weiß nicht, ob vor Verachtung oder vor Staunen. Dann hob sie das Kinn, um mir zu sagen, ich solle verschwinden.

»Kann ich mit Barbara sprechen«, fragte ich erneut.

»Sie ist nicht zu Hause.«

»Das sagst du nur, weil du nicht willst, dass ich mit ihr spreche.«

»Ja, genau«, erwiderte sie mit zusammengekniffenen Lippen. »Und sie will es auch nicht.«

»Bitte«, wiederholte ich noch einmal. »Auch von hier aus, sie braucht nur eine Minute ans Fenster zu kommen.«

»Weißt du, dass sie deinetwegen in die Verbannung geschickt wird?«

Wir schwiegen, wie zwei Duellantinnen. Aus dem Stall hörte man die Schafe blöken.

»Geh mir aus dem Weg!«, schrie ich sie plötzlich an. »Hau ab!«

Mit gesenktem Kopf ging ich auf sie los wie ein Stier, und während ich sie anrempelte, schien mir, als entschiede nicht ich über mein Tun, sondern ein Teil meines Körpers, den ich nicht kannte. Wir fielen übereinander her wie Hündinnen. Alexandra riss mich an den Haaren und streckte mich mit einem Fußtritt nieder.

»Wenn du nicht weggehst, rufe ich meinen Vater.«

Augenblicklich wurde mir bewusst, was ich angerichtet hatte, und ich hätte vor Scham im Boden versinken mögen. Die Tränen liefen mir über die von Alexandras Nägeln zerkratzten Wangen.

Sie bewachte die Türe, bis ich den Rückzug antrat. Im Gehen wollte ich mich noch einmal umdrehen und sie bitten, Barbara wenigstens das Stück Kuchen zu geben, das ich mitgebracht hatte und das neben ihren Tüten auf den Boden gefallen war. Aber meine Stimme gehorchte mir nicht mehr.

Allein irrte ich ziellos umher. Als ich heimkam, war es schon Abend. Kaum hatte ich den Fuß ins Haus gesetzt, trat Vater mir entgegen.

»Wo bist du bloß gewesen?! Es ist schon längst dunkel, du gewissenloses Ding!«

Mein Gesicht war noch vom Weinen gerötet, aber er bemerkte nichts, nicht einmal die Kratzer, so sehr war er in seine Strafpredigt vertieft.

»Du hast Glück, dass deine Mutter sich fiebrig fühlt und mit den Hühnern schlafen gegangen ist.«

Ich entschuldigte mich, schwor, es werde nie mehr vorkommen, und wollte schon ins Bett gehen, als er meinte, er müsse mir noch etwas Wichtiges sagen.

»Morgen, Vater, ich habe einen schlimmen Tag gehabt.«

Er legte mir die Hände auf die Arme und zwang mich, mich auf den Hocker zu setzen.

»Ich habe mit ihm gesprochen«, verkündete er.

»Mit wem?«

»Was soll das heißen, mit wem?!«

»Ich hab's dir gesagt, Vater, ich hatte einen schlimmen Tag. Lass mich schlafen gehen.«

»Er sagt, er habe nicht dran gedacht, aber es ist ihm recht. Er freut sich sogar.«

Erst da begriff ich, dass er Erich meinte. Rasch fuhr ich mir mit den Händen übers Gesicht und trocknete mir mit seinem Taschentuch die Augen.

»Warum hast du mich nicht um Erlaubnis gefragt?«

»Ach Kindchen, ich versuche dir zu helfen, und so dankst du es mir? Möchtest du ihn denn nicht heiraten? Willst du lieber dein Leben lang Tischtücher falten?«

Noch nie war ich so verstört gewesen, mit pulsierenden Schläfen, geschüttelt von Schluchzern, die sich nicht aufhalten ließen.

»Gefalle ich ihm denn oder nicht?«, war das Einzige, was ich dazwischen herausbrachte.

»Aber natürlich, du bist so hübsch!«

»Du findest mich hübsch, aber er? «

»Wieso solltest du ihm nicht gefallen, kannst du mir das mal sagen?«

»Und Mutter? Wer sagt es Mutter jetzt?«, schrie ich wütend, überwältigt von dem ganzen Aufruhr.

»Eins nach dem anderen«, sagte er, streckte die Arme aus und sah mich mit großen Augen an – mein Verhalten war ihm unbegreiflich.

»Kann ich jetzt ins Bett gehen?«

»Sag mir wenigstens, ob du ihn heiraten willst.«

»Mir ist's recht, Erich zu heiraten«, erwiderte ich und erhob mich vom Hocker.

»Aber warum flennst du dann immer noch, wenn du doch einverstanden bist?«, rief er, indem er die Pfeife ausklopfte.

Ich brachte kein Wort heraus, und er trat auf mich zu und umarmte mich fester als nach der Abschlussfeier.

»Ich freue mich, Trina. Er ist ein Waisenkind, ein armer Kerl, und besitzt das kleinste Grundstück im ganzen Dorf. Kurz, er erfüllt alle Voraussetzungen, um dir ein Hungerleben zu bieten!« Er lachte in der Hoffnung, dass ich endlich auch lachen würde.

Ich habe eine gute Woche gebraucht, um mich von diesem Tag zu erholen. Als ich mich schließlich beruhigt hatte und wieder etwas zu Sinnen gekommen war, ging ich zu Mutter und fragte sie: »Also, darf ich ihn heiraten?«

Mutter wischte ungerührt weiter Staub und antwortete, ohne sich umzudrehen: »Mach, was du willst, Trina. Bei deiner spitzen Zunge will ich lieber nicht mit dir streiten. Wenn dich meine Meinung interessiert hätte, hättest du mich ja zu gegebener Zeit gefragt.«

Mehr konnte ich von ihr nicht erwarten.

*

Als Vater mich in der Kirche zum Altar führte, die Maja über und über mit Geranien geschmückt hatte, konnte ich die Tränen kaum zurückhalten. Aber nicht aus Rührung, sondern weil Barbara genau am selben Tag in ein Auto gezerrt und in die Verbannung geschickt wurde. Sie behandelten sie schlimmer als eine Hure und zwangen sie, in Handschellen durch die Straßen zu gehen. Ich trug ein gestärktes weißes Kleid voller Rüschen, die Haare zum Kranz geflochten und glänzende Schuhe, sie erschien ungekämmt und mit alten Schlappen an den Füßen. In der Kirche warteten die Leute auf mich, und alle, auch der Pfarrer, dachten, ich würde mich verspäten, weil ich mich noch schönmachte. Doch ich stand weinend auf dem Vorplatz und flehte Vater an, er solle mich so, wie ich war, zu Barbara begleiten und mit den Carabinieri reden lassen, um ihnen zu gestehen, dass alles meine Schuld war und sie auch mich in die Verbannung schicken mussten.

Ein Heimatloser

Frostig blies der Gletscherwind von den Tauern her über die Talweite. Den Schneiderhannes fror es bis ins Mark seiner alten Knochen hinein. Dreimal schon hatte er an des Zirnhofers Haustüre geklopft und niemand tat ihm auf. Dass die Tür überhaupt gesperrt war! Beim Zirnhofer wussten sie doch, dass er heute bei ihnen nächtigen würde.

Endlich trat er von der Haustüre weg ans Stubenfenster. Das war hell erleuchtet. Drinnen saß der Zirnhofer und sein junges Weib und zwischen ihnen ein putziges Büblein. Eine gehäufte Schüssel stand vor ihnen; eben hatten sie ihr Tischgebet verrichtet und sich gesetzt. Ja, die hatten's freilich gut, die drei da drinnen; die hatten ihr tägliches Brot und brauchten keinem Menschen Vergeltsgott zu sagen. Und sie wussten, wohin sie gehörten!

Mit der Faust schlug der Hannes jetzt ans Fenster, dass die Scheiben klirrten. Mit leichtem Aufschrei wandte sich die Bäuerin um, dann bedächtiger auch der Bauer. Gleich nachher ging die Haustüre auf.

»Ah, Hannes, *du* bist's? Hast mich ganz derschreckt!«, sagte die Bäuerin.

»Ah, Hannes, *du* bist's? Hab gemeint, du willst mir das Fenster einschlagen«, sagte der Bauer.

Mürrisch setzte sich Hannes auf die Ofenbank und

streckte seine erstarrten Glieder. »Hab mich wohl wehren müssen!«, knurrte er. »Mir scheint, Zirnhofer, du hast's sauber vergessen, dass es mich heut' bei euch trifft.«

»Könnt' schon sein, dass ich's vergessen hab«, antwortete der Zirnhofer leichthin. Dann setzte er sich wieder, nahm das Kind aufs Knie und griff nach seinem beinernen Esslöffel. Den bohrte er tief hinein in das fettglänzende Bachmus und führte ihn, hochgehäuft, dem Kleinen zum Munde.

Ei, wie das mundete, wie sich die dicken Händchen nach der Schüssel streckten, wie das Mündchen sich beim Nahen des großen Löffels weit aufspreizte gleich dem Schnabel eines Nestvögeleins! Und wie der junge Vater lachte und das Kind an sich drückte und es herzte!

»Geh, geh, Jörg, tust den Buben verg'wöhnen!«, schalt die Bäuerin. Doch während sie schalt, betrachtete sie Mann und Kind mit strahlenden Blicken. Er war doch ein herzensguter Mensch, ihr Jörg. Keinen bessern gab es weit und breit!

Aber ein anderer noch sah dem Jörg zu und mit anderen Augen.

Der Schneiderhannes hatte seine Siebzig auf dem Rücken, war also wohl über das Alter hinaus, wo man sich herzen und hegen lässt. Doch beim Anblicke des blonden Kinderköpfchens, das so selig an des Vaters breiter Brust ruhte, zog der Mann auf der Ofenbank drüben die Brauen finster zusammen und seltsame Schatten flogen über sein verwittertes Gesicht.

Der Hannes war ja auch einmal ein Kind gewesen, aber kein Kind wie das Zirnhoferbüblein; keines, auf das eine Mutter stolz ist und das ein froher Vater in die Arme schließt. Seine Mutter war eines armen Flickschneiders unglückliche Tochter; darum nannte man sie die Schneiderliese und ihren Buben den Schneiderhannes. Die Liese war eine Hausiererin geworden. Mit Barchent- und Halbwollstoffen schlechter Art zog sie im Lande umher, und als der Bube heranwuchs, musste er ihr als Gehilfe dienen. Nach dem Tode der Mutter gab Hannes das Hausieren auf, aber lange genug hatte er es betrieben, um Arbeitslust und Beständigkeit darüber einzubüßen. Bald diente er bei einem Bauer, bald bei einem Fuhrmann, bald bei einem Wirte, bald auch ließ er jeden Dienst bleiben und strolchte im Lande umher. In seiner Heimat ließ er sich fast nie blicken. Und doch hatte er eine Heimat, und wer es bezweifelt hätte, den hätte die politische Behörde von Bruneck eines Bessern belehrt. Sankt Georgen hieß der Ort, der sich rühmte, des Schneiderhannes Geburtsstätte und Heimat zu sein. Es ist ein stattliches Bauerndorf, friedlich und froh, zu beiden Ufern der Ahr gelagert, die hier, breit wie ein Strom, aus dem Tauferertale hervortritt. Ringsum dehnen sich weite, schöne Flächen und grünen Wiesen und wogen Ährenfelder. Und die Ställe sind voll Vieh und die Speicher voll Vorrat. Ach ja, eine schöne Heimat ist es, dieses Sankt Georgen, schön und reich, wie es nicht viele Orte gibt im bergischen Tirolerlande.

Aber was half das dem Hannes? Er hatte nicht viele Verwandte im Dorfe und die wenigen schämten sich, ihn Vetter zu nennen. Und so hatte es ihn immer wieder in die Fremde hinausgetrieben. War er aber da und dort in die Heimat zurückgekehrt – nicht selten war es per »Schub« geschehen –, dann hatte er immer viel Mühe gehabt, Arbeit und Obdach zu finden. Und wer ihn als Taglöhner gedungen hatte – etwa weil das Mahd drängte oder weil ein Knecht erkrankt war –, der wurde flugs gehänselt und aufgezogen: »Hast wirklich keinen Bessern gefunden als grad den Schneiderhannes?« Und so war dem Hannes die Heimat immer mehr verleidet worden.

Doch als er alt geworden war, da half es nichts; er musste heimkommen, sich selber und seinen Ortsgenossen zum Trotze. Darauf erhielt der Hannes vom Gemeindevorsteher einen Bogen mit den Namen aller Hofbesitzer von Georgen, und bei jedem Namen stand eine Ziffer. Diese Ziffer bedeutete die Zahl der Tage, während denen der Bauer den Schneiderhannes beherbergen musste. Und so wanderte der Schneiderhannes als lebende Gemeindeauflage von Haus zu Haus und wohin er kam, versperrte der Hausvater sein Geld und die Hausmutter ihren Speiseschrank, und Knechte und Dirnen ihre Truhen. Und dass der Hannes nicht gerade das Beste bekam, noch die fettesten Brocken, das war selbstverständlich. Und sooft sich eine Haustüre hinter ihm schloss, sagte man: »Gott sei's gedankt!«

Die Zirnhoferleute hatten fertig gegessen; die Bäuerin brachte dem unwillkommenen Gaste, was übrig war. Ohne Dank nahm er die freudlos gespendete Gabe. Dann stocherte er mit dem Löffel in der Schüssel herum und sah dabei unverwandt hinüber zum Bauer, der sein Bübel »Hottareita« machen ließ.

»Hast heut' wohl etwas zufleiß früher gesperrt, he, Jörg?«, sagte er plötzlich.

»Zufleiß? Warum denn?«, fragte der Bauer leichthin, ohne den Alten anzuschauen. Und die Bäuerin sagte, sie hätten zur gewöhnlichen Stunde gesperrt, keinen Augenblick früher.

»Nein, nein, hinaussperren habt's mich wollen«, widersprach der Hannes. Dann lachte er hämisch. »Aber das nutzt euch nichts, haben müsst's mich doch. Drei Tag' müsst's mich jetzt haben, sonst tät' euch die Gemeinde schon helfen.«

Der Bauer wurde ärgerlich. »Heb's Maul, Schelm!«, fuhr er den Alten an.

Auf das Scheltwort hin stellte Hannes die Schüssel auf die Ofenbank, stemmte die Hände auf die Knie und schaute mit funkelnden Augen zum Zirnhofer hinüber.

»Wie sagst, Jörg? Einen Schelm schimpfst mich? Weil du Geld und Zeug hast, gelt, und weil ich ein armer Teufel bin und essen muss, was dir in der Schüssel blieben ist! Bist wohl *du* der Schelm, wenn du mich hinaussperrst, wo du mich doch haben musst, und wenn du mich erst noch anlügst.«

Der Zirnhofer fuhr auf. Er ließ sein Kind zu Boden gleiten, sprang von seinem Sitze und machte einige Schritte nach dem Hannes hin. Vielleicht hätte er dem kecken Gaste einen mehr als mündlichen Verweis gegeben, aber schon watschelte das Büblein hinter ihm her und schlang die Ärmchen um seine Knie; und nun war sein Zorn verraucht. Ja, es reute ihn fast ein wenig, den Alten gescholten zu haben. Schelm ist doch ein gar böses Wort!

»Geh schlafen, Hannes«, sagte er in gelassenem Tone. »Hast heut wohl über den Durst getrunken?«

Hannes widersprach nicht, obwohl er den ganzen Tag weder Wein noch Schnaps gekostet hatte. Er schien sich beruhigt zu haben, denn er aß seine Schüssel aus, ohne ein Wort zu verlieren. Dann suchte er seine Schlafstätte auf, die man ihm stets in einem Kämmerlein neben dem Stalle anwies.

Bald war alles still und dunkel am Zirnhofe, still und dunkel im Dorfe. Von Bruneck herüber blitzten noch einzelne Lichter, dann erloschen auch die, und eine sternenlose Novembernacht breitete sich über das weite Tal. Der Wind hatte sich gelegt; niemand führte das Wort als die Rienz und die Ahr, die unter endlosem Rauschen ihre Gewässer vermengen.

Mitternacht war vorüber, da schlug am Pfarrturm von Bruneck die Glocke an, ein-, zwei-, dreimal in dumpf unheimlichem Tone. Der Feuerruf erscholl; auf den Straßen des Städtchens wurde es lebendig, die Spritzen rasselten über das Pflaster. Erschrockene Gesichter, halb schlaftrunkene noch, erschienen an den Fenstern. »Wo brennt's?«, klang von allen Seiten die bange Frage. »Nicht in Bruneck!«, klang es beruhigend zurück. Richtig, gegen Taufers zu stieg roter Schein. »In Georgen muss es sein!«, dachten die Städter, und die meisten legten sich wieder zur Ruhe.

Ja, in Georgen war es! Beim Zirnhofer brannte die Scheune lichterloh und bis zum Wohnhaus hinüber leckten die Flammen. Aber der Zirnhofer war nicht einer, der den Kopf verlor. Als die Feuerwehr von Bruneck herbeirasselte, fand sie den Bauer und seine Nachbarn schon in rüstiger Tätigkeit. Im hölzernen Brunnentroge lagen wollene Kotzen übereinander, die man, sobald sie genügend durchtränkt waren, auf den brennenden Heustock warf. Bis zur Ahr hinab hatte sich eine Kette von Hilfsbereiten geformt: Von Hand zu Hand flogen die Wassereimer. Das Vieh hatte man an einem Nachbarhofe geborgen; die Bäuerin und die Mägde waren an der Arbeit, den Hausrat zu retten.

Etwas abseits von der Brandstätte saß der Schneiderhannes auf einem Hackstocke; das Zirnhoferbüblein hielt er in den Armen. Eine Decke war um das Kind geschlungen, aus der ein nacktes Füßchen vorguckte; der blonde Kopf aber lag an der Schulter des Hannes, wie er wenige Stunden vorher an des Vaters Schulter geruht hatte. Der Kleine war nur halb erwacht, als er aus dem brennenden Hause gerissen wurde, und nun schlief er ruhig weiter, als liege er in seinem Bettchen. Hannes hielt sich ganz still, um ihn nicht zu wecken.

Der Hauptmann der Brunecker Feuerwehr war in seinem Zivilberufe Barbier; daher kannte er alle Leute in und um Bruneck und ihre Sitten und Gebräuche. Als er den Schneiderhannes erspähte, kam er flugs auf ihn zu und ließ ihn rau an: »Hast wohl *du* am Ende den Stadel angeschürt, du Stritzi!«

Hannes sah groß zu ihm auf und sagte nicht ja und nicht nein. Aber gleich übernahm der Zirnhofer selber seine Verteidigung. »Lassen Sie den Hannes in Frieden, Herr Balbierer. Ohne *den* wären wir alle zusammen hin gewesen. *Der* hat's zuerst gemerkt, der hat Lärm geschlagen.«

»Und 's Kind hat er aus dem Bettstattl gerissen und aus dem Haus getragen«, fügte gerührt die Bäuerin hinzu.

Der Feuerwehrhauptmann war beschämt. Er wolle niemand beschuldigen, versicherte er, aber das sei einmal sicher, das Feuer sei gelegt und er müsse bei Gericht die pflichtgemäße Anzeige erstatten.

Damit ging er wieder zu seinen Leuten zurück. Der Zirnhofer und sein Weib aber, die wohl meinen mochten, die Beschuldigung habe dem Hannes sonderlich wehe getan, blieben bei dem Alten stehen und sagten ihm ein Vergeltsgott nach dem andern, dass er Alarm geschlagen habe und dass er sich so um das Kind bemühe.

Während sie auf ihn einredeten, riss Hannes mehrmals den Mund auf, als wollte er sprechen. Es war wohl zum ersten Male in seinem Leben, dass er ein Vergeltsgott hörte. Das mochte ihm wunderlich scheinen.

Endlich fragte er dumpf: »Jörg, bist du versichert?«

»Ein bissel schon – viel grad nicht«, antwortete der Bauer. »In Gottes Namen! Jetzt muss ich halt schauen, dass ich ein Heu zu kaufen krieg'. Und das Vieh muss ich über den Winter halt in fremden Ställen lassen. Und den Stadel werd' ich mir wohl im Langes wieder aufbauen.«

Die Bäuerin aber meinte, man müsse noch Gott danken, dass alles so glimpflich abgegangen und niemand bei dem Brande verunglückt sei.

Als der Spätherbstmorgen hinter den Zacken der Pragser Dolomiten aufstieg, war es endlich gelungen, des Feuers Herr zu werden. Keine Flammen schlugen mehr aus der Scheune auf; die Bäuerin, ihr Kind am Arme, kehrte in das gerettete Wohnhaus zurück. Nur der Bauer mit einigen Feuerwehrleuten hielt noch bei der rauchenden Brandstätte Wache, während die Nachbarn, die gleich die erste Hilfe geleistet hatten, sich jetzt allmählich zerstreuten.

Auch der Schneiderhannes schlich weg ohne Grüßgott und Bhütgott und wandte sich der nahen Stadt zu …

Als der Strafrichter am Bezirksgerichte von Bruneck diesen Morgen auf seine Kanzlei kam, fand er den Hannes an seiner Türe warten. »Ein guter Bekannter«, dachte er. Denn Hannes war schon mehr als einmal wegen kleiner Diebstähle abgestraft worden.

»Was willst denn *du* heute bei mir, Hannes?«, fragte er. »Hast etwa gar eine Erbschaft gemacht?«

Hannes schüttelte den Kopf. »Wegen dem Brand will ich aussagen.«

»So, so?« Der Richter nahm eine ernste Miene an, schloss die Kanzleitüre auf und hieß den Alten eintreten. Er wusste bereits, dass es sich um Brandstiftung handle; auf der Polizei hatte der Feuerwehrhauptmann die Anzeige erstattet.

»Schön, Hannes, also sag' nur ordentlich aus. Ganz wahrheitsgetreu, verstanden! Weißt, da kommt's zum Schwören; die Sache kommt vor das Bozner Geschworenengericht. Also heut' Nacht, gelt? Beim Zirnhofer in Georgen? Der Feuerwehrhauptmann zweifelte gar nicht, dass der Brand gelegt worden sei. Hast du etwas dergleichen bemerkt, Hannes? Hast du einen Verdacht, wer es getan haben könnte?«

»Ich hab's getan«, erwiderte Hannes kurz und trocken.

»*Du?*« Der Richter sah ihn groß an. Dann fiel ihm etwas ein. »Ja so, du wirst wahrscheinlich im Heu gelegen sein, wirst geraucht haben, und …«

Hannes unterbrach ihn. »Ich hab nicht geraucht. In einer Kammer neben dem Stall lassen sie mich beim Zirnhofer immer über Nacht schlafen. Da bin ich heut' die Nacht eigens aufgestanden und bin aufs Heu gegangen und hab's angeschürt.«

»Geh, geh, Hannes! …« Der Richter schüttelte den Kopf. Diese Selbstanklage schien ihm so sonderbar, so unvermittelt, dass er es nicht über sich brachte, daran zu glauben. Als Hannes aber stramm und stumm vor ihm stand und nichts weiter sagte, fragte der Richter leichthin: »Was ist denn dir eigentlich eingefallen, Mensch?«

44

Hannes zuckte die Achseln. Endlich sagte er: »Wissen Sie, Herr Adjunkt, ich bin halt ein armer, verlassener Teufel und weiß nicht, wohin ich gehör.«

»Ja, deswegen brauchst du aber doch kein Haus anzuschüren!«, rief der Richter, dem die Logik des Schneiderhannes nicht recht einleuchten wollte.

»Sie mögen schon recht haben, Herr Adjunkt«, erwiderte Hannes und zuckte wieder mit den Achseln. »Aber wissen Sie, die Nacht ist man halt nicht wie beim Tag. Zu Zeiten frisst mich die Gall' und lasst mich nicht einschlafen. Und dann kommen mir die kuriosen Einfäll'.«

»Was denn für Einfälle, Hannes?«

»Ja ich denk' mir halt, die einen Leut' haben Haus und Hof und wissen, wohin sie gehören, und unsereiner hat nie keine Huck nicht gehabt und nie kein gutes Wort nicht gehört. Und wenn ich so denk', nachher kommt mir vor, ich muss den Leuten einen Tuck antun.«

Der Richter furchte die Brauen. Die Selbstanklage des Hannes schien doch ihre Richtigkeit zu haben. »Hast du schon öfters einen Brand gelegt?«, fragte er.

»Eingefallen ist's mir wohl oft, aber getan hab ich's noch nie«, versicherte Hannes. »Grad die letzte Nacht, da hat mich ein extrawütiger Zorn gepackt und nachher hab ich's getan.«

»Hat der Zirnhofer dich schlecht behandelt?«

»Extra gern gesehen hat er mich nicht.«

»Ich kann's ihm nicht verargen.« Der Richter schmunzelte wider seinen Willen. »Aber jetzt sag mir, Hannes, wie hast du's denn gemacht?«

»Ja mein, wie man's halt macht«, sagte Hannes mit erneutem Achselzucken. Doch als er bemerkte, dass der Richter mit diesen paar Worten nicht zufrieden war, führte er sein Tun mit allen Einzelheiten aus. Er habe ein Streichholz an der Mauer gerieben, bis die bläuliche Schwefelflamme aufstieg; darauf habe er es tief ins Heu hineingesteckt und sei weggegangen. »Und wie ich beim Stadel draußen gewesen bin, ist mir auf einmal ganz anders geworden. Nachher bin ich schleunig umgekehrt und hab gemeint, es lasst sich noch alles richten. Aber indem hab ich schon den Rauch aufsteigen sehen, und wie ich das mottende Heu auseinandergeworfen hab, sind mir die lichten Flammen ins Gesicht geschossen und ich hab's nimmer erlöscht. Da bin ich ins Haus gelaufen und hab geschrien: ›Es brennt!‹, und hab's Kind flink aus dem Bettstattl gerissen, dass mindestens dem Kind nichts geschieht. Und der Zirnhofer und sein Weib haben mir noch frei gedankt und ich hab nichts fürgebracht. In aller Früh aber bin ich in die Stadt gegangen und hab bei einem Kapuziner gebeichtet.«

»Ist es dieser Pater, der dich geheißen hat, dich selber anzuklagen?«

»Nein, der Pater nicht. Der hat nur gesagt, falls ein Unschuldigs in Verdacht käm', müsst' ich mich stellen, sonst aber nicht. Und dann hat er mich gefragt, ob's einen großen Schaden gemacht hätt', und ob ich den Schaden ersetzen könnt'. Und ich hab gesagt: ›O mein, ich leb ja von der Gemeinde!‹ Und nachher hat er nichts mehr gesagt.«

»Na also, Mensch, warum hast du dich denn selber angezeigt, wenn's dir der Pater nicht aufgetragen hat?«

»Wenn ich anders den Schaden nicht ersetzen kann!«, sagte der Hannes und sah den Richter fest an.

»Hannes, aus dir wird man nicht klug«, meinte der Richter. »Was hat denn der Zirnhofer davon, wenn du ins Zuchthaus kommst?«

Auf diese Frage blieb der Hannes die Antwort schuldig. Der Zirnhofer hatte nichts, aber ihm selber war's leichter ums Herz. »Ich bin halt froh, Herr Adjunkt, dass ich Ihnen alles einbekannt hab.«

Einige Zeit nachher stand der Schneiderhannes vor den Geschworenen. Seine Sache war bald erledigt. Der Verteidiger begnügte sich mit einigen billigen Phrasen und der Staatsanwalt fand, dass ein geständiger Angeklagter nicht viele Worte verdiene. Als Hauptzeuge trat der Zirnhofer auf. Verzeihung heischend heftete sich das Auge des alten Sünders auf den Mann, dem er so schweren Schaden zugefügt hatte.

Der Zirnhofer tat, was er konnte, um dem Hannes drauszuhelfen. Er berichtete, wie Hannes ihn geweckt und sein Kind gerettet habe, und er glaubte versichern zu können, Hannes habe nicht gewusst, was er tue, als er das Streichhölzlein ins Heu gesteckt habe. »Einen festen Dampf hat er *den* Abend gehabt; ich hab's ihm gleich angemerkt.«

Hannes schwieg. Er wusste nur zu gut, dass es mit dem »Dampf« nichts gewesen sei. Aber es tat ihm doch wohl, dass der Geschädigte ihn zu entschuldigen suchte.

Als der Vorsitzende des Gerichtshofes die übliche Frage stellte: »Angeklagter, haben Sie noch etwas zu sagen?«, da erwiderte Hannes mit klarer, lauter Stimme: »Halt, dass es mich reuen tut!«

Wegen all der mildernden Umstände wurde er nur zu fünf Jahren verurteilt. Doch ehe er die Strafe verbüßt hatte, starb er, und sein Tod war friedlicher, als es sein Leben gewesen war. Von allen Sträflingen der Anstalt war er immer der gutmütigste und ruhigste gewesen. Er pflegte zu sagen: »Ich hab ja draußen nichts zu versäumen!« Und zuweilen sagte er auch: »Jetzt weiß ich endlich, wohin ich gehör'!«

Über Geister und außerirdische Kräfte

Wir hatten eine Nachbarin, die Threse hieß. Sie buk das beste Brot weit und breit, und wir Kinder schlichen, sooft wir konnten, in ihre Küche und baten um ein Stück hartes Brot:

»Threse-Mutter, bitt schön um ein paar Brücke!« Brücke sind kleine Brocken harten Roggenbrots. Die Mutter schalt uns, wenn sie von diesen Brotbittgängen erfuhr.

Viele Leute sagten von der Nachbarin, sie sei bös. Zu uns Kindern war sie's nie, auch wenn sie mit dem Vater prozessierte. Sie nahm uns sogar gegen die älteren eigenen Kinder in Schutz, von denen vier schon ausgeschult waren, ehe wir in die Schule kamen. Aber wenn der Schattseiter Seppl mit dem Ross bei uns fuhrwerkte, stänkerte er laut, dass die Nachbarin es hören musste:

»Wo eine Liese im Haus ist, braucht's keinen Hund. Und wo eine Threse ist, braucht die ganze Nachbarschaft keinen.«

Das war eine ausgesprochene Dummheit, denn wir hatten sogar zwei Hunde. Die Nachbarin war Witwe. Ihr Mann war an der Schwindsucht gestorben. Sie musste sich, auch um der Kinder willen, ihrer Haut zu erwehren trachten. Dabei mag sie mitunter übers Ziel geschossen haben, denn ein geschliffenes Maul besaß sie, und sie benützte es auch.

Doch was man der Nachbarin eigentlich ankreidete, betraf gar nicht sie, sondern ihre längst verstorbenen Eltern: Es war eine Geschichte, die weit zurücklag, die man sich jedoch immer noch in allen Stuben erzählte, als hätte sie sich erst gestern zugetragen, und die als grausamer Fluch über dem Nachbarhaus hing.

Irgendwann im vergangenen Jahrhundert, als die Threse noch ein Kind gewesen, das einzige ihrer Eltern, war über der Palmenstadt, einem nach den vielen Palmweiden benannten Ortsteil, eine gewaltige Mure niedergegangen und hatte ein Haus verschüttet; ein Kleinhäuslerehepaar und eines der acht Kinder hatten in den Trümmern den Tod gefunden. Die anderen sieben standen nun hilflos da und der Herr Pfarrer nahm es auf sich, sie bei guten Leuten unterzubringen.

Mit dem Kleinsten, dem vierjährigen Adolf, sprach er eines Morgens beim Nachbarn vor. Er traf den Bauern und die Bäuerin im Stall an; in der Nacht war ein Stierkalb zur Welt gekommen. Der Pfarrer trug den Eheleuten sein Anliegen vor. Der Bauer, Blasius mit Namen, stellte die Mistgabel an die Wand, nahm den Hut vom Kopf und kratzte sich die Glatze. Er überlegte:

»Das Bübl da nehmen?«

Die Bäuerin mischte sich ein:

»Nein, nein, Hochwürden, daraus wird nichts. So dick haben wir's nicht.«

»Aber es ist ein gutes Werk, und der Himmel wird's euch lohnen!«, sagte der Pfarrer.

»Nein, Hochwürden, sag ich, so dick haben wir's nicht, dass wir uns so mir nichts dir nichts gute Werke leisten können. Das Bübl nehmen? Es gibt bessere Leut im Tal.

Das Bübl nehmen? Nein, Blasius, da ziehn wir schon lieber das Stierkalb auf!«

Der Blasius wagte nicht zu widersprechen.

»Recht hat sie, die Mutter. Da ziehen wir schon lieber das Stierkalb auf.«

Der Pfarrer ging. Der Bub kam zu anderen Leuten, studierte und wirkte später als Priester und Schriftsteller in Wien. Er wurde ein berühmter Mann.

Als der Stier vier Jahre alt war, gabelte er die Bäuerin, die ihn von der Tränke zum Barren treiben wollte, auf die Hörner und drückte sie an die Mauer. Die Frau starb noch am selben Tag. Der Blasius überlebte sie nur um ein paar Jährlein, dann erlag er einem »tückischen Lungenleiden«. Den Fleck an der Stallmauer, wo der Stier der alten Nachbarin »die geizige Seele aus dem dürren Leib« gedrückt hatte, konnte man zu meiner Zeit noch sehen.

Seither war im Nachbarhaus kein Segen mehr. Das Vieh tat nicht und die Menschen starben wie die Fliegen; sie hatten es alle »auf der Lunge«. Und wo der Himmel so offensichtlich grollte, durften die Menschen, die »guten Leute«, doch nicht zurückstehen. Die Nachbarin war also böse geworden ohne ihr Zutun; und obwohl niemand im Tal wusste, ob sich damals mit dem Bübl und dem Stierkalb alles so zugetragen hatte, wie man's erzählte, so waren doch alle davon überzeugt, dass dieses ferne Ereignis auch ihnen das Recht gab, Steine auf die ohnehin schon schwer Getroffene zu werfen.

Durch unsere Kindheit spukten immerzu Geister, Teufel und das geheimnisvolle Walten überirdischer Kräfte. Wenn die Alten, von denen wir die Geschichten erfahren haben, recht hatten, dann funktionierten die überirdischen Kräfte bisweilen als transzendente, metaphysische Justizbehörde. Für mich ist dabei auch heute noch bedrückend, dass ich all dies von Menschen gehört habe, die von der Wahrheit ihrer Berichte überzeugt waren und die keine Flausen im Kopf hatten. Es erschien ihnen ganz natürlich, dass eine überirdische Justiz, die ja in jedem Fall gründlicher sein musste als die irdische, die Unterlassung einer einzigen guten Tat mit einem Massensterben innerhalb der Familie der Sünder zu ahnden und die Buße bis ins zweite oder dritte Glied auszudehnen bereit sei.

Der Vetter Michl, der Bruder des Vaters – er lebte in jenen Jahren noch bei uns –, lachte über alle landläufigen Geistergeschichten. Für ihn gab es keine Hexen und keinen Zauber, und er hielt auch der Nachbarin die Stange, wenn andere Leute das alte Zeug aufwärmten. Und dennoch stieß ihm eines Tages etwas zu, das ihn bis an sein Lebensende beschäftigte. Er war ein Fuhrmann und Jäger; da musste er schon mit beiden Füßen auf dem Boden stehen.

Der Michl hatte zwei Jagdgefährten, den Ladstätter Franz und den Kalkbrenner Jakob. An einem Abend im Spätherbst kam der Franz und forderte den Michl auf, am nächsten Morgen mit ihm und dem Jakob auf die Gämsen zu gehen. Der Michl aber hatte eine Fuhre versprochen und musste die beiden allein gehen lassen. Am nächsten Abend kam er spät, es war schon dunkel, nach Hause: verstört und käseweiß im Gesicht trat er zu uns in die Küche. Er habe, erzählte er, zuerst das Ross in den Stall gebracht und versorgt, dann sei er vom Futterhaus zum Feuerhaus gegangen. Plötzlich habe er das Gefühl gehabt, es starre ihn jemand vom Söller aus an, es geschehe einem ja häufig, dass man spüre, auf der Haut sozusagen, wie einen jemand anstarrt. Er habe also zum Söller hinaufgeschaut, und oben, auf dem Geländer, sei der Jakob gesessen, die Büchse im Anschlag, und habe auf ihn, den Michl, gezielt. Er, der Vetter Michl, habe ihm zugerufen:

»Du Narr, was fällt dir ein, das bin doch ich!«

Aber da sei der Kalkbrenner schon verschwunden gewesen, wie von der Nacht verschluckt.

Wir zitterten vor Spannung und Furcht. Niemand wagte, durchs Fenster hinauszusehen. Der Vater sagte:

»Aber geh! Wenn du vor dem Haus geredet hättest, hätten wir es ja gehört.«

»Und die Hunde hätten gebellt. Sie haben aber erst gebellt, wie du das Tor aufgemacht hast«, ergänzte die Mutter.

Der Michl schüttelte den Kopf; er habe den Jakob gesehen, und außerdem habe der Sultan, der Wolfshund, gewinselt und nicht gebellt. Niemand von uns hätte mehr zu sagen gewusst, ob der Sultan wirklich gewinselt hatte. Doch da fiel der Großmutter ein, was längst einem anderen hätte einfallen können:

»Wenn's der Kalkbrenner gewesen war, was du gesehen hast, Michl, dann hätte es ja der Geist vom Kalkbrenner sein müssen. Aber der Kalkbrenner lebt ja. Es kann also nicht sein Geist gewesen sein.« Dabei blieb es für den Abend. Schlotternd vor Angst krochen wir Kinder in die Betten. Am Morgen kam die Großmutter von der Frühmesse:

»Sie haben das Sterbegebet für den Jakob gebetet«, sagte sie. »Er ist gestern auf der Jagd in eine Lawine gekommen.«

Der Kalkbrenner hatte sich also doch beim Vetter Michl »angemeldet«. Der Michl ließ für die arme Seele eine Messe lesen und wehrte sich mit Händen und Füßen dagegen, sein Erlebnis als »Geistergeschichte« einstufen zu lassen. Aber es half nicht viel.

Das »Anmelden« ist aber eine Sache für sich, die nach Auskunft gescheiter Leute, auch unseres Pfarrers, mit dem Geistern nichts zu tun hat.

Insgesamt scheinen diese Geschichten – abgesehen von ihrem Fabulierwert, der darin bestand, dass der Erzähler sich als mehr oder minder unmittelbarer Zeuge einer außergewöhnlichen Begebenheit aufspielen konnte – in der bäuerlichen Gesellschaft eine ethische Funktion erfüllt zu haben. Das zunächst nur »nicht alltägliche« Ereignis wird durch Ausschmückungen und Ergänzungen so manipuliert, dass es zum »außergewöhnlichen«, »übernatürlichen« wird, und dann leitet man daraus moralische Schlüsse ab. Diese betreffen in erster Linie wohl den Menschen, welchem die besondere Begebenheit zugestoßen ist, sie erlangen aber durch die Art, in der sie vorgebracht werden, allgemeine Gültigkeit. Die Geschichten werden damit Illustrationen zu Verhaltensmaßregeln. So ist es nicht verwunderlich, dass die folgende über den Tod der Sternwirtskellnerin meiner Schwester und mir von der Nachbarin mit mahnend erhobenem Finger erzählt wurde, als sie uns einmal im Friedhof beim Blumenpflücken ertappt hatte. Beim Sternwirt saßen, wie es an Sonntagabenden üblich war, zu später Stunde noch einige Bauern in der Gaststube und tranken. Die Kellnerin war ein großes, kräftiges Weibsbild mit einem Mundwerk wie ein Schlosshund. Gegen Mitternacht häkelte sie einen reichen Bauern, der die ganze Zeit mit seinen Heldentaten im Krieg aufgeschnitten hatte:

»Na, wenn du schon so schneidig bist, wie du sagst, warum gehst du dann nicht auf den Friedhof und holst ein Kreuz von einem Grab? Geh, hol's und bring's in die Gaststube, da her!«

Die Männer lachten. Der reiche Bauer wusste nicht, was er sagen sollte:

»Ich? Jetzt um Mitternacht? Auf den Friedhof?«

»Ja, du!«, bohrte die Kellnerin. »Traust dich oder traust dich nicht? Bei Tag kann das jedes Kind.«

»Du gefällst mir. Zur Geisterstunde ein Kreuz vom Friedhof holen, wo wir erst vor drei Wochen die Nonna begraben haben; du gefällst mir, ein Grabkreuz holen, um Mitternacht!«

Der reiche Bauer war kleinlaut geworden. Die Nonna war seine Großmutter gewesen; manche Leute in Sexten sagten Nonna zur Großmutter, andere Nahndl.

Die Kellnerin lachte spöttisch.

»Maul aufreißen und die Hosen voll haben.«

»Traust *du* dich?«, fragte der Bauer.

»Wenn's etwas tragt! Was tragt's?«

Der Bauer zog seine Brieftasche, legte protzig einen Hunderter auf den Tisch und schrie, plötzlich wieder herrisch-selbstbewusst:

»Da, an Hunderter tragt's. Gehst du? Wenn du gehst, da ist der Hunderter.«

Die Kellnerin ging. In der Runde wurde es still. Der Hunderter lag auf dem Tisch: der König, der italienische, lächelte säuerlich von der Banknote. Es dauerte keine zehn

Minuten und die Frau trat mit einem Grabkreuz, einem Holzkreuz für arme Leute, in die Stube.

»Bravo! Die traut sich! Die ist kalt!«, schrien die Bauern durcheinander.

»Her mit dem Hunderter!«, sagte die Kellnerin, lehnte das Kreuz an den Tisch und ließ den Geldschein im Kittelsack verschwinden.

»Schäm dich vor der!«, meinte einer zum Bauern, der den Hunderter spendiert hatte.

»Ich mich schämen? Hast du die Nonna begraben oder ich? Kann ich mir ein Sakrileg leisten? Was heißt da: schäm dich!«

Er legte einen Fünfziger auf den Tisch. Seine Augen schimmerten feucht. Er lallte:

»Den bekommst du, wenn du das Kreuz zurückträgst und wieder ins Grab steckst.«

»Gib her!«, erwiderte die Kellnerin. Sie nahm das Geld und steckte es ein. Dann verließ sie mit dem Kreuz die Gaststube.

Die Männer warteten. Es schlug Mitternacht.

Die Männer tranken und lärmten. Schließlich tauchte die Wirtin auf, um nach dem Rechten zu sehen und Sperrstunde zu machen; vielleicht, meinte sie, werde die Kellnerin mit den Gästen nicht fertig. Zögernd berichteten die Gäste, was vorgefallen war. Der reiche Bauer räsonierte:

»Das Luder ist mit meinem Geld auf und davon. Ich zeig sie an, das Luder!«

Als mehr als eine halbe Stunde vergangen war, wurden alle unruhig. Die Wirtin überredete die Männer, auf den Friedhof zu gehen und nachzusehen. Sie gingen, alle mitsammen. Als sie zum Friedhofstor kamen, sahen sie einen dunklen Haufen auf einem Grab ohne Kreuz. Es war die Kellnerin; sie lag mit dem Gesicht nach unten auf dem Grabkreuz, tot.

Die Nachbarin erzählte weiter:

»Es war das Grab der Huterischen, einer ehrbaren ledigen Jungfrau. Meint ihr, die gute Seele hätte sich diesen Frevel gefallen lassen, die arme Haut? Sie hat herausgegriffen aus dem Grab und das Luderweib an den Füßen gepackt. Und da hat der Teufel die Kellnerin geholt, die sakrilegische. Was den Toten gehört, gehört den Toten.«

Dann mahnte sie:

»Betet ein Vaterunser für die armen Seelen und stehlt nie wieder Totenblumen!«

Ich hörte die Geschichte von der Sternwirtskellnerin noch oft; seltsamerweise waren sich die Erzähler nur über die Frauensperson einig, die Namen der am Geschehen beteiligten Bauern wechselten dagegen; es wollte offenbar keiner solche Leute in den Fall verwickeln, mit denen er gut stand. Gerade das aber bewirkte bei mir nicht nur Zweifel an der Wahrhaftigkeit, sondern auch eine allmähliche Verschiebung der Sympathien. Zuerst hatte ich in der sakrilegischen Kellnerin nichts als das Teufelsweib gesehen, das alle in ihr sahen. Nach und nach erschien sie mir aber als Opfer. Und als ich größer war, bat ich unsern Gemeindearzt, von dem ich wusste, dass er die Tote untersucht hatte, mir den Sachverhalt zu erläutern. Dr. Habeler sagte:

»Es war ein Herzschlag. Die Frau – sie war aufs Geld aus wie der Teufel auf die unsterbliche Seele – muss schon in großer Erregung auf den Friedhof gekommen sein. Dort versuchte sie, das Kreuz so rasch wie möglich ins Grab zu stecken, sie musste ja zurück zum Sternwirt, Sperrstunde machen. In der Eile verfing sich ihr langer Rock in der Spitze des Holzkreuzes: Ich habe den Rock der Toten untersucht, er war innen und außen erdig und oberhalb des Saumes zerrissen. Dabei muss sie derart erschrocken sein, dass buchstäblich ihr Herz stehenblieb. Wenn gleich ein Arzt da gewesen wäre ...« Dr. Habeler sprach nicht zu Ende, was er dachte.

Ich trumpfte daheim in Anwesenheit der Nachbarin mit dem Wissen des Arztes auf. Die Nachbarin schalt mich wieder:

»Der Bub fragt?! Der getraut sich zu fragen?! Merk dir, bei so etwas fragt man den Pfarrer und nicht den Doktor. Was weiß ein Doktor schon von der ewigen Ruhe!«

Und, an die Mutter gewandt, fügte sie hinzu:

»Der fragt! Da kannst du noch etwas erleben!«

Dr. Habeler fand keinen Glauben.

TIM PARKS

Ein einfaches Zimmer

Im Herbst 2004, kurz nach seinem denkwürdigen Interview mit dem Präsidenten der Vereinigten Staaten und dem Erscheinen der in Romanform geschriebenen Autobiografie seines älteren Sohnes, die den unbarmherzigen Titel *Im Schatten des Allmächtigen* trug, bestieg der Star-Journalist, Fernsehmoderator und Dokumentarfilmer Harold Cleaver in London Gatwick eine Maschine der British Airways nach Mailand-Malpensa, fuhr anschließend mit der italienischen Eisenbahn bis Bruneck in Südtirol und dann mit dem Taxi Richtung Norden in das Dorf Luttach nahe der österreichischen Grenze, von wo aus er sich eine abgelegene Bleibe in den Bergen suchen wollte, um dort die nächsten, wenn auch nicht unbedingt die letzten Jahre seines Lebens zu verbringen. Um dich aus der Verantwortung zu stehlen, war Amandas Kommentar gewesen. Sie ist die Mutter seiner Kinder. Die Verantwortung eines Mannes in meiner Lebensphase, erklärte der bedeutende und übergewichtige Harold Cleaver seiner Partnerin nach dreißig gemeinsamen Jahren, kann höchstens eine finanzielle sein, und in Umsetzung eines nur wenige Stunden alten Entschlusses überschrieb er ihr eine sehr beachtliche Geldsumme, die weder sie noch ihre drei lebenden Kinder im Augenblick dringend brauchten, außer vielleicht der jüngere Sohn Phillip, der ständig Geld brauchte, aber nie etwas annahm.

Nachdem Harold Cleaver am nächsten Morgen, immer noch leicht benebelt von seinem folgenschweren Schritt, in den Zug nach Gatwick eingestiegen war, schaltete er seine beiden Handys aus. Dies ist nicht einfach eins deiner vielen Projekte, sagte er sich noch einmal. Er saß einem jungen Mann mit CD-Spieler gegenüber, dessen Lippen sich lautlos bewegten. Diesmal willst du nicht, wie bei anderen längeren Reisen, ein Buch schreiben oder einen Dokumentarfilm drehen. Der junge Mann, stellte er fest, hatte einen glasigen Blick. Gott sei Dank hat er mich nicht erkannt. Der CD-Spieler surrte. Das kulturelle Umfeld Südtirols, wie immer es sich auch darstellen würde, sagte sich Cleaver entschlossen, muss weder analysiert noch ironisiert, kritisiert oder gepriesen werden. Eine Tonbandstimme kündigte das Schließen der Türen an. Aus dem Leben in einer einsamen Berghütte musste weder eine Geschichte noch eine Serie werden. Auch kein neues *Walden*. Der Zug setzte sich in Bewegung. Die Themse lag plötzlich unter ihnen, dann hinter ihnen. Der vertraute Anblick von Südlondon verschwand mit wachsender Geschwindigkeit in der Ferne.

Und es geht auch nicht darum, irgendwelche *Empfehlungen* zu geben, überlegte Cleaver eine Stunde später immer noch, während ihn der Flughafen-Shuttle zum Terminal zwei brachte, oder angeblich gewonnene Erkenntnisse nach Hause zu berichten. Er hatte Glück und bekam ein Ticket für einen unmittelbar bevorstehenden Flug. Kein Gepäck, erklärte er. Nichts. Nichts, murmelte Cleaver noch einmal, als er seinen Sicherheitsgurt festzog, das zur öffentlichen Diskussion beitragen könnte, wird von dieser Reise mitgebracht werden. Nach all den Jahren als prominenter öffentlicher Redner würde er sich nun von dieser Rolle verabschieden. Denn das ist der außergewöhnliche Gedanke, der sich in diesen letzten, von trauriger Berühmtheit und privatem Tumult geprägten Tagen Harold Cleavers bemächtigt hat: Ich muss endlich die Klappe halten.

Im Zug von Mailand nach Verona saß Cleaver mit einer jungen Frau im Abteil, die sich in eine Lektüre vertieft hatte, die nach einer fotokopierten Marktforschungsstudie aussah. Sie enthielt Säulendiagramme, und er bemerkte den Zwischentitel *Bacino di afflusso*. Ihre Augen glitten über das Gedruckte und hielten hier und da zögernd inne, ehe sie mit einer schnellen, raubvogelartigen Handbewegung ein Wort oder einen Teilsatz unterstrich. Etwa alle fünf Minuten schob sie geistesabwesend ein weißes Schultertuch zurück, das immer wieder auf ihre schlanken Arme rutschte, manchmal lächelte sie gedankenverloren oder runzelte die Stirn, und mit ihrer freien Hand wickelte sie bedächtig eine dunkle Haarsträhne um die versierten Finger. Als sie in Verona eintrafen, war Cleaver mit sich zufrieden, weil er sie nicht angesprochen hatte. Erst als er aufstand, um das Abteil zu verlassen, trafen sich ihre Blicke in der beidseitigen Gewissheit, dass sie einander nie wiedersehen würden. Ein ausgezeichneter Anfang, dachte er. Mutter klagte ständig darüber, hatte sein älterer Sohn im ersten Absatz von *Im Schatten des Allmächtigen* geschrieben, dass mein Vater *vollkommen unfähig* war, die Finger von den Frauen zu lassen, ebenso wie er *vollkommen und absolut unfähig* war, etwas zu essen, zu trinken oder eine Zigarette abzulehnen, und erst recht unfähig, eine Gelegenheit zu einem öffentlichen Auftritt auszuschlagen, egal zu welcher Tages- oder Nachtzeit. Er war der Ehrgeiz und das Laster in Person – in jeder Lebenslage *gierig, geil und geltungssüchtig*, mit großem G. Ich habe, fiel Cleaver plötzlich beim Studieren der Abfahrtstafel am Bahnhof Porta Nuova in Verona ein, abgesehen von Tee und Toast am frühen Morgen heute noch nichts zu mir genommen.

Von Verona aus nahm er einen zweiten Zug, der sich an der Etsch entlang nach Norden durch das Valpolicella in die düsteren Berge des Trentino hineinschlängelte. An den Hängen standen nur vereinzelt Häuser. Die kahlen, formlosen Erhebungen zu beiden Seiten der Strecke wirkten unüberwindlich. Es war hochinteressant, dachte Cleaver, wie die Leute auf das Buch seines Sohnes reagiert hatten, oder vielmehr auf das Buch seines Sohnes in Verbindung mit seinem berühmten Interview mit dem amerikanischen Präsidenten. Er war solche Gedanken leid. Als in Rovereto eine Gruppe von rucksackbepackten Teenagern zustieg, tastete Cleaver in seiner Tasche nach den Ohrstöpseln. Nicht, dass er etwas zu lesen dabeigehabt hätte. Gelesen wird nicht mehr, hatte er beschlossen. Aber er wollte einfach nichts mitbekommen vom Gemeinschaftsleben der Jugendlichen, von ihrer lauten, kollektiven Identität, selbst wenn er ihre Sprache nicht verstand. Wenn ich schon die Klappe halten muss, dachte er, dann kann ich auch meine Ohren außer Betrieb setzen. Keine Stimmen mehr, in jeder Hinsicht.

Als er dann fast allein auf dem Bahnsteig in Franzensfeste stand, kurz unterhalb des Brennerpasses, war Cleaver verblüfft über die milde, beinahe süße Luft. Wonach riecht es hier? Frisch gemähtes Gras, Kuhdung, Sägespäne, Schmelzwasser, das über Felsen rinnt. Unsicher stand er da und lauschte dem durchdringenden Bimmeln der Bahnhofsglocke, das die Ankunft seines Zuges verkündete. Er hob den Kopf und erblickte einen Wasserfall, der von hoch oben herabstürzte. Ich werde keine Briefe schreiben, dachte er jetzt in dem Bewusstsein des nahen Endes seiner Reise. Er hatte keinen Laptop mitgenommen. Auch keinen Taschencomputer. Nicht mal Stift und Papier. Was auch immer mit mir oder um mich herum geschehen wird, muss weder jemandem erzählt noch sonst irgendwie zum Ausdruck gebracht werden.

Zwischen Franzensfeste und Bruneck verkehrt die Bahn nur eingleisig. Cleaver schaute aus dem Fenster, während der Zug mehrmals einen grauen Fluss überquerte, der in die entgegengesetzte Richtung floss. Außer ihm saß nur noch ein weiterer Mann im Wagen. In Ehrenburg hielten sie fast zwanzig Minuten, um auf den nach Westen fahrenden Zug zu warten. In dem tiefen Tal wurde das Dämmerlicht zunehmend fahler. Nach einem Knallen der Türen wirkte die Luft noch stiller und kälter. Lange bevor sie Bruneck erreichten, stellte sich der andere Reisende schon an die Tür und nahm immer wieder ungeduldig seine Aktentasche von einer Hand in die andere.

Luttach, sagte Cleaver zum Taxifahrer. Es war das erste Wort, das er sprach, seit er in Gatwick sein Ticket gekauft und von der Victoria Station aus Amanda angerufen hatte, um sich zu verabschieden. Es war sein Reiseziel. Sag mir wenigstens, wo du hinwillst, hatte sie gefordert. Alle Welt versucht dich zu erreichen. Luttach?, fragte der Fahrer nach.

Er füllte den Ortsnamen mit Heiserkeit. Cleaver hatte sich geweigert. Luttach, sagte er jetzt erneut, diesmal mit etwas anderer Betonung, um den Fahrer zufrieden zu stellen. Der Mann mit dem geröteten Gesicht trug einen grünen Filzhut und einen dichten Schnurrbart. Er kann sein Glück kaum fassen, dachte Cleaver, als das Taxameter zu ticken begann. Das ist ein Londoner Gedanke, rief er sich gleich darauf zur Ordnung, ein alter Gedanke. Wenn mein Vater, hatte sein älterer Sohn geschrieben, Gelegenheit hatte, bis zur nächsten Straßenecke mit dem Taxi zu fahren, dann tat er es. Schließlich lebte er ständig auf Spesen. Die einzige offene Rechnung in meinem Leben, witzelte er gern bei Essenseinladungen, ist die Spesenrechnung. Dies war seine letzte Taxifahrt, beschloss Cleaver. Er zahlte mit seinem eigenen Geld.

Der Wagen fuhr ruhig gen Norden, das Ahrntal hinauf. Wieder überquerten sie mehrmals einen Fluss, der in die entgegengesetzte Richtung floss. Hier war das Wasser schneller, mit weißen Kronen gesprenkelt. Sie fuhren stetig bergauf. Als sie das Dorf Gais passierten, herrschte bereits dichte, herbstliche Dunkelheit. An den oberen Berghängen leuchteten vereinzelte Lichter. Das ist Cleaver von seinem ersten (und bis heute einzigen) Besuch in Südtirol im Gedächtnis geblieben: einsame Lichter hoch oben in den nächtlichen Alpen. Dieses Bild hat ihn jetzt wieder hergelockt.

Als das Tal sich oberhalb von Sand in Taufers zu einer Schlucht verengte, fragte der Fahrer auf Deutsch: Wohin wollen Sie? – I'm sorry? Cleaver spricht nur wenige Worte Deutsch und hat auch nicht vor, mehr zu lernen. Im Gegenteil, er ist hier, gerade *weil* er kein Deutsch spricht. Address, sagte der Mann. Hotel, erklärte Cleaver. Er erinnerte sich nicht mehr, in welchem Hotel er mit Giada gewohnt hatte. Egal. Irgendein Hotel. Der Fahrer schüttelte den Kopf und riskierte einen kurzen Blick über die Schulter nach hinten. Alles geschlossen. Er sprach langsam und überdeutlich. Der Sommer ist zu Ende. Der Winter ist noch nicht da. Alles geschlossen, sagte er noch einmal.

Cleaver schwieg. Der Mann wird gesehen haben, dass ich kein Gepäck dabeihabe, dachte er. Oberhalb der Schlucht fuhren sie, wieder auf ebener Straße, durch die Neubausiedlung an der Talstation des Skilifts. Der gesamte Komplex lag im Dunkeln. Hotels, alles geschlossen, beharrte der Fahrer. Aber er fährt weiter, dachte Cleaver. Fünf Minuten später bog der Wagen in die blitzsaubere Hauptstraße von Luttach ein. Die Schaufenster der Geschäfte waren dunkel. Überall sind die Rollläden heruntergelassen. Cleaver machte keine Anstalten auszusteigen. Hotel?, sagte er fragend. Ein Taxifahrer weiß immer, wo man ein Bett für die Nacht findet. Das Taxameter zählt weiter, jetzt die Zeit anstelle der Entfernung. Zimmer?, schlägt der Mann vor. Ja, sagte Cleaver. Vielleicht verstand er mehr Deutsch, als er dachte. Immerhin hat er den Grundkurs bestanden. Vor langer Zeit. Der Wagen fuhr die Hauptstraße entlang und bog dann nach links ab, den Berg hinauf.

Kommen Sie doch. Der Fahrer nahm Cleaver beim Arm und stieß mit der Schulter eine schwere Tür auf. Es ist eine Kneipe, ein kahler Raum mit Holzfußboden, hölzernen Tischen und Bänken, wo ein Dutzend rotgesichtiger Männer in zwei Gruppen beim Kartenspiel sitzen und sich laut unterhalten. Aber die Bedienung ist eine Frau. Der Fahrer ging hin, um mit ihr zu reden. Die beiden sind alte Freunde.

Von der Tür aus genoss Cleaver die Fremdheit, das Stimmengewirr, das sich als bloßer Lärm wahrnehmen ließ, die ungewohnte Einrichtung, die Kleidung der Männer, den Geruch. Es ist der Geruch von Holz, dachte er, und von Rauch und Leder und Bier. Es war aufregend. Die Wand, stellte er fest, war ebenfalls mit Holz verkleidet, und ein Paar alte hölzerne Skier war gekreuzt über dem Tresen drapiert. Auf dem Sims eines Kamins mit glimmenden Holzscheiten saßen verstaubte Porzellanpuppen.

Die Frau kam zu ihm. Man könnte sie als attraktiv bezeichnen, allerdings schon jenseits ihrer besten Jahre. Wie viele Tage? Sie wischt sich die Hände an einer blauen Schürze ab. Ihr Rock ist aus grauer Wolle. Cleaver schüttelte den Kopf. Dann bemerkt er verärgert, dass er sich vorstellt, er stehe vor der Kamera. Für ein imaginäres Publikum spielt er den berühmten Mann bei einem Besuch in Hintertupfingen. Seht nur, wo Harold Cleaver diese Woche mit seiner Show gastiert! Beachten Sie, würde er dem Publikum sagen, das ungewöhnlich große, holzgeschnitzte Kruzifix dort über der Eckbank, die verrenkten Glieder der Christusfigur, den trüben, resigniert nach oben gerichteten Blick. Armin! Die Frau ging zu einer Tür und rief einen dunklen Korridor hinab. Armin! Du musst damit aufhören, ermahnte sich Cleaver. Armin, kimm iatz! Du musst einfach hier *sein*, sagte er sich, nichts weiter. Kein laufender Kommentar. Die Männer an den Tischen zeigten keinerlei Neugier. Jemand knallte eine Karte auf den Tisch und lachte heiser. Sie sprechen nicht mal Deutsch, stellt Cleaver fest, sondern irgendeinen derben Bergdialekt. Umso besser.

Ein Junge im besten Teenageralter erschien zögernd. Sein

Haar ist lang und scheint rabenschwarz gefärbt zu sein. Er trägt einen Ohrring mit silbernem Totenschädel daran. How many days you want the room?, fragte er. I'm not really quite sure as yet, sagte Cleaver. Dann korrigierte er sich: I don't know. Die Frau hat gesehen, erkannte er, dass ich keine Tasche dabeihabe. At least three or four. Drei, teilt der Junge seiner Mutter mit und will gleich wieder gehen. Der Fahrer klopft Cleaver auf den Arm. Fifty Euros, sagt er. Das scheint übertrieben, aber wie soll ich ihm erklären, dass ich das Taxameter sehen will? Einer der Kartenspieler wirft dem Neuankömmling einen wissenden Blick zu. Aus Gewohnheit will Cleaver um eine Quittung bitten, sagt dann aber auf Deutsch: Nein, schon gut, und reicht dem Mann fünfundfünfzig Euro. Bis er sie aussprach, war ihm nicht bewusst gewesen, dass er diese Redewendung kannte.

Auf einer Reihe von Simsen und Tischchen, verteilt über drei Etagen hölzerner Treppen und knarrender Treppenabsätze, stehen weitere Porzellanpuppen in traditionellen Bauerntrachten von vor mindestens einem Jahrhundert. Ihre harten, hellen Gesichter mit den weit aufgerissenen, glasigen blauen Augen leuchten, als Cleaver schwer atmend an ihnen vorbei nach oben steigt. Die attraktive Frau, die ihre besten Jahre schon hinter sich hat, geht voran. Ihre langen braunen Strümpfe und die grünen Hausschuhe sind keine fünfzig Zentimeter von seinem Gesicht entfernt. Er kann sie riechen. Er findet die Treppe anstrengend, die Stufen sind steiler als zu Hause. Auf dem Absatz im dritten Stock steht ein riesiges altes Puppenhaus, vielleicht einsfünfzig breit und je einen Meter hoch und tief. Weiße und rosafarbene Porzellangesichter schauen strahlend aus allen

Fenstern. Das Licht im Treppenhaus ist düster und gelb, die geblümten Kleider der Puppen wirken muffig. Die Wand ist waagrecht mit dunklen Holzplanken getäfelt, und zwischen zwei Fenstern mit zugezogenen Vorhängen hängt eine alte hölzerne Sichel. Cleaver lächelte. Irgendwie ist es doch schade, dass keine Kamera dabei ist.

Aber zur Überraschung des berühmten Mannes befindet sich in seinem Zimmer ein todschicker Fernseher mit einer beeindruckenden Fernbedienung. Wie beeindruckend wäre es erst, denkt er, wenn ich jetzt sagen würde: Nein, bitte nehmen Sie den weg! Ein Köder, nach dem ich nicht schnappen darf. Während er versucht, wieder zu Atem zu kommen, fängt die Frau an, sehr schnell auf ihn einzureden. Sie zeigt auf dieses und jenes. Warum tut sie das, obwohl sie weiß, dass ich kein Deutsch kann? Sie zeigt auf eine Tür ein Stück den Flur entlang, zeigt ihm Handtücher, wiederholt Dinge, die sie schon hundert Mal gesagt hat. Sie tut ihre Pflicht, egal, ob er sie versteht oder nicht. Jetzt kommt ihm das Wort Frühstück bekannt vor. Heißes Wasser, die Frau wedelt mit einem Zeigefinger. Noch nicht. Dann ist sie verschwunden.

Hier bin ich also. Cleaver legte sich aufs Bett. Er trägt einen Ledermantel, ein Jackett, ein pinkfarbenes Hemd mit gelber Krawatte, dunkle Hosen. Als er am Morgen das Haus verließ, hätte er ebenso gut ins Studio fahren und seine Kündigung zurückziehen können. Gab es irgendjemanden von Bedeutung, der ihn nicht angefleht hatte, es sich noch einmal zu überlegen? Und das war erst gestern gewesen. Denk noch mal drüber nach, beharrte Michaels. Mein Gott! Das Zimmer war feucht. Es war lange nicht geheizt worden. Man hatte nicht mit Gästen gerechnet. Du bist ein fettes

Schwein, verkündete Cleaver und verschränkte die Arme über seinem Bauch. Ein Mann von deinem Körperumfang, er sprach die Worte laut aus, sollte selbst genug Wärme erzeugen können. Das Zimmer ist ziemlich groß, aber auch ziemlich leer und ziemlich staubig. Zu gern reimte mein Vater die Worte fett und nett, hatte sein älterer Sohn geschrieben. Cleaver hat keinen Grund, Schrank und Schubladen zu öffnen. Wie ist die Aussicht? Er steht auf. Nur eine schmale Gasse, eine fensterlose Hauswand. Beim Umdrehen sieht er eine weitere große Puppe, die in einem Reif staubiger Rüschen auf der Kommode sitzt; ihr Gesicht hat den gleichen starren Ausdruck stupider Zufriedenheit wie die Gesichter der anderen. Die Augen sind blau, weit aufgerissen, der Blick starr.

Cleaver fröstelt. Hier wären wir also, wiederholt er und legt sich erneut aufs Bett. Die einzige Decke ist eindeutig klamm. Als er sich auf die Seite dreht, spürt er seine Handys. Endlich kann ich abspecken, dachte er. Alles abbrechen, abschalten und ausspannen. Er nahm die Telefone aus seiner Tasche und legte sie auf den Nachttisch. Kiefernholzplatte. Alle Möbel in diesem Zimmer sind aus unbehandelter Kiefer. Oder Esche, vielleicht auch Birke. Cleaver hat keine Ahnung von Holz. Konsequenterweise hätte ich gar kein Telefon mitnehmen sollen, überlegt er. Andererseits wird man auch nicht über Nacht zum Heiligen. Gibt es hier oben in den Bergen überhaupt Empfang?, fragte er sich. Er lächelte, schüttelte den Kopf, gab dann aber bewusst einer anderen Versuchung nach. Er stand auf, ging zum Fernseher, drückte auf den Einschaltknopf und griff nach der Fernbedienung.

Während er es sich wieder auf dem Bett bequem macht, merkt er, dass er kalte Füße hat. Wie kann man so fett sein und trotzdem kalte Füße haben? Ein Mann trug gerade ein Mikrofon in die Zuschauerreihen eines Aufnahmestudios. Sofort war Cleaver gespannt. Er schaute auf seine Armbanduhr. In diesem Augenblick saß eine seiner beiden Vertretungen in der Maske. Bin ich tatsächlich ausgestiegen? Nachdem ich aus dem Präsidenten der Vereinigten Staaten Hackfleisch gemacht habe? Auf dem Höhepunkt meiner Karriere? Er schaute zu, wie der Moderator das Mikrofon einem hübschen Schmollmund auf einem leicht erreichbaren Gangplatz entgegenhielt. Für Cleaver ist klar, dass das Mädchen absichtlich dort platziert worden ist. Sie spricht jetzt, eifrig und selbstbewusst, auf Deutsch. Sie haben vermutlich eine Kamera, die den Mittelgang hinunter auf die Rückwand des Studios gerichtet ist und das Nicken des Moderators aufnimmt. Das Übliche. Der großartige Mann stimmt ihr zu. Cleaver hat keine Ahnung, worüber sie sprechen. Wahrscheinlich ein ernstes Thema. Plötzlich lachen alle. Eine Überkopfkamera macht einen Schwenk. Die Leute lachen immer alle zusammen. Das Licht ist ein bisschen grell, findet Cleaver. Ein vereinzeltes Lachen ist peinlich. Das Studio ist in Mattschwarz gehalten, mit olivgrünen Sitzen und orangefarbenen Stellwänden. Ausgesprochen deutsche Farben. Haben nicht alle deutschen U-Bahnhöfe, überlegt Cleaver, grüne und orangefarbene Kacheln an den Wänden? Er schaltet um. Eine ernst blickende Frau mit üppiger Figur verliest auf Italienisch die Nachrichten. Cleaver hört zu. Sie benutzt die gleiche festgelegte Sprachrhythmik, die gleiche sowohl routiniert als auch dramatisch wirkende Technik der plötzlichen, ungewöhnlichen Betonung, die er selbst so meisterhaft beherrscht. Aber das ist eine alte Beobachtung. Er hat das Gleiche im Französischen, einer Sprache, die er versteht, und im Spanischen, einer Sprache, die er nicht versteht, festgestellt. Alles muss dringlich klingen, und dennoch muss die routinierte Sicherheit des Vortragenden Zuversicht ausstrahlen.

Er schaltet auf Programm zehn, dann zwölf. Plötzlich hört er Englisch. BBC World. Sie haben eine Satellitenschüssel! Damit hat er nicht gerechnet. Vielleicht werden sie in den Nachrichten zur vollen Stunde auch ein paar Worte über sein, Harold Cleavers, überraschendes Ausscheiden aus der seriösesten und erfolgreichsten Talkshow Englands verlieren: *Crossfire*. Aber im Moment interviewt ein alter Bekannter, Martin Clabburn, gerade einen Mann mit Turban. Sie wollen doch wohl nicht bestreiten, dass Sie wissentlich mit einer der skrupellosesten Regierungen unserer Zeit zusammengearbeitet haben? Martin wirkt aufgebracht, wahrt aber die Fassung. Der Turbanträger gibt eine ebenso gefasste wie kämpferische Antwort. Sie sind Verbündete. Die Show geht weiter. Cleaver lutscht an seinen Zähnen. Nichts, sagt eine Stimme in seinem Kopf jetzt immer wieder, könnte die Richtigkeit deiner Entscheidung, dich zurückzuziehen, klarer bestätigen als diese Farce einer reinen Scheinkonfrontation. Clabburn startet brav einen weiteren verbalen Angriff, und der Turbanträger schießt ebenso brav zurück. Wie ermüdend. Aber solange du hier liegst und dir das anschaust, bist du nicht wirklich ausgestiegen. Der Zuschauer ist immer ein Komplize. Eine

Nahaufnahme suggeriert, dass Clabburns einziges wahres Gefühl die Genugtuung über das Unbehagen ist, das er dem Mann verursacht. Cleaver zerreißt Präsidenten in der Luft, so hatte der *Guardian* sein berühmtes Interview beschrieben. Der Typ mit dem Turban scheint den Streit zu genießen.

Dann muss Cleaver ein paar Minuten verpasst haben – vielleicht ist er tatsächlich eingedöst –, denn auf einmal setzt unvermittelt und laut die Abspannmusik ein; der Bildschirm verwandelt sich in ein Kaleidoskop aus dramatischen Szenen und Hightech-Gegenständen, die zwischen Aufständen, Blutbädern und jubelnden Sportlern durch das All zu wirbeln scheinen. Das Fernsehen wird von solchen Clips überschwemmt, hatte Cleavers älterer Sohn in seiner Abhandlung der vielen kontroversen Fernsehdebatten und Dokumentarberichte seines Vaters geschrieben. Wie der Junge behaupten konnte, das Buch sei ein Roman, ist Cleaver ein Rätsel. Eine Mischung aus Luftangriffssirene und den angesagtesten und verführerischsten technischen Spielereien, hatte sein Sohn geschrieben: mit dem Ziel, wie mein Vater mir einmal bei einem seiner zahllosen Versuche, mich als Journalist und Autor zu *coachen*, erklärt hat – denn man muss wissen, dass mein Vater mit keinem Menschen reden konnte, ohne zu versuchen, ihn zu *verführen*, falls er eine Frau war, oder ihn zu *coachen*, falls er ein Mann war –, mit dem Ziel, erklärte mir mein Vater, im Zuschauer sowohl extreme Spannung als auch extreme Selbstzufriedenheit zu erzeugen, und zwar beides *gleichzeitig*. Habe ich tatsächlich etwas so Intelligentes gesagt?, fragte sich Cleaver. Er lächelte. Aus seinem Sohn war jedenfalls ein wahrer Meister geworden. Ich habe ihn gut gecoacht. Meinen älteren Sohn. Dann schaute Cleaver im unruhigen roten Licht dieses absurd langen Abspannclips zu der Puppe auf der Kommode hinüber. Sie schaut zu; ihre Porzellanaugen blicken verzückt, ihr Lächeln ist beneidenswert leer. Cleaver nahm die Fernbedienung und schaltete ab.

Sofort hörte er das Singen. Die Männer unten singen. Man hört auch Akkordeonklänge. Ich habe Hunger, stellt Cleaver fest. Ich darf nicht erwarten, ausgerechnet an einem Tag wie heute *compos mentis* zu sein, geistig alles unter Kontrolle zu haben. Halt dich einfach an den Plan. Kompost mentis. Das war ein alter Witz. Er zog seine Schuhe an und ging auf den Flur hinaus, konnte aber den Lichtschalter nicht finden. Vielleicht hatte die attraktive Vermieterin ihm dazu etwas erklärt. Auf dem dunklen Treppenabsatz war der Gesang deutlicher zu hören. Cleaver strich wahllos mit den Fingern über die Wände. Männliche Stimmen sangen aus voller Kehle auf Deutsch. Er riskierte, sich einen Splitter einzufangen. Er kehrte in sein Zimmer zurück, machte das Licht wieder an und ging bei geöffneter Tür erneut zum Treppenabsatz. Von jedem dunklen Sims starrten ihn beim Abstieg einfältig lächelnde Puppen an. Diese Puppen haben etwas Lautes an sich, entschied Cleaver. Etwas Chorales. Der Männergesang unten schwoll an, während Cleaver vorsichtig an den stummen weiblichen Puppen vorbeiging. Der Rhythmus wirkte jetzt militärisch. Fast alle Politiker, dachte Cleaver und blieb stehen, bis seine Augen sich an die Dunkelheit gewöhnt hatten, die ich interviewt habe, waren Männer, wohingegen fast alle Zuschauer oder Leser, die mir geschrieben haben, Frauen waren.

Doch als er auf die letzte Stufe trat, wähnte er sich schon unten, stolperte deshalb und fiel vorwärts gegen einen Tisch, auf dem zwei glänzende Augen vor sich hin starrten. Eine Tür wurde aufgestoßen, und rechts von ihm war plötzlich helles Licht; die Kartenspieler waren am Ende ihres Liedes angelangt, johlten und klopften selbstgefällig auf den Tisch. Ein großer Mann mit Bart stapfte, ohne Cleaver eines Blickes zu würdigen, den Flur hinunter. Cleaver stellte die umgefallene Puppe wieder hin und betrat die Kneipe.

Er saß schon fünf Minuten an einem Ecktisch, ehe die Frau sich von der gegenüberliegenden Wand löste und zu ihm kam. In ihrer Schürze stand sie vor ihm, die Haare unter einem weißen Kopftuch verborgen. Die meisten der Puppen trugen ebenfalls Kopftücher. Cleaver wollte sich nicht darauf beschränken, mit den Fingern auf seinen Mund zu zeigen. Er lächelte entschuldigend und sagte: Do you, ähm, have anything to eat? Sie fuhr sich mit der Zunge über die Unterlippe und schaute ihn unverwandt an. Sie weiß natürlich nicht, dass Harold Cleaver daran gewöhnt ist, zu über zehn Millionen Zuschauern zu sprechen. Bread?, fragte er. Die Frau zog die Augenbrauen hoch und blickte sich sichtlich ungeduldig um. Zwei Männer sangen leise und ließen dabei ihre Gläser klingen. Bier?, fragte sie barsch. Cleaver gab auf und machte die zeitlose Geste. Er hob die rechte Hand, schob drei Finger zum Mund und riss die Augen auf – erfahrungsgemäß für jedes Publikum ein charmantes, selbstironisches Flehen. Zu spät, sagte die Frau. Ihr Gesicht ist attraktiv – sie hat freundliche Fältchen um die strahlenden Augen –, zeigt aber schon die leicht hängenden Züge des fortgeschrittenen Alters. Trinkn, Trinkn, Trinkn!, intonieren die Männer jetzt lauter und hauen die Gläser auf den Tisch. Die Frau schob den Ärmel ihrer Strickjacke zurück und klopfte auf ihre Uhr. Zu spät. Brot, fiel Cleaver ein, und: Speck? Sie schürzte die Lippen und wandte sich ab.

Cleaver beugte beim Essen den Kopf über seinen Holzteller. Das Bier ist eiskalt. Er fragt sich, ob die Männer seinetwegen aufgehört haben zu singen. Über fünfzig Millionen Menschen haben sein Interview mit dem Präsidenten gesehen, als CBS es in den Staaten ausstrahlte. Geben Sie zu, Mr. President – Cleaver stellte fest, dass er den Speck in kleinere Stücke schneiden musste –, dass Sie Ihr Augenmerk nur auf laufende Debatten und Konflikte wie den Nahen Osten, den Terrorismus, die Steuerlast des Mittelstands gerichtet und dabei die wirklichen Herausforderungen der Zukunft – die Erderwärmung, die Überflussgesellschaft, die Förderung erneuerbarer Energien – außer Acht gelassen haben. Als der Präsident zögerte, fügte Cleaver hinzu: Oder halten Sie es in einer Demokratie für unvermeidlich, dass ein erfolgreicher Politiker nur mehr der Dirigent des Chors ist, der am lautesten singt? Der faserige Speck bleibt immer wieder zwischen seinen Zähnen hängen. Eins möchte ich klarstellen, sagte der gut aussehende Präsident in aggressivem Tonfall, ich bin mein eigener Herr. Daraufhin lächelte Cleaver sein berüchtigtes Lächeln. Er lächelt jetzt wieder so, während er kaut: Mr. President, Sie haben soeben zwei Gemeinplätze benutzt, einen nach dem anderen. Er brauchte einen Zahnstocher. Selbst ein Roboter könnte bessere Antworten geben.

Plötzlich gab es Streit unter den Kartenspielern. Jemand wurde des Mogelns bezichtigt. So kam es Cleaver jedenfalls vor. Der einzige Mann in Schlips und Sakko warf sein Blatt auf den Tisch und schob angewidert seinen Stuhl zurück. Als er aufstehen wollte, sprang ein anderer auf und schubste ihn zurück. Merkwürdigerweise trug er einen ledernen Cowboyhut. Der gut gekleidete Mann geriet ins Schwanken und wäre beinahe hingefallen. Alle schrien oder lachten. Die Wirtin rannte zum Tisch. Ein jüngerer Mann, fast noch ein Junge, in grünen Kordhosen und kariertem Hemd hob ein rotes Akkordeon vom Boden auf und spielte leise und gequetscht einen Volkstanz. Perfekte Untermalung, dachte Cleaver. Ganz plötzlich war der Streit vorbei, und ein weiteres Tablett mit Biergläsern wurde zum Tisch gebracht.

My room is cold, erklärte er der Frau. Do you have an extra blanket? Er machte eine Bewegung, als kuschelte er sich ein, als zöge er etwas bis über den Kopf. Sie konzentrierte sich auf das Zählen von Münzen aus dem Portemonnaie, das sie am Bauch trug. Blanket! Or I'll freeze! Brrr! Es war ein Fehler gewesen, kaltes Bier zu bestellen. Unvermittelt kam der Mann mit dem Cowboyhut zu ihnen. A big blanket for a big man!, sagte er angeberisch. Dann sagte er etwas auf Deutsch zu der Frau. Sie nickte. Welcome to Südtirol!, fuhr er überschwänglich fort. Er hat einen schmalen, fast zylindrischen Kopf, eine Adlernase und blitzende Augen. You want to ride a horse while you are in Luttach, you come to Hermann! Onkel Hermanns Stall! Schon hatte er Cleaver seine Visitenkarte zwischen die eiskalten Finger gesteckt. A big horse for a big arse! Er klatschte in die Hände und lachte. You want a woman, you ask Frau Schleiermacher. She knows everybody. Ha, ha, ha! A bigger whore for the man who has more, witzelte Cleaver. Die

Witze meines Vaters waren ebenso unpassend wie unvermeidlich, hatte sein Sohn geschrieben. Aber Hermann kam nicht mehr mit. Südtirol welcomes you, wiederholte er nickend und streckte lachend die Hand aus. Er hatte einen eisernen Händedruck.

Cleaver war seit etwa fünf Minuten wieder auf seinem Zimmer, als der Junge mit den schwarz gefärbten Haaren die zweite Decke brachte. Beim Anblick seines teuflischen Ohrrings musste Cleaver lächeln. Aber er hatte den Namen des Jungen vergessen. Hieß er wirklich Amen? Fremdländische Namen finden in unserem Gedächtnis keine Schlupflöcher. Cleavers ältere Tochter Angela hatte auch mal eine Phase gehabt, in der sie alle möglichen grotesken Todessymbole trug. Es war eindeutig übertrieben, das als Versuch zu interpretieren, ihren besorgten Eltern zu zeigen, wie unglücklich sie war. Es gibt Horden von Teenagern, die satanischen Nippes tragen, sagte Cleaver laut. Hauptsächlich Ohrringe und Armreif aus dunklem Silber oder grauem Stahl oder schwarze T-Shirts mit orangefarbenen Höllenfeuer-Motiven. Die moderne Welt parodiert eben alles, was einmal von Bedeutung war und uns zum Zittern brachte. Aber Cleaver hatte nie daran gedacht, seinen Sohn wegen dieser Interpretation zur Rede zu stellen. Kaum hatte er sich hingelegt, wurde ihm klar, dass die zusätzliche Decke nicht ausreichen würde, um warm zu werden.

Das Problem sind seine Füße. Die zweite Decke würde bestimmt reichen, dachte Cleaver, wenn seine Füße schon warm wären. Er knipste die Nachttischlampe aus. Leider waren sie jedoch taub vor Kälte. Er tastete nach dem Kabel und knipste die Lampe wieder an. Die Tiroler Puppe starrt immer noch auf den toten Bildschirm. Ach, wäre man doch so unbekümmert wie eine Puppe! So beneidenswert unempfindlich gegen Hitze und Kälte!

Cleaver stand auf. Er hatte sich bis auf Hose und Unterhemd ausgezogen. Er ließ die Zimmertür offen, tappte auf den Flur hinaus – was für eine Figur er jetzt wohl abgab – und öffnete die Tür, hinter der nach den Gesten der Wirtin das Bad sein musste. Zu Hause nahm er immer ein heißes Bad, wenn er kalte Füße hatte. Die Zeiten, als Amanda sie ihm zwischen ihren Schenkeln gewärmt hatte, waren vorbei, noch ehe sie richtig begonnen hatten. Die Beziehung meiner Eltern als stürmisch zu bezeichnen, hatte sein älterer Sohn geschrieben, wäre so, als sagte man, Arafat und Sharon hätten ab und zu eine kleine Meinungsverschiedenheit. Das Wasser, das aus der Dusche kam, war kalt. Cleaver wartete, hielt ab und zu einen Finger in den Strahl. Die Vergleiche meines Sohnes lassen manchmal doch zu wünschen übrig, dachte er. Er lachte sogar. Der Strahl aus dem Duschkopf war kräftig, blieb aber kalt, so kalt wie die Wasserfälle, die nachts über alpine Felsen hinabstürzen. Heißes Wasser. Das hatte sie definitiv gesagt, aber jetzt fragte sich Cleaver, ob das nicht irgendwie im Zusammenhang mit Frühstück gestanden hatte. Noch nicht. Als er in sein Zimmer zurückkehrte, beschlich ihn zum ersten Mal das Gefühl, dass dies ein ernsthaftes Problem war.

Cleaver zog alle seine Sachen wieder an, auch den Ledermantel, und stieg zurück ins Bett. Dann stand er erneut auf und legte die beiden Decken so hin, dass er sich in sie einrollen konnte. Dicker fetter Rollmops, murmelte er. Sein Gesicht und die kahle Stelle auf dem Kopf sind jetzt bedeckt. Er atmete in der Dunkelheit seinen eigenen warmen Atem ein. In diesem Zimmer riecht es komisch, stellte er fest. Das war ihm vorher nicht aufgefallen. Meine Füße werden überhaupt nicht wärmer. Sie schienen vom Rest seines Körpers abgetrennt zu sein, so als wäre das, was er für Kälte hielt, der berühmte Phantomschmerz nach einer Amputation.

Verdammt! Plötzlich sehnt er sich nach einer Zigarette. Cleaver machte Licht. Die Stellen in *Im Schatten des Allmächtigen*, in denen von der chronischen Hypochondrie des Vaters des Erzählers die Rede war, gehörten eindeutig zu den gemeinsten und witzigsten. Cleaver rollte sich aus den Decken, setzte sich auf, zog die Füße an und begann sie zu massieren. Zum Teufel mit dem Buch. Die Haut sieht seltsam gräulich aus. Das Merkwürdige ist, hatte sein älterer Sohn geschrieben, dass mein Vater *ständig* überzeugt war, kurz vor dem Herzinfarkt zu stehen, ihn das aber keineswegs davon abgehalten hat, exzessiv zu essen, zu trinken, zu rauchen und herumzuhuren. So fest er auch rubbelte, Cleavers Füße blieben, wie sie waren: grau, kalt und klamm. Er hatte seit sechs Monaten mit keiner Frau geschlafen und seit über drei Monaten keine Zigarette mehr geraucht, daher deprimierte es ihn, dass er jetzt eine wollte. Wie soll ich mir die Zeit vertreiben, bis meine Füße warm werden? Er schaute sich nach der Fernbedienung um. Und so einer will in einer einsamen Berghütte leben! Morgen musste er verschiedenes besorgen. Sich ordentlich ausstatten.

Er zog seine Schuhe wieder an und ging im Zimmer auf und ab. Er war auf Eisblöcken unterwegs. Auch nach einer Viertelstunde hatte sich daran nichts geändert. Die

Puppe starrt ihn an. Verdammt noch mal, geh gefälligst runter und frag, ob du noch eine Decke haben kannst, sagte eine Stimme, oder noch zwei, oder ein Federbett oder eine Wärmflasche. Waren in Deutschland nicht sowieso Federbetten üblich? Aber Cleaver wird nicht fragen gehen. Das weiß er. Es hat mit dem Sprachproblem zu tun. Und noch etwas: Er weiß, er würde sich schämen. Die Wirtin hat befunden, dass zwei dicke Decken reichen. Es ist keine besonders kalte Nacht. Es ist Herbst, aber noch nicht Winter. Er will seine Schwächlichkeit nicht zeigen. Mein Vater, hatte sein Sohn geschrieben, wäre beim Hundertmeterlauf gegen Carl Lewis angetreten, im Boxring gegen Muhammad Ali und auf dem Tennisplatz gegen Pete Sampras. Er war der *wettbewerbsgeilste* Mensch, den die Welt je gesehen hat. Manchmal hatte ich das Gefühl, er hatte sich Mutter ausgesucht und sie sich ihn, weil sie beide in der Medienbranche arbeiteten und so ihr Leben lang tagein, tagaus miteinander konkurrieren konnten. Es ist aber nicht wahr, dass ich mit den Kindern konkurrieren wollte, dachte Cleaver. Diese verflixten Füße. Er schaltete den Fernseher wieder ein.

Als hätte er nach einem Blick auf die Uhr zur Fernbedienung gegriffen, begann auf BBC just in diesem Moment die stündliche Nachrichtensendung. 23 Uhr mitteleuropäischer Zeit. BBC World, erklärte eine autoritäre Stimme. Demand a broader view! Cleaver setzte sich aufs Bett und zog seine Schuhe wieder aus. Der Sender mit Weitblick! Wer einen wirklich intelligenten Blick auf die Dinge werfen wollte, würde sich diesen Slogan nicht auf die Fahne schreiben. Was meinem Sohn fehlt, erkannte Cleaver jetzt, während er Bilder von den Ruinen einer Palästinensersiedlung betrachtete, und vielleicht macht ihn gerade das so erfolgreich, ist der Sinn für Pathos. Das Pathos der ewigen Oberflächlichkeit des Journalismus, das Pathos von Ehe und Elternschaft, das Pathos von kalten Füßen, zum Kuckuck. Obwohl Amanda und er natürlich nie geheiratet hatten. Jedes Mal, wenn Mutter ihm einen Antrag machte, lehnte mein Vater ab, und jedes Mal, wenn er ihr einen Antrag machte, lehnte sie ab. Wir sind nicht für einander geschaffen, witzelte mein Vater. Das Miteinander schafft uns, konterte meine Mutter. Bis hierher haben wir es immerhin geschafft, gab mein Vater zurück. Cleaver massierte seine gequälten Füße. Mein Sohn ist ein Genie der Karikatur, entschied er. Alle Menschen und Dinge in seinem Buch waren so beschrieben, dass er, sie oder es in eine vorgefertigte Schublade passte. Deshalb konnte man sich Figuren und Handlung leicht merken. Darin liegt der Schlüssel zum Erfolg. Ein Name, den das Publikum wiedererkennt. Zusammenhänge, die klar durchschaubar sind. Dem Jungen ist das Pathos an der ganzen Geschichte völlig entgangen, dachte Cleaver, und der Spaß ebenso. Ich habe selber mindestens die Hälfte davon längst vergessen.

Unwillkürlich griff Cleaver nach dem roten Handy auf dem Nachttisch und schaltete es ein. Ich muss aufhören, mir ständig solche unfruchtbaren Gedanken über meinen Sohn zu machen, sagte er sich. Es war ermüdend. Das kleine Display leuchtete. Du bist schließlich nicht nach Südtirol gekommen, um dich mit der Welt, die du hinter dir gelassen hast, zu unterhalten. Der Name HAROLD CLEAVER erschien, zusammen mit seiner Festnetznummer zu Hause. Das muss ich auch ändern. Dann geschah ein paar Sekunden lang nichts. Cleaver hatte oft versucht, sich bildlich vorzustellen, wie das kleine Ding in der sirrenden Luft seine Fühler ausstreckt, auf der Suche nach einem ihm freundlich gesinnten Netz, in das es sich einklinken kann. In solchen Momenten besitzt sogar das Handy ein gewisses Pathos, dachte er, ein eingebildetes Pathos, den Wunsch, sich in das kollektive Gedächtnis einzuklinken. Auf BBC begann die rituelle Analyse der Aktienmärkte. Jeder besitzt inzwischen im Gehirn eine Nische für den Nasdaq, den Wechselkurs von Dollar und Yen.

OST-NET, verkündet das Display plötzlich. Fast sofort fing das Telefon zu vibrieren an. 1 Kurzmitteilung, 2 Kurzmitteilungen, 3, 4, 5, 6. Der Zähler hörte bei 15 auf, und ein kleiner Briefumschlag in der linken oberen Ecke begann zu blinken. Speicher voll. Kein Platz für weitere Kurzmitteilungen. Cleaver griff in die Innentasche seines Mantels. Dann in die Jackentasche. O nein! Er kann seine Lesebrille nicht finden. Schnell durchsuchte er alle Taschen, das Jackett, die Hosen. Bin ich wirklich so bescheuert? Aber vielleicht war es sowieso besser, die Mitteilungen nicht zu lesen. Er hatte das Lesen ganz generell aufgeben wollen. Er strengte seine Augen an, um die Buchstaben zu erkennen, und fragte sich, in welcher Reihenfolge die Mitteilungen geschrieben worden waren. Konnte man das irgendwie erkennen? Sie waren alle von Amanda. Nein, er konnte den Text nicht entziffern.

Cleaver musste sich vom Fernseher abwenden und das Telefon unter den Schirm der Nachttischlampe halten, direkt neben die Birne. Jetzt ging es gerade so.

Was soll ich mit deinem ganzen kram machen, du drückeberger? Wenn du wirkl. weg bist, will ich es hier nicht mehr haben

Kaum hatte Cleaver auf »löschen« gedrückt, signalisierte ein Vibrieren das Eintreffen einer weiteren Nachricht.

Übrigens solltest du die tel.rechn. sehen, die deine tochter verursacht hat

Wieder löschte Cleaver, und wieder vibrierte das Handy gleich darauf. Amanda, dachte er, konnte in jeder Lebenslage sms verfassen, beim Kochen, beim Autofahren, auf dem Klo. Amanda ist dem Simsen verfallen. Er kniff die Augen zusammen:

Michaels hat 5x in 15 min angerufen. Habe ihn dran erinnert, d. man deserteure auf der flucht erschießen soll

Cleaver lächelte und löschte.

Ich wusste du bist zu feige das handy dazulassen

Jetzt musste er kurz die Augen schließen. Die Buchstaben verschwammen. Auf bbc hatte eine Sendung über eine sibirische Sprache begonnen, die kurz vor dem Aussterben war. Es ist erstaunlich, wie viel Begeisterung und Energie ein Fernsehteam in solche Berichte stecken kann, die 99,99 Prozent der Zuschauer in keinster Weise betreffen. Das Tolle war anscheinend, dass diese mongolisch aussehenden Leute nur ein Wort brauchten, um zu sagen: Ich gehe jetzt auf Bärenjagd.

Ich werde dein zeug wirklich wegwerfen – er schaute wieder aufs Handy – incl. Erstausgaben, ist dir das klar?

Obwohl es dort kaum noch Bären gab, klagte jetzt der Reporter, und noch weniger Sprecher dieser Sprache, die sie jagen könnten.

Liebster abtrünniger, wahrsch. treffen wir uns e.t. rein

zufällig an angies grab. Keine angst, ich werde so tun als ob ich d. nicht erkenne

Sie schlug unter die Gürtellinie, um eine Antwort zu erzwingen. Angelas Unfall, murmelte er, konnte man wohl kaum als Chronik eines angekündigten Todes bezeichnen.

O, michaels hat NOCHMAL angerufen und gefragt ob ich deinen job will. Ich! Kaum zu glauben, oder?

Wenn du mir nicht sagst wo du bist geh ich zur polizei und melde dich vermisst

Jedes Mal, wenn Cleaver eine SMS löschte, vibrierte das Telefon erneut. Es hörte nicht auf.

Ich liebe dich. Du bist d. einzige mit d. ich je leben wollte, der einzige mit d. ich kinder wollte

Cleaver fragte sich, ob sie betrunken war.

Zähl nicht darauf dass ich mich umbringe, schrieb sie.

Ich weiss du tust nur so als würdest du diese nachr. nicht lesen

Ich hasse dich

Bill White rief an, will deine dok über den balkan nach frankr. verkaufen. Wollte nicht über geld reden

Schlaf gut, Harry, wo immer du bist. Hast du deine beruhigungsp. genommen?

Ich wusste, dass du ein feigling bist

Immer noch trafen Mitteilungen ein. Cleaver taten schon die Augen weh. Ohne zu lesen, drückte er wiederholt die Taste, mit der man die Mitteilungen lesen und löschen konnte, bis das Telefon nach drei, vier Minuten endlich still blieb. Er schaltete es aus. Ich werde nicht antworten.

Auf BBC wurde jetzt begeistert über die Special Effects in einem neuen Film über das Übersinnliche berichtet. Anscheinend war die Computeranimation spannender als das Thema. Cleaver schaltete auch den Fernseher aus. Bleibt mir nichts übrig, als mich hinzulegen, dachte er. Er zog seinen Ledermantel aus, wickelte sich wieder in die Decken und legte den schweren Mantel doppelt gefaltet auf seine Füße. Sie schmerzen vor Kälte. Was zum Teufel mache ich hier, weit weg von zu Hause und allen Annehmlichkeiten? Er hat keine Pillen bei sich. Zu dumm. Die Puppe sah zu, wie er das Licht ausmachte.

Er konnte nicht schlafen. Denk an nichts, sagte sich Cleaver entschlossen, an nichts, an nichts, an nichts. Wie eine Puppe. Die Minuten vergingen. Zähl alle Frauen, mit denen du je im Bett warst. Das war ein verlässlicher Zeitvertreib. Es ermüdete ihn. Aber das mit dem Mantel hätte ich längst so machen sollen. Seine Füße wurden langsam warm, und ehe er sich's versah, erwachte er in den frühen Morgenstunden, weil ihm zu warm war. Das ist ja fantastisch. Er ging auf die Toilette, zog sich anschließend bis auf die Unterwäsche aus und legte die Decken neu zurecht. Seine Füße glühten jetzt. Willkommen in Südtirol, sagte er zu ihnen. Er kicherte. Sein ganzer Körper fühlte sich wunderbar präsent an, wunderbar behaglich. Wann habe ich mich je so wohl gefühlt, so entspannt? Was für eine übertriebene Reaktion! Harold Cleaver lag im Dunkeln und empfind ein außergewöhnlich starkes Wohlbehagen. Er hatte es geschafft. Er war entkommen.

Die Partschinsa Purzinigelen

Vor sehr langer Zeit, kurze Zeit, nachdem die Erde noch *öd und leer* gewesen war und also ‏חהו ובהו‎, *tohu wabohu* (was im übrigen Buber/Rosenzweig sehr viel treffender mit *Irrsal und Wirrsal* übersetzen, den alten Luther verbessernd; – der noch einige Verbesserungen mehr vertragen hätte, wie man an seinen heutigen Nachkommenschaften unschwer ablesen kann. Aber das tut hier nichts zur Sache –), ... vor sehr, sehr langer Zeit also, kurze Zeit, nachdem die Erde noch »wüst und leer« gewesen war, wohnte auf dem, was heut der Partschinser Sonnenberg genannt wird und bis vor kurzem wie präpandemisch noch extensiv touristisch zum Zwecke aller möglichen Bespaßungen beworben, also Wellness und Fitness und Gutess, ... vor sehr, sehr langer Zeit wohnte auf diesem steilen, der südlichen Sonne freundlichst zugewandten Berghang eine inzwischen längst sagenumwobene Spezies: die Purzinigelen. Und was auch immer wir heute uns davon erzählen, und wie auch immer wir sie in Kinderliedern (Weihnachtsliedern gar) hineininverniedlichen, es waren, die Purzinigelen, eine hochkultivierte Zivilisation.

Wenn auch, zugegebenermaßen, von sehr kleinem Wuchs. Was ihnen bei ihrem Hauptgeschäft, dem Graben nach Silber, allerdings prächtig zupaß kam. Mußten sie die

Stollen nicht allzugroß aus dem Granitgneis des Partschinser Sonnenberges hauen. Denn das Silber versteckte sich im Berge. Und ließ sich nur finden, wenn man freundlicher und sangesfröhlicher Natur war, wie die Purzinigelen, und intelligent und dem Leben zugewandt, sowie am Tauschwert des Silbers nicht im geringsten interessiert. All das traf auf die Purzinigelen zu, und sie freuten sich, am Feierabend in der tiefstehenden Sonne am Partschinser Berg sitzend, am Widerglanz des gewonnenen Silbers. Aßen aus Silbertellern und schliefen auf Silberkissen. Standen morgens nicht allzufrüh auf, und machten sich gemächlich auf den Weg in die Silberstollen. In deren Dunkelheit sie ein paar Stunden verbrachten. Um dann wieder ans Tageslicht zu kommen, und, nach einem Bade in einem Gebirgsbach, den sie zu diesem Zwecke mit Steinen, Ästen und Moos zu einem Swimmingpool etwas angestaut, sich im frischen Gebirgsgras in die Sonne zu legen und etwas auszuruhen. Danach vertrieben sie sich die Zeit mit Hand- und Kopfständen und Rollen vor- und rückwärts. Das half ihren Silberstollen rücken auf die Sprünge.

Und so vergingen die Tage, und so vergingen die Zeiten.

Bis die Purzinigelen eines Tages, wieder einmal im Grase ruhend, feststellten, zu ihrem Erstaunen, daß im Tal weit unten, unter ihnen, in dem Tal, das bis vor kurzem ein einziger Sumpf voller übler Luft, und also *mal aria* war, daß sich dorten etwas tat.

Sie wollten es erst nicht glauben. Mußte sie die Sonne und das Silber zu stark geblendet haben, zumal ihre von der Silberstollendunkelheit geschwächten Augen.

Doch da, Tage später, wieder. Woche drauf, auch. Im Tal

unten, an dessen Rande, auf einem kleinen Hügel, schienen sich Wesen anzusiedeln. Und hantierten gar mit Feuer. Und bauten sich wacklige Laubhütten.

Alsbald aber gingen über diese Wesen im Tale unten Geschichten um unter den Purzinigelen, und sie sagten sich: Sage, sag mal, was glaubst du?

»Ich glaub schonmal gar nichts, *pàr tschínsa, pàr tschínsa*«, sagte das Altpurzinigele, nochmal einen Kopf kleiner als die anderen Purzinigelen, da inzwischen etwas vornübergebeugt, Altersskoliose, »und außerdem sollte es uns egal sein. Was da unten in diesem Drecksloch sich tut.«

Das aber war ein Irrtum gewesen. Denn eines Tages kam ein Talbewohner den Berg hoch. Tage später kamen mehr von ihnen den Berg hoch. Und sie streiften durchs Gelände, unsicher auf ihren Beinen ob der Steilheit. Aber sie kamen immer wieder. Schauten hinter jeden Stein, grasten alles ab.

So daß die Purzinigelen, nachdem sie Rat gehalten, eines Nachts alles zerstörten, was sie aufgebaut hatten, ihre Silberteller und Silberkissen in die Stollen zurückbrachten, und die Stollen auf immer verschlossen. Ihre Wohnplätze dem Erdboden gleichmachten und das Bad im Bach. Woraufhin sich eine wahre Sturzflut zu Tale wälzte.

In derselben Nacht noch machten sich die Purzinigelen auf den Weg, den Sonnenberg entlang am Kamm, am Ortnott vorbei und am Madratsch, und ließen sich erst am Plantavilas, hoch oben über Schluderns, wieder nieder. Da war dann ein paar hundert Jahr lang wieder Ruhe.

Schließlich aber verschwanden sie ganz. Von dort, wo heutzutage die Spezies der Mauntenbaiker Jagd auf Fußgänger macht.

Später dann, als das Wissen über die wirklichen Pur-
zinigelen längst verschütt wie ihre Silberstollen, später
dann haben sich aus dem Wort Purzinigele Wörter her-
ausgebildet, die, wenn nicht wir, so zumindest unsere
Vorgänger, noch kannten. Im Adelung (Grammatisch-
Kritisches Wörterbuch der Hochdeutschen Mundart.
Ausgabe letzter Hand, Leipzig 1793–1801) findet sich
also zum Beispiel Purzel für kleines, täppisches Kind.
Im Deutschen Wörterbuch der Gebrüder Grimm
(Leipzig 1833–1961) lesen wir: wenn ich (hanswurst)
meinen purzelbaum machen kann, was ficht die poli-
tik mich an? Und im Duden steht schließlich Nigel für
kleiner, widerspenstiger Kerl.

Und so ist allen Recht und Genüge getan.

LENZ KOPPELSTÄTTER
Der Commissario und die Berge

Es gab schlimme Tage im Leben des Commissarios. Unvergesslich schlimme Tage. Manche dieser Tage holten ihn in seinen Träumen ein, sie ließen ihn nachts schweißgebadet aufschrecken. Es waren dies jene Tage, an denen er zu den Toten, zu den Ermordeten musste. Sie begannen meistens recht unspektakulär: Commissario Johann Grauner, der nebenbei auch noch Viechbauer war, saß an solchen Tagen beispielsweise gelangweilt am Schreibtisch in der Questura in Bozen und zog sich über die Kopfhörer Gustav-Mahler-Sinfonien rein.

Er verehrte Mahler, seine Frau Alba, die Graunerin, verehrte Mahler auch, und dass auch seine Kühe den Komponisten verehrten, davon war er ebenso überzeugt.

Warum er das so genau zu wissen glaubte? Er schmeckte es. Denn, bevor er seinen Stall, oben am steilen Hang über dem Südtiroler Eisacktal, mit Mahlers Sinfonien beschallt hatte, hatte die frisch gemolkene Milch seiner Kühe schon wunderbar geschmeckt. Doch jetzt, da er die Mitzi, die Mara, die Marianne mit der Sechsten, der Siebten, der Achten verzückte, schmeckte die Milch phänomenal. Unvergleichlich. Überirdisch. Göttlich. Was war Champagner gegen die Milch seiner von Mahler beschallten Kühe? Nichts als ein Wässerchen.

Ja, das Leben könnte perfekt sein, dachte sich Grauner in regelmäßigen Abständen: Bauer sein, oben am Hof, über der Schlucht, die der Eisack über die Jahrtausende in den Felsen gefressen hatte, mit Blick hinüber zu den Dolomiten, diesen schönsten Bergen der Welt. Fast zu schön, fast schon kitschig. Und neben dem Bauer-Sein, weil das Bauer-Sein alleine fürs Leben nicht ganz reichte, auch ein bisschen Commissario-Sein, unten in der Stadt, in Bozen.

Unten, weitab vom Dorf, unten, in der sogenannten Zivilisation, bei den Stadtmenschen, die Grauner nicht recht verstand, die ihn ob ihrer Verrücktheit ein klein wenig faszinierten, ihn im Großen und Ganzen aber doch meist skeptisch zurückließen. In der Stadt leben? In Häusern leben, in denen Wohnungen übereinandergestapelt waren, wäre für Grauner nie und nimmer eine Option gewesen. So ein Irrsinn. Menschen waren doch keine Apfelkisten, keine Marmeladengläser, die man übereinanderstapelte.

Sagen wir so, Grauner hielt es aus in der Stadt, in Bozen. Er war Polizist geworden, und später Commissario, weil ihn das Böse faszinierte, das sich Menschen antun konnten, weil tief in ihm drin ein gesunder Gerechtigkeitssinn schmorte, der ihm sagte, dass es mit der Menschheit bald vorüber sein würde, zöge man das Böse nicht zur Rechenschaft. Ein bisschen aber hatte er zu Beginn seiner Ermittlerkarriere durchaus auch gehofft, durchaus erwartet, dass das mit dem Bösen, mit der Verbrecherjagd im schönen, fast schon kitschigen Südtirol, sich als nicht so schlimm herausstellen würde. Er hatte sich erhofft, dass sein Commissario-Leben unspektakulär vor sich hin plätschern würde, wie ein Gebirgsbächlein in den Sarntaler Alpen.

Falsch gedacht, das hatte er schon nach wenigen Wochen in der Questura in Bozen erleben dürfen, das hatten ihm bereits die ersten Jahre als Commissario gezeigt. Es wurde gemordet in diesem Südtirol – und wie!

Nicht nur unten in der Stadt, was Grauner ja eingeleuchtet hätte. Nein, auch und vor allem in den Dörfern – draußen auf dem Land und oben am Berg. Da erstach der eine Bauer den anderen, weil der ihm die saftige Wiese auf der Südseite des Hanges nicht verkaufen wollte. Da erschoss der Jäger den Wilderer, weil der dem Bürgermeister verraten hatte, dass der Jäger, wenn er nicht mehr offiziell jagen durfte, ebenso als Wilderer unterwegs war. Da erwürgte die Skilehrerin den Skiliftbesitzer, weil der ihrem Mann, dem Skiausrüstungsverleiher, gesteckt hatte, dass sie dem ungeschickten Pistenneuling aus München-Pasing nach Pistenschluss ein bisschen mehr beigebracht hatte, als nur das elegante Carven und den punktgenauen Stockeinsatz.

Grauners Vorgesetzter, Staatsanwalt Martino Belli, verließ die Stadt, Bozen, eher ungern. Der saß am liebsten den lieben langen Tag im Gartenrestaurant oder auf der Terrasse des Grandhotel *Laurin*, ihm reichte der Blick auf den Schlern und den im Sonnenuntergang leuchtenden Rosengarten aus der Ferne. Passierte ein Mord draußen in der Provinz, vor den Toren der Provinzhauptstadt, dann schickte er Grauner, den einzigen Bauern unter seinen Ermittlern. Weil Grauner mit den Leuten in den Dörfern gut konnte. Weil ein Stadtmensch da draußen, bei den Wilden, keine Chance habe, so war Belli überzeugt.

Wenn das Schrillen des Handys Grauner bei der Stallarbeit störte, dann bedeutete das meist nichts Gutes, dann wusste er, dass das wohl einer dieser schlimmen Tage werden würde. Denn meistens rief dann einer aus der Questura an, um ihm mitzuteilen, dass es wieder einen Toten gab, irgendwo, in irgendeinem Dorf, und dass er hinmüsse, weil Belli wollte, dass er die Ermittlungen leitete.

Und ja, er hatte ja recht, der Herr Staatsanwalt. Draußen und oben in den Dörfern, das war Grauners Revier. Da draußen, bei den scheinbar Wilden, musstest du als Commissario deren Sprache sprechen.

Das hieß konkret: Erst einmal gar nichts sagen, wenn du in so ein Dorf zwischen den Bergen kamst, wo es einen Toten, einen vermutlich Ermordeten gab. Wenn du ins Gasthaus oder in die Bar am Dorfplatz tratst, wenn sich alle Köpfe im Gasthaus oder in der Bar zu dir umdrehten, dann konnten diese Blicke dich gewaltig einschüchtern, so dass du als Stadtmensch am liebsten wieder umdrehen wolltest, rein ins Auto, raus aus dem Tal.

Nein, nein, da musstest du schon die Bergdorf-DNA in dir drin tragen, da musstest du diesen Blicken standhalten. Du musstest dieser unerträglich schreienden Stille dein brüllendes Schweigen entgegensetzen. Dann musstest du mit breiten, klobigen stampfenden Bauernschritten an die Theke, die in Südtirol *Bud'l* hieß, schreiten, so als ob du dein ganzes Leben lang schon jeden Tag an diesem Bud'l gestanden hättest. Kurzer Blick über die Tische, über die kartenspielenden, Vernatsch trinkenden und Speck und Schüttelbrot kauenden Bauern, dann Wink zum Wirt, Nicken hin zur Rotweinflasche, irgendein unverständliches Brummen – unverständliches Brummen war ganz wichtig! –, wer nicht selbstbewusst vor sich hinbrummte, verriet sich sofort als Städter, als einer, der nicht in so ein Gasthaus, nicht in so eine Bar gehörte. Als einer, der Angst hatte.

Schweigen, schweigen, schweigen. Trinken. Noch ein Glas'l bestellen, so lange weiterschweigen, bis die Neugierde bei den Bud'lstehern um einen herum loderte, bald lichterloh brannte, bis einer von denen den ersten Schritt tat. Sich zu dir umdrehte, drauflosplapperte, fragte.

Was man denn für einer sei.

Weil einer von hier sei man ja nicht, das wisse man ja.

Weil, man kenne ja alle von hier, weil, in so einem Berg-dorf da kenne ja jeder jeden, sei ja logisch.

Schweigen, schweigen. Unbedingt weiterschweigen. Nur dann würde der gegenüber weiter fragen, weiter plappern, weiter trinken – und dann würde der Vernatsch bald die Zungen von allen um einen herum lösen, zwar schwer und schwerer werden lassen, aber auch gesprächiger.

Ob man denn wegen dem Mord hier sei.

Ob man denn wegen dem Toten hier sei, wegen dem Schwienbacher Sepp, der in seiner Stube frühmorgens auf-gefunden worden war, mit einer Mistgabel in der Kehle steckend, mit dem ganzen Blut um ihn herum, das in das alte Lärchenholz des Stubenbodens gesickert war und den Boden dunkel verfärbt hatte.

Ob man denn ein Schmierfink von der Zeitung sei oder ein Privatermittler, ein Schnüffler, oder gar ein *Karpf*.

Karpf, so wurden die Carabinieri genannt, die ab und an von den Städten und den Taldörfern in die Bergdörfer hochkamen, um ein bisschen zu schauen, dass die Bergdorfanarchie nicht allzu sehr ausartete. Meistens begnügten sie sich damit, in der Bergdorfbar oder im Bergdorfgasthaus einen Kaffee zu trinken, verzogen das Gesicht, weil der Kaffee nicht so schmeckte, wie sie ihn von den Bars aus Süditalien gewohnt waren, doch dann stellten ihnen die Berggasthauswirte noch eine Speckknödelsuppe hin, die ihnen schmeckte. Zwar keine Pizza, keine Pasta, aber Knödelmachen, das merkten die süditalienischen Carabinieri, die hier oben, weitab vom Meer, ihren Dienst versehen mussten, Knödelmachen, ja das konnten sie, diese Südtiroler, die eine Schlamperei der Geschichte nach Italien geschlagen hatte, die zwischen diesen hohen Bergen lebten, die holpriges Italienisch redeten und knochiges Deutsch.

Schweigen, weiter schweigen. Nicht verraten, dass man Commissario war. Angestellter bei der Polizia di Stato. Zwar keiner aus dem Süden. Sondern auch Bauer. Viechbauer. 17 Viecher im Stall. Weiterschweigen, warten, bis sich auch die Kartenspieler vor Neugierde dazustellen würden, bis sie alle mit schweren, aber gelockerten Zungen über den Toten reden würden. Bis sie ihn, den fremden Commissario, total vergessen würden, bis ein jeder seine Verdächtigung aus sich heraus plappern würde. Da galt es dann, sich all die Verdächtigungen zu merken, im Kopf ein Netz zu spannen, und wenn das Netz im Kopf zu undurchsichtig wurde, aufs Klo zu verschwinden, um sich die einzelnen Vermutungen in einem kleinen Notizbüchlein zu notieren.

Der Gemeindearbeiter hat den Nachbarn des Toten in Verdacht, weil der Ururgroßvater des Toten dem Ururgroßvater des Nachbarn damals, das muss um die Jahrhundertwende gewesen sein, also um die vorletzte, die vor den großen Kriegen, einmal zwei Kühe im Stall vergiftet haben soll, weil der Ururgroßvater des Nachbarn den Ururgroßvater des Toten zuvor seine Kutsche in einer dunklen Dezembernacht abgefackelt habe, weil wiederum der Ururgroßvater des Toten dem Ururgroßvater des Nachbarn beim Wiesenfest, damals, vor all diesen Jahren, die Schattenhofer Lisbeth ausgespannt haben soll. Das hübscheste aller Mädchen im Dorf sei die gewesen. Daran konnte sich noch jeder der Alten erinnern, auch wenn keiner der Alten so alt war, dass er sie noch gekannt haben konnte.

Ja, so hatte Johann Grauner so manchen Fall schon gelöst. Doch manchen auch nicht. Und die Gesichter der Toten dieser nicht gelösten Fälle waren es, die sein Leben lang in seinem Träumen herumschwirrten. So, wie er sie tot hatte da liegen sehen: erschossen, erstochen, erwürgt, erschlagen, in ihren Bauernhäusern, im Wald, in der Scheune, unter dem Stammtisch im Dorfgasthaus.

Ja, das waren schlimme Tage, schlimme Nächte.

Jene Tage, an denen der Commissario einen Anruf im Stall bekam.

Grauner, komm, wir haben wieder einen Toten!

Wenn er dann mit seinem Panda über die Serpentinenstraße ins dunkle Eisacktal hinunterfahren musste, nach Bozen, in die Questura, von der Questura in eins der Südtiroler Täler hinein, hin zum Toten, ihm ins tote Gesicht schauen.

Jene Nächte, wenn sich die Gesichter dieser Toten, deren Mörder er nicht hatte finden können, ihn heimsuchten. Wenn sie in den Träumen zuerst tot vor sich hin starrten, dann sich plötzlich bewegten, die Augen öffneten, die Lippenwinkel nach oben zogen, böse grinsten, ihm die toten Zungen herausstreckten.

Ja, es gab diese schlimmen Tage im Leben des Commissarios, doch so schlimm das Morden auch war, der Mensch, das hatte Grauner an sich erlebt, gewöhnte sich dran. Er verstand zumindest, warum er zu den Toten musste, er hatte eine Rolle inne, eine wichtige, er war das Gute. Er hatte einen Auftrag. Das Böse zu bekämpfen. Das machte alles erträglicher.

Doch da gab es einen anderen jährlich wiederkommenden Tag in seinem Leben, der hatte nichts mit Mord und Totschlag zu tun, aber an den, das wusste er, würde er sich nie gewöhnen können. Dieser Tag, er suchte Grauner einmal im Jahr heim, war jener jährlich wiederkommende Tag, an dem er mit Alba, seiner Frau, die er liebte, immer, und Sara, seiner Tochter, die er liebte, meistens, obwohl sie ihn nervte, ständig, in Urlaub fahren musste.

Urlaub! Wozu?

Grauner hasste Urlaub. Noch mehr als Tote, Ermordete. Urlaub! Was sollte das? Er hatte das nie verstanden. Schon als Kind war er im Sommer über die Wiesen ein Stück vom Dorf in Richtung Tal hinuntergelaufen, um auf der Brennerautobahn, die sich durch die tiefe Schucht schlängelte, die beeindruckende Blechlawine anzuschauen.

Warum taten die das? Das fragte er sich immer wieder. Er dachte lange über diese Frage nach, er kam zum

Schluss: Da, wo diese Menschen in diesen Autos herkamen, musste es so schrecklich sein, dass sie sich diese langen Fahrten antaten.

Gut, das konnte er verstehen, aber dann wendete er den Blick von der Autobahn ab, ließ ihn über die Almen, die Wiesen, die Kirchen, die Gipfel und den blauen Himmel schweifen und fragte sich, warum denn auch die Südtiroler, warum denn auch Alba und Sara in den Urlaub fahren wollten. Es war doch so schön hier. Jeder Tag, den er nicht hier zwischen den Bergen verbringen durfte, war ihm ein verlorener.

Alba! Sara! Ausgerechnet. Er konnte andere verstehen. Seinen Kollegen, den Ispettore Claudio Saltapepe, beispielsweise. Der war sie als Neapolitaner halt nicht gewohnt, die Berge. Grauner konnte sich noch bestens an Saltapepes von Angst gezeichneten Gesichtszüge erinnern, als der seine ersten Tage hier in Bozen, zwischen den Felswänden, verbrachte. Grauner erinnerte sich nur zu gut an die schiere Panik, als er den Ispettore zu seinem ersten Mordfall, in eins von Südtirols Seitentälern begleitete, wo die Straße immer steiler und schmaler und löchriger wurde, bis sie schließlich an einer Bergwand endete.

Warum die Menschen hier denn auf die Berge hinaufgingen, hatte der Ispettore aus Neapel den Commissario an einem seiner ersten Arbeitstage in Südtirol gefragt.

Grauner hatte die Frage anfangs überhaupt nicht verstanden. Sie war ihm vorgekommen, als hätte Saltapepe ihn gefragt, warum er atmete. Erst nach Sekunden hatte er kapiert, dass der Kollege es ernst meinte, eine erklärende Antwort erwartete.

Na ja, äh, also, wir gehen auf den Berg hoch, wir klettern zum Gipfel, um von da oben runterschauen zu können, hatte der Commissario schließlich geantwortet.

Er erinnerte sich nur zu gut an Saltapepes Kopfschütteln.

Aber Commissario, hatte er erwidert, dann könnt ihr ja gleich unten bleiben.

Wer in den Bergen nicht aufgewachsen war, der würde das Leben auf ihnen, zwischen ihnen, wohl nie so ganz verstehen, das wurde Grauner immer klarer im Laufe seines Lebens. Warum manche Bergmenschen, auch Alba und Sara, immer wieder von der Sehnsucht gepackt wurden, die Berge in Richtung Süden zu verlassen, in die Ebene zu fahren, ans Meer, blieb ihm ein Rätsel. Das Meer? Die Fahrt dorthin, raus aus den Bergen? Grauner wurde schon nervös, wenn er nur daran dachte. Er brach in Schweiß aus, schon Tage bevor es losging. Die Adria? Ein Graus.

Er verbrachte diese Tage vor diesem schlimmen ersten Urlaubstag immer noch ein wenig länger im Stall. Er beneidete seine Kühe, die Mitzi, die Marianne, die Golda, dass die ihr Leben lang nie an die Adria mussten, keine Koffer packen, nicht in einem vollgepackten Panda frühmorgens, noch vor Sonnenaufgang, losfahren.

Und nun war es wieder einmal so weit. Die schlimmsten Minuten. Vor gut einer halben Stunde waren sie oben am Hof über dem Eisacktal losgefahren. Noch im Dunkeln. Er hatte sich bei seinen Kühen verabschiedet, bei jeder einzeln. Er hatte jeder etwas ins Ohr geflüstert, jeder das, was sie gerne hörte. Kühe, das wusste Grauner aus Erfahrung, waren so unterschiedlich. Die eine braucht ein zärtliches Streicheln und Liebkosungsworte, die andere hörte gerne einen Witz, eine dritte brauchte gutes Zureden, weil einer ihrer sieben Mägen etwas verstimmt war, weil ihr Muhen seit Tagen etwas kläglich klang.

Er hatte mit allen Kühen gemeinsam noch einmal das *Allegro energico* von Mahlers Sechsten gehört, jener Sinfonie, seiner Lieblingssinfonie, in der gegen Ende Kuhglockengebimmel das göttliche Unheil ankündigten.

Gegen den Tag des In-den-Urlaub-Fahrens hätte er zehn, nein hundert, nervenzehrende Questura-Tage eingetauscht. Er hätte sich sogar freiwillig für den Telefondienst gemeldet, was ansonsten ein Graus war. Denn es rief ständig jemand an in der Questura. Ständig wollte jemand am Telefon, dass man irgendwo hinfahren sollte. Schnell, kommen Sie! Da ist etwas passiert!

Grauner blieb dann immer ganz ruhig. Die vielen Jahre als Commissario hatten ihn gelehrt, dass man noch lange nicht irgendwo hinzueilen hatte, nur weil jemand aufgeregt in der Questura anrief. Man musste diese Aufgeregtheit an sich abperlen lassen. Sonst machte man sich ja verrückt. War ja klar, dass jemand, der bei der Polizei anrief, aufgeregt war. Schließlich war man ja keine Pizzeria, bei der man sich nach den Öffnungszeiten erkundigte, kein Kino, bei dem man Karten reservierte, keine Radiostation, bei der man sich sein Lieblingslied wünschte.

Jeden Tag wurde bei der Polizei aufgeregt angerufen. Um den Nachbarsbauern anzuschwärzen, weil der die Granny Smith vom eigenen Moos geklaut habe. Um sich über die Polizeistreife zu beschweren, die abends nach dem

Feuerwehrfest eine Alkoholkontrolle durchgeführt hatte. Das sei ja eine Unverschämtheit, ausgerechnet nach dem Feuerwehrfest, warum nicht morgens, nach der Messe? Und warum waren der Bürgermeister und der Feuerwehrhauptmann, die auf dem Fest stundenlang am Schnapsbud'l gezecht hatten, nicht kontrolliert worden?

Viele riefen auch nur an, um sich zu entrüsten. Über irgendetwas. Über das Wetter, über den Landeshauptmann, der es dieses Jahr nicht für nötig gehalten habe, zum Almauftrieb ins Passeiertal zu kommen. Über das laute Sirenengeheul letzte Nacht in Gfrill, wo Grauners Leute zwei um die Gunst einer Magd streitende Bauern davor bewahrt hatten, mit zerbrochenen Blauburgunderflaschen aufeinander loszugehen. Der ganz normale Provinzpolizistenwahnsinn.

Ein bisschen liebte Grauner sie ja, diese Anrufe. Solange er sich die Probleme anderer Leute anhören konnte, kamen ihm die eigenen so klein und nichtig vor. Solange nichts Schlimmeres passierte, war doch alles in bester Ordnung, hier, in diesem beschaulichen Südtirol, wo der Himmel blauer strahlte, wo der Gipfelschnee des Ortler, des König, des Klockerkarkopf weißer schien, wo der Kalkfels der Dolomiten abends röter glühte als sonst wo, wo der Vernatsch einen fröhlich machte und der Speck einen satt.

Solange kein Mord passierte, an diesem wunderschönen Fleckchen Erde, so lange hörte sich Grauner diese Anrufe gerne an, geduldig, durch nichts aus der Ruhe zu bringen, so, wie seine Mara, seine Mitzi, seine Olga das Heu kauten. Vor allem galt: Solange er sich diese Anrufe anhörte, war er zumindest nicht auf dem Weg nach Süden, raus aus den Bergen, in den vermaledeiten Urlaub.

Nun aber war er es doch: Sie fuhren auf der rechten Spur, die Grauners aus Südtirol auf dem Weg zur Adria, Johann Grauner fuhr auf dem Weg in den verhassten Urlaub immer rechts, aus Prinzip, damit alles etwas langsamer vor sich ging, damit dieser Urlaub, weg von den Bergen, nicht sieben Tage, nicht 168 Stunden dauern würde, sondern nur 167 Stunden und ein paar Minuten. Jede Minute zählte.

Er konzentrierte sich auf die Fahrbahn, zwang sich, nicht zu den Bergen zu schauen, weil er wusste, dass sie nun bald niedriger würden, von schönen, spitzen Gebilden zu mickrigen, lächerlichen Hügeln, die dann verschwinden würden.

Es war für ihn jedes Mal ein bisschen wie sterben.

Alba, neben ihm, musste auch diesmal gesehen haben, dass er zitterte, schwitzte.

»Mach doch Mahler an, Johann«, sagte sie und zwickte ihm liebevoll die Backe.

»Geht nicht«, murmelte er.

Das CD-Deck des Autoradios war kaputt. Hätte er sich nur nie mit so modernen Dingern wie CDs eingelassen. Wäre er doch nur bei seinen Kassetten geblieben, die immer gut funktioniert hatten. Aber er hatte ja keine Chance gehabt. Weil die Welt ja glaubte, auf Kassetten verzichten zu müssen.

CD-Player kaputt! Auf dem Weg an die Adria! Ausgerechnet jetzt, da er Mahlers Unterstützung so dringend brauchte. Das Schwinden der Berge ohne Mahlers Trauermarsch aus der Fünften. Eine Katastrophe.

»Papa, wenn du willst, kann ich im Handy auf YouTube schauen, ob ich irgendwo eine Aufnahme finde, dann können wir über Bluetooth mein Smartphone mit dem Autoradio verbinden …«

Sie sprach nicht weiter, Grauner verstand nicht warum. Er hatte sowieso kaum ein Wort verstanden. Was war Bluetooth? Eine neue Zahnpastamarke? Und YouTube? Ein neuer Serie-A-Spieler?

Er nahm sich vor, keine Fragen zu stellen, er wusste, Sara ärgerte nichts mehr, als wenn er sie mit seiner Digitalunwissenheit blamierte. Und sie fühlte sich schon blamiert, wenn auch nur Mamma dabei war.

»… ach, pfff, natürlich hat unser alter Panda kein Bluetooth«, schimpfte Sara von der Rückbank, »der hat ja noch nicht einmal Boxen hier hinten.«

Sie setzte sich die Kopfhörer wieder auf, drehte die Musik auf ihrem Handy lauter, so laut, dass das Musikdröhnen das Dröhnen des alten Panda-Motors übertönte.

Grauner wollte mit ihr schimpfen, aber er wusste, sie würde ihn nicht hören, und wenn sie ihn doch hörte, würde sie sein Geschimpfe ignorieren. Er war wütend. So sprach man nicht über seinen Panda. Schon gar nicht in dessen Anwesenheit. In dessen Inneren. Das gehörte sich nicht. Dieser Panda war für Grauner mehr als nur ein Auto. Der war wie ein Familienmitglied. Mindestens den Kühen ebenbürtig.

Dieser alte Panda war ihm immer treu gewesen. Manchmal hätte er durchaus auch ein wenig weniger treu sein können – jetzt zum Beispiel. Grauner hätte jetzt – sie passierten gerade die Weindörfer des Unterlands, sie fuhren vorbei an den Weinbergen, die sich an die Berghänge krallten – jetzt hätte er durchaus nichts dagegen gehabt, wenn der Panda seine Treue aufgegeben hätte.

Motorschaden, Pannenstreifen.

Ja, blöd.

Hhhmmm, fahrt ihr mal mit dem Zug weiter runter ans Meer, ich bleibe beim Panda, kann ihn ja jetzt in der Werkstatt nicht alleine lassen.

Ja, ja, natürlich komme ich nach, ja, klar, sobald es geht. Kuss.

Er spürte ein Zittern, hörte ein leises Surren, was war das? Es klang tatsächlich eigenartig. Kam das vom Motor? Nein, so hatte der Motor noch nie geklungen. War sein Gedanke soeben etwa tatsächlich erhört worden? Sogleich fühlte er sich ein bisschen schlecht. Stellte er doch seine egoistische Anti-Urlaubs-Hoffnung über das Wohlbefinden seines Panda.

Aber nein, mein Freund, murmelte er halb in Gedanken, so war das ja nicht gemeint. Nein, dass du hier, jetzt abkratzt, das würde ich nie von dir verlangen, treuer Gefährte.

Erneut spürte er das Zittern, hörte das Surren.

»Deine Hose zittert und surrt«, sagte Alba und zeigte auf seine Jeanstasche, durch die sich die Umrisse seines neuen Handys abzeichneten. Auch er hatte jetzt so ein Smartphone. Ein Dienst-Handy. Er fand das verrückt. Er mochte keine Handys. Schon gar nicht mochte er Handys, die alles konnten, bei denen du aber eine halbe Stunde nach der Tastatur suchen musstest, um eine Nummer einzutippen. Ihm waren Handys, die sprechen konnten, suspekt. Davor bekam er Angst.

Er sehnte sich in eine Zeit zurück, in der man sich zum Sprechen noch im Gasthaus traf, sich zum Telefonieren in den alten Sessel im Flur setzte, zum Gratulieren Briefe schrieb, sich Sachen einfach merkte, anstatt sich digitale Notizen zu machen, zum Kirchturm hochschaute, um die Uhrzeit zu erfahren, im Kopf rechnete, Fotos mit dem Fotoapparat knipste und sich auf die Entwicklung freute.

Er sehnte sich in eine Zeit zurück, in der man sich in auseinanderfallenden Landkarten verlor und Menschen nach dem Weg fragte, in denen man Zeitungen las, Taschenlampen aus dem Keller holte, zum Himmel hochsah, um über das Wetter von morgen Bescheid zu wissen, oder die alte Nachbarin fragte, die das Wetter vorauszusagen wusste, in dem sie sich in ihren Gemüsegarten setzte, einmal auf die Erde spuckte, die Spucke mit der Erde unterrührte, die Erde hochhob, einen alten, unverständlichen Hexenspruch flüsterte, die Erde wieder zu Boden fallen ließ und dann ihre Prognose abgab.

Ein paar Mal schon hätte man sie deshalb bereits fast schon ins Irrenhaus gesteckt, die alte Nachbarin, ihre Urgroßmutter war ihrerzeit auf dem Scheiterhaufen verbrannt worden. Aber falsch gelegen mit ihrer Wetteransage hatte sie bislang nie, kein einziges Mal, diese Nachbarshexe, vor der Grauner gehörigen Respekt hatte, die zwar manchmal gehörig nervte, weil sie für seinen Geschmack ein bisschen zu viel über den Zaun zu ihnen hinüberschaute, viel zu neugierig war, aber er traute sich nie etwas zu sagen, nie mit ihr zu schimpfen. Denn er war sich sicher, sie konnte ihn verfluchen, oder noch viel schlimmer, die Kühe verhexen. Oder den Panda.

»Da ruft dich jemand an«, sagte Alba.

Es war Grauner ein Rätsel, wie sie wissen konnte, nur weil das neue Handy da in seiner Hosentasche zuckte, dass ihn jemand anrief. Silvia Tappeiner, seine Assistentin, die ihm YouTube installiert und erläutert hatte, hatte ihm auch eine Einweisung in das neue Handy gegeben. Das meiste hatte er sofort wieder vergessen, vergessen wollen. Nur, dass das Handy auch zittern konnte, anstatt zu klingeln, das war ihm im Kopf geblieben.

Er überlegte, wer das sein konnte, der da anrief, gleichzeitig ärgerte er sich nun doch wieder ein wenig, dass das Brummen und Zittern nur das Handy war und nicht ein rettender Motorschaden des Panda. Er fluchte in Gedanken.

Oschrolottiga, putteinziga, zanzanziga.

Grauner fluchte gern und leidenschaftlich. Nichts tat er lieber als beim Fluchen vom Südtiroler Dialekt ins Italienische zu wechseln, dann Dialekt und Italienisch zu verschmelzen, sodass neue, von ihm frei erfundene Fantasie-Fluchworte entstanden.

Porcoloschrtigga, futtneiniga.

Doch er hatte dem lieben Gott versprochen, dass er nur noch einmal am Tag fluchte, weil sein Fluchen schon seit Längerem überhandgenommen hatte. Er musste sich einschränken, es war zu viel geworden. Nun fluchte er nur noch morgens auf dem Klo. Lauthals. Und tagsüber, nur wenn es unbedingt sein musste, wortlos, in der Hoffnung, der liebe Gott würde Besseres zu tun haben, als seine Gedanken zu lesen.

Er hielt das Lenkrad mit der linken Hand fest, kramte mit der rechten Hand in der Hosentasche, zog das Handy hervor, es rutschte ihm aus den Fingern. Er bückte sich, deutete Alba, das Lenkrad zu übernehmen, tastete mit beiden Händen auf dem Boden herum.

»Spinnt ihr beiden da vorne«, schrie Sara von hinten.

Er ertastete etwas, hob es hoch, es war eine Kassette mit seltenen Mahleraufnahme des Boston Philharmonic Orchestra, er hatte sie vor Jahren verloren geglaubt, nun nutzte sie ihm auch nichts mehr. Er warf sie wieder auf den Autoboden, ertastete einen Apfel, etwas weich, angefault, er hatte keine Ahnung, wie der unter seine Pedale geraten war. Er ertastete etwas Kleines, Kaltes, er ließ das Kleine, Kalte zwischen den Fingern hin- und her wandern, ließ es wieder fallen. Er hoffte, dass weder Alba noch Sara die Patrone seiner Beretta gesehen hatten, die ihm wohl beim Verstauen der Dienstpistole ins Handschuhfach auf den Boden gekullert sein musste.

Er ertastete das Handy – endlich! –, hob es hoch, schaute nach vorne, zur Seite zum Fenster hinaus, die Sonne strahlte über den Hügeln hervor, die Autobahn machte einen Schwenk nach rechts, hob steil an, aufwärts, dann machte die Fahrspur eine Kurve nach links, bald, das wusste der Commissario, würde Verona im Bodennebel der Pianura Padana auftauchen. Er suchte im Rückspiegel die Berge, seine Berge, die Alpen, er sah sie nicht. Er übernahm wieder das Lenkrad.

Er dachte an die kommenden Tage am Meer, es schauderte ihn, es schüttelte ihn bei dem Gedanken.

Das Brennen der Sonne, das Brennen des heißen Sandes, das warme Strandbudenbier, das lauwarme Meerwasser, die viel zu vielen Menschen, der Geruch von billigem Sonnenöl.

Er sehnte sich nach dem würzigen Fladenaroma des Stalls, nach der kräuterfrischen Luft auf der Alm, nach dem Blick auf die Dolomiten, nach dem Duft von Speckknödeln.

»Ja, Claudio?«

Er telefonierte mit rechts, lenkte mit links.

»Es gibt einen Toten, Grauner, einen Ermordeten. Auf der Seiser Alm. Du musst schnell kommen.«

Seine Augen begannen zu leuchten, die Mundwinkel schnellten nach oben. Er schämte sich vor dem lieben Gott in Gedanken, gleichzeitig dankte er ihm. Noch nie – er wusste, so etwas dachte man nicht, aber er konnte nicht anders – hatte er sich so über einen Mord gefreut. Auf der Seiser Alm! Mit Blick auf den Schlern, auf den Rosengarten im Sonnenuntergang. Dem Himmel so nah.

DONNA LEON

Zugfahrt nach Bozen

Am nächsten Morgen stiegen die Brunettis in den
9-Uhr-50-Eurostar nach Verona, von wo sie mit
zunehmender Vorfreude nach Norden fuhren. Ab Bozen
sollte es mit einem Nahverkehrszug nach Meran weiter-
gehen, dann mit der Vinschgaubahn nach Mals, wo sie das
Auto erwartete. Hinter Verona bestand die Welt nur noch
aus Rebstöcken. Brunetti erinnerte sich dunkel an ein Gedicht, das er im dritten Jahr Englisch hatte lesen müssen,
irgendwas mit Kanone links und Kanone rechts, nur dass
es hier Rebstöcke waren, kilometerweit in alle Richtungen
und alle zur selben Größe zurechtgestutzt; und bestimmt
waren auch die Trauben selbst alle exakt gleich groß und
gleich im Geschmack.

Die Zeit verging, wie Zeit im Zug vergeht: Brunetti
schaute vergnügt aus dem Fenster in die offene Landschaft;
Chiara unterhielt sich mit den zwei jungen Leuten, die das
Abteil mit ihnen teilten; Raffi, auf einem der mittleren Sitze
seiner Mutter gegenüber, versteckte sich unter Kopfhörern
und nickte gelegentlich zum Rhythmus seiner Musik. Einmal, als sein Kopf besonders metronomisch auf und ab
wippte, sah Paola von ihrem Buch auf und bemerkte zur
Verwirrung ihrer fünf Mitreisenden auf Englisch: »Ein sü-
ßes Lied, doch ungehört noch süßer«, worauf sie ihre Auf-

merksamkeit wieder den Ausführungen von Henry James zuwandte.

Brunetti bekam Bruchstücke der Unterhaltung zwischen seiner Tochter und den zwei am Fenster mit. Offenbar wollten sie vierzehn Tage bei Freunden in Bozen verbringen, Musik hören und sich erholen. Da die beiden erwähnt hatten, wie leicht sie in der Schule vorankamen und wie langweilig sie das Leben fanden, hätte Brunetti sie am liebsten gefragt, *wovon* sie sich denn erholen müssten; aber er ließ es und sah sich weiter die Weinberge an. Minitraktoren fuhren zwischen den Rebstockspalieren hindurch und sprühten sie ein. Als der Zug kurz vor Trient langsamer wurde, fiel ihm ein Traktorfahrer auf, der genau so einen weißen Schutzanzug trug wie die Leute von der Spurensicherung, nur dass er auch noch den Kopf mit Kapuze und Maske verhüllt hatte.

Brunetti berührte Paola am Knie, und als sie aufblickte, zeigte er aus dem Fenster. »Sieht aus wie ein Marsmensch«, meinte er.

Paola beobachtete das eine Weile, dann sah sie Brunetti an und fragte: »Verstehst du jetzt, warum wir Bio-Obst essen?«

Als hätte die Erwähnung von etwas Essbarem seine Kopfhörer durchdrungen und einen immer wachen Instinkt alarmiert, sagte Raffi mit überraschend lauter Stimme: »Ich habe Hunger.« Ganz die italienische Mama – wie in den Filmen der fünfziger Jahre –, hielt Paola im Zug gekaufte Nahrungsmittel für ungesund und hatte daher eine Reisetasche mit Sandwichs, Obst, Mineralwasser, einer halben Flasche Rotwein und noch mehr Sandwichs vollgepackt.

Auf ein Zeichen seiner Mutter hob Raffi die Tasche aus dem Gepäcknetz herunter. Er verteilte die Sandwichs an alle im Abteil, auch an die beiden jungen Leute, die nach der obligatorischen Weigerung dann doch gern eins nahmen. Es gab welche mit Schinken und Tomate, Schinken und Oliven, Mozzarella und Tomate, Ei, Thunfisch und Oliven und anderen Kombinationen dieser Zutaten. Raffi füllte sechs Pappbecher mit Wasser und verteilte sie.

Brunetti erfüllte ein Gefühl der Ruhe und des inneren Glücks. Er war unterwegs gen Norden, gemeinsam mit den Menschen, die ihm am meisten bedeuteten. Alle waren gesund, allen ging es gut. Zwei Wochen lang konnte er in den Bergen wandern, Speck und Strudel essen, nach Herzenslust lesen und unter Federbetten schlafen, während der Rest der Welt vor Hitze verging. Er sah aus dem Fenster, wo statt der Rebstöcke jetzt Apfelbäume vorbeizogen.

Die jungen Leute unterhielten sich über dies und das. Das Pärchen hatte sich überschwenglich bei Paola bedankt. Wenn die beiden sie und Brunetti ansprachen, sagten sie höflich »Lei«, während sie Chiara und Raffi automatisch duzten. Vieles, worüber sie redeten, blieb Brunetti verschlossen; er verstand nur selten, worauf sie anspielten, und manche ihrer Adjektive waren ihm vollkommen unbekannt. Aus dem Zusammenhang schloss er, dass *refatto* positiv gemeint war, während *scrauso* etwas extrem Negatives bedeutete.

Sie fuhren pünktlich von Trient aus weiter, Raffi verteilte Bananen und Pflaumen.

Zehn Minuten später – der Zug fuhr an endlosen Apfelspalieren vorbei – läutete Brunettis *telefonino*. Kurz spielte er mit dem Gedanken, es läuten zu lassen, dann aber nahm er es aus dem Seitenfach von Paolas Tasche, wo er es beim Aufbruch hineingestopft hatte.

»*Pronto*«, sagte er.

»Sind Sie das, Guido?«, fragte eine Frauenstimme.

»Ja. Wer spricht da?«

»Claudia«, antwortete sie, und Brunetti musste erst einmal die Stimme mit dem Vornamen zusammenbringen, bevor er Commissario Claudia Griffoni erkannte, die als dienstjüngste Kommissarin während der Ferragosto-Ferien in der Questura die Stellung zu halten hatte.

»Was gibt es?«, fragte er. Dass er nicht gleich das Schlimmste befürchtete, kam nur daher, dass er sich im Schoß seiner Familie sicher fühlte.

»Wir haben einen Mord, Guido. Sieht so aus, als könnte es sich um einen schiefgegangenen Raubüberfall handeln.«

»Was ist passiert?« Paolas Hand legte sich auf sein Knie, und erst da wurde ihm bewusst, dass er auf den Boden starrte, um sich von den anderen im Abteil abzukapseln.

Die Verbindung brach kurz ab, dann kam Griffonis Stimme wieder zurück. »Er lag im Hof seines Hauses, gleich hinter dem Tor, also hat man ihn vielleicht hineingestoßen, nachdem er aufgeschlossen hatte; oder aber jemand hat ihm im Hof aufgelauert.«

Brunetti räusperte sich fragend, und Griffoni fuhr fort: »Vermutlich wurde er niedergeschlagen und ist beim Sturz mit dem Kopf auf eine Steinskulptur geprallt.«

»Wer hat ihn gefunden?«

»Einer aus dem Haus, ein Mann, der seinen Hund ausführen wollte. Gegen halb acht heute früh.«

»Warum hat man mich nicht benachrichtigt?«, fragte Brunetti.

»Als die Meldung kam, hat der Wachhabende im Dienstplan nachgesehen und festgestellt, dass Sie in Urlaub sind. Da zu der Zeit nur Scarpa anwesend war, ist er zu ihm gegangen. Und der hat mir gerade erst Bescheid gesagt.«

Brunetti blickte auf und sah, dass die drei ihm gegenüber – seine Frau, sein Sohn und das Mädchen am Fenster – ihn mit neugierig aufgerissenen Augen beobachteten. Er erhob sich, trat in den Gang und schob die Tür hinter sich zu.

»Wo ist er jetzt?«

Wieder riss die Verbindung kurz ab. »Entschuldigung?«, sagte Griffoni.

»Wo ist der Tote jetzt?«

»In der Pathologie. Im Ospedale Civile.«

»Und was wird am Tatort unternommen?«

»Die Spurensicherung war schon da …«, fing sie an, dann rauschte es nur in der Leitung, bis Brunetti wieder etwas hörte: »… Lage ist kompliziert. In dem Haus wohnen drei Familien, und es gibt nur diesen einen Ausgang. Scarpa hat es irgendwie geschafft, sie davon abzuhalten, über den Hof zu gehen, bis die Spurensicherung mit ihrer Arbeit fertig war, aber gegen zehn musste er sie schließlich aus dem Haus lassen.«

Brunetti verkniff sich die Bemerkung, dass dadurch Spuren verwischt worden sein könnten oder zumindest einem künftigen Verteidiger ein juristischer Vorwand geliefert worden war, die Beweislage anzufechten. Nur in Fernsehkrimis wurden kriminaltechnische Beweise unhinterfragt akzeptiert.

»Scarpa ist noch da«, sagte sie. »Er hat noch ein paar Leute mitgenommen. Unter anderem Alvise.«

»Genauso gut könnte er an der Stelle auch gleich eine Bootshaltestelle einrichten«, ereiferte sich Brunetti. »Wer macht die Autopsie?«

Wieder brach die Verbindung ab. »... nach Rizzardi gefragt«, sagte sie und bewies damit wieder einmal, dass sie ihre kurze Zeit bei der Questura nicht vergeudet hatte.

»Und kann er?«

»Hoffentlich. Sein Name steht nicht auf dem Dienstplan, aber dieser andere Volltrottel ist immerhin für eine Woche in Urlaub und hat keine Nummer hinterlassen.«

»Na, na, so spricht man nicht vom stellvertretenden *medico legale* der Stadt«, sagte Brunetti.

»Dann eben dieser arrogante Idiot, Commissario«, korrigierte sie sich.

Brunetti, der ihr insgeheim zustimmte, ließ das durchgehen. »Ich komme zurück.«

»Das hatte ich gehofft«, sagte sie hörbar erleichtert. »Die meisten Leute sind weg, und ich möchte die Sache nicht allein mit Scarpa bearbeiten.« Schon war sie bei den Einzelheiten: »Wie? Soll ich Bozen anrufen und Sie von denen mit einem Streifenwagen zurückbringen lassen?«

Brunetti sah auf seine Uhr und fragte: »Wo sind Sie jetzt?«

»In meinem Büro. Warum?«

»Sehen Sie im Fahrplan nach, wann der nächste Zug von Bozen Richtung Süden geht.«

»Sie wollen kein Auto?«, fragte sie.

»Natürlich wäre mir ein Wagen lieber«, versicherte er.

»Aber ich kann hier vom Zug aus ab und zu die Autobahn sehen, und da geht streckenweise gar nichts mehr. Mit dem Zug wäre ich schneller.«

Sie murmelte etwas, dann hörte er, wie sie den Hörer hinlegte. Die Verbindungsstörungen, bemerkte er jetzt, schienen immer dann aufzutreten, wenn der Zug sich einer Hochspannungsleitung näherte. Aber dann sagte Griffoni klar und deutlich: »Der Euro-City von München nach Venedig fährt eine Minute nach dem Eintreffen Ihres Zugs in Bozen ab.«

»Gut«, sagte Brunetti. »Rufen Sie den Bahnhof in Bozen an und sagen Sie, der Zug soll auf mich warten. Wir treffen in zwölf Minuten dort ein, und wenn ich den Zug noch erwische, bin ich in etwa vier Stunden in Venedig.«

»In Ordnung«, sagte sie. »Ich rufe Sie gleich zurück.«

Brunetti legte auf, lehnte sich an die Glastür des Abteils, in dem seine Familie saß, und betrachtete die Berge, die über den endlosen Apfelplantagen in den Himmel ragten.

Etliche Kilometer weiter läutete sein Telefon. »Der Euro-City hat zehn Minuten Verspätung«, sagte Griffoni. »Wenn also Ihr Zug pünktlich ist, schaffen Sie das locker. Sie müssen nach Gleis vier.«

»Ich muss meine Familie zu ihrem Zug bringen, also rufen Sie im Bahnhof an und sagen Sie denen, Sie sollen mit der Abfahrt auf mich warten.«

»In Ordnung«, sagte sie. »Ich lasse Sie dann hier am Bahnhof abholen.«

Brunetti steckte sein Telefon ein und zog die Abteiltür auf.

Die Zwillinge

Wurde Frau Daporta auf ihre Zwillinge angesprochen, brachte sie es gern an, daß die beiden eigentlich nicht einmal wie Schwestern seien und ihnen die Ähnlichkeit von Zwillingen abgehe. Die Zeiten, in denen Paula ihren Finger in den Mund gesteckt hatte, sobald sie Petra daran lutschen sah, waren lange vorbei. Spätestens als die Zwillinge die Farben unterscheiden gelernt hatten, hatte Frau Daporta es aufgegeben, sie gleich zu kleiden. Selbst bei den Schuhen wollte die eine ein braunes, die andere ein schwarzes Paar, Hauptsache, sie unterschieden sich in Aussehen und Aufmachung. Daß die Verbundenheit bei zweieiigen Zwillingen desselben Geschlechts am geringsten sei, hatte Frau Daporta in der Mütterberatungsstelle getröstet.

Die gleiche Stimme hatten die Schwestern; das war aber auch das einzige. Davon sollte sogar Paulas Sohn sich später täuschen lassen, der Petra aus der Wiege ebenso zulächelte wie seiner Mutter, redete eine der beiden ihn an. Sonst glichen sie sich weder in Haar- noch Augenfarbe, Größe oder Figur, im Charakter zuletzt.

Sobald jemand von der Zwillingschaft der Schwestern erfuhr, wurden sie jedesmal zur Besonderheit. Das Unübliche, das in der Betonung der Verschiedenheit bestand, machte sie zum bestaunten Doppel. Obwohl die allgemein erwartete Gleichheit sich nicht einstellte, wollten einige Bekannte doch eine Ähnlichkeit finden, und die etwas spitze Freundin Frau Daportas sprach einmal von der schönen und der unschönen Ausgabe.

Es war zu erwarten, daß die Schwestern sich auch getrennte Freunde suchen würden, und bald lief Petra auf dem Spielplatz zu den deutschen, Paula zu den italienischen Kindern. Die Großmutter, die selbst kein Italienisch verstand, noch unter den Habsburgern aufgewachsen war und sich an ein Südtirol unter Italien erst gewöhnen mußte, schüttelte den Kopf über die Zugewanderten, die nach dreißig Jahren noch kein Deutsch sprachen. Ihre Enkelin hielt sie immer wieder dazu an, die Italiener unter sich zu lassen und mit Petras Freunden zu spielen, aber Paula erklärte, die italienischen Kinder redeten schöner und künftig möchte sie lieber Paola gerufen werden anstatt Paula. Die Großmutter ließ sich nur schwer überzeugen, daß ein O anstelle eines U groß etwas ausmachen könnte.

Zu aller äußeren Unähnlichkeit kam also, daß Frau Daporta eine deutsche und eine italienische Tochter geboren hatte.

Später, als Studentin der Linguistik, sollte Paola eine etwas abstruse Theorie entwickeln und Unterschiede in Mentalität und Lebensart der Landsleute an der Sprache aufhängen und sie vom Klima ableiten und vice versa. Um offen und verschlossen ging es vor allem, und das bezog sich auf Münder und Haustüren, und die Italiener konnten beides weit aufmachen, während den Deutschen die Kälte die Lippen zusammenzog und sie alles zumachen ließ um sich herum.

Rief Frau Daporta winters ihr »Tür zu«, war man meistens noch nicht ganz drinnen und noch nicht ganz draußen, aber der Kohleofen heizte eben nur einen Raum. Ihren süditalienischen Schwiegersohn sollte Frau Daporta einmal fragen, was er denn zuhause anstelle der Türen habe: auf italienisch hieß das nur mehr »chiudi!«, weil das Übersetzen zu lang und die Zurechtweisung zu schroff ausgefallen wäre.

In Apulien wunderte sich Paola dann über die Vorhänge aus Bast oder Plastikstreifen, die die Räume ihrer Schwiegereltern nur beiläufig trennten. Aber Italiener hatten überhaupt weniger zu verbergen, redeten auch über alles, und es ging häufig darum, wie man sich fühlte und was man gegessen hatte, wie geschlafen und warum man müde war; die Familie war eine ganze Gesellschaft, wurde in alle Angelegenheiten einbezogen, das Beisammensein hatte etwas Naturhaftes, die Stühle stellte man vors Haus, und draußen spielte sich das Leben ab. Um den Ofen kauerte man sich nicht mit jedem.

Den Schanigarten ließ Paola nicht gelten zum Ausgleich und die paar Wochen nicht reichen für eine Veränderung übers Jahr. Petra blieb aber dabei, daß ihrer Schwester Konstrukt ein lächerliches sei.

Die Florentiner Gräfin sagte »Hacktung, Hacktung!«, als sie Petra die Hand hinstreckte, und es war etwas wie Genugtuung im Ton, daß sie dies noch erinnerte aus alten Zeiten. Petra wußte sich die Begrüßung nicht zu deuten, nur, daß es sie kränkte, vor den Enkeln der Dame als eine Achtung-Deutsche dazustehen. Die Kinder, die Petra einen Sommer lang betreute, wollten es sich beweisen lassen, daß

Deutsch auch besser klingen konnte, und Petra zitierte Christian Morgenstern und ließ ihn mit: »Sie falten die kleinen Zehlein, die Rehlein ...« ausgehen und bemühte sich um den sanftesten Ton, aber die Gräfin war dadurch nicht zu bekehren und Reime waren überall Melodie.

Petra wußte selbst nicht genau, wie ihr geschah. War sie bei ihrer Tante im Salzburgischen zu Besuch, bestand sie darauf, eine Italienerin zu sein, gehörte in Florenz aber zu den Deutschen; ins Zweifeln kam sie eigentlich nur zuhause.

Uneingestanden beneidete sie Paola, die sich entschieden auf die italienische Seite geschlagen hatte. Paolas Mickymaushefte hießen von Anfang an Topolino; dabei half sie sich mit einem winzigen Langenscheidt, den sie im Kino nicht mehr brauchte, weil sie Biancaneve ebensogut verstand wie Schneewittchen, nicht nur der Bilder wegen. Wenig später gab Paola das Wörterbuch ganz auf und las die Sätze in der anderen Sprache so oft nach, bis sie deren Bedeutung spürte. Darauf bestand Paola, daß es nicht Fremdsprache heißen durfte, sondern die andere Sprache, und daß man deren Ausdrücke nicht zu verstehen hatte, sondern zu spüren. Oft traf Petra ihre Schwester vor dem Spiegel an, wie sie italienische Wörter formte und klangvoll betonte und Hand- und Kopfbewegungen dazu machte. Es sah theatralisch aus.

Petra verstand nicht, warum ihre Schwester plötzlich die gemeinsame Kindersprache als lächerlich abtat, ihr die Redensart verbot, die nur für sie beide gegolten hatte, und jedesmal absichtlich weghörte, rutschte Petra das Zwillings-Wir anstelle des Ichs heraus.

Paola erklärte Italienisch zu ihrer Sprache und schlug Petra vor, sich ebenfalls eine auszusuchen. Weil Paola aber von Anfang an das Reden übernommen hatte, sah Petra dazu keinen Anlaß.

Mit ihrem Nachnamen fanden beide Schwestern ein Auskommen, weil Daporta für Paola ein italienischer, für Petra kein ungewöhnlicher Name war für eine Südtirolerin. Daß dieser ladinischer Herkunft war, konnte eigentlich beiden recht sein. Das stichelnde Hickhack der Eltern war Paola peinlich. Am liebsten überging sie Vaters Deutschtümelei und Mutters spitze Bemerkung, die Ladiner seien halbe Walsche, wenn sie Schwägerin und Schwiegermutter auf beide Wangen küssen mußte, was eindeutig ein italienischer Brauch sei. Mit den Ladinern hatte auch Petra sich nie richtig ausgekannt. Für Vaters Verwandtschaft war ihre Mutter eine Auswärtige, den Zwillingen zeigten sie keine Absicht, sich verständlich zu machen, und redeten auf ladinisch drauflos, als wollten sie durch Draufgängertum beweisen, daß man mitzukommen hatte. Petra lernte bis zehn zählen und »bela möta« wiederholen, was man ihr so häufig und innig ins Gesicht sagte, bis sie wußte, es war etwas Liebevolles. Die Fahrt ins Gadertal war jedesmal eine Reise in die Fremde, die nur zwei Autobusstunden entfernt war, und Ladinisch etwas Geheimnisvolles, das nur in Bruchstücken durchkam. Was Vater gegen die Italiener in Südtirol hatte, blieb unklar. Petra tröstete sich damit, daß Vater im Gadertal so viel redseliger war als zuhause. Weil Paola in Ladinien nie mit dabei war, mutmaßte Petra darin einen versteckten Widerstand gegen den Vater, der sich auch heftiger gegen seiner Tochter Hang zum Italienischen aussprach, während

Mutter die Eigenheit gelassener nahm oder sich lieber erst gar nicht darauf einließ, daß sie einen mißglückten Italiener, der keiner sein wollte, geheiratet hatte.

Petra war ein Vater- und Paola ein Mutterkind; deutlicher hätten auch hier die Vorlieben nicht auseinandergehen können. Petra erinnerte sich noch gut daran, ihren Vater, als es um Politisches ging, das erste und einzige Mal richtig laut reden gehört zu haben. Anlaß waren die Parlamentswahlen in den Sechzigerjahren gewesen, die den Südtirolern als brenzlige Zeit gegolten hatten. Warum Vater sich an diesem Schicksalstag derart verspätet hatte, wußte Petra nicht mehr, nur, daß Mutter immer wieder ans Fenster gelaufen war und »in einer Stunde ist es aus!« gesagt hatte. Daheim in der Stube hatte sich Vater dann ungewöhnlich heftig darüber geärgert, den Italienern eine Stimme nachgeworfen zu haben, weil es schon aus war, als er ins Wahllokal kam.

Um Leben und Tod der deutschen Volksgruppe ging es schon lange nicht mehr, als Paola ihren Liebhaber zuhause einführen wollte, und doch berieten die Zwillinge lange die geeignete Strategie, mit der sie Herrn Daporta den Italiener beibringen könnten; was dann aber überflüssig wurde, weil der seinen Schwiegersohn nicht mehr erlebte.

Die Eltern der Zwillinge riefen einmütig wie selten zu Paolas Zimmerseite hinüber, sie möge das Radio leiser stellen, wenn diese ihre italienischen Funkerzählungen hörte; Vater störte die Sprache, Mutter die Lautstärke. Auch Petra waren die Hörspiele irgendwie zu kräftig, die Drammi Radiofonici fast immer zu dramatisch, alles Tragische übermäßig tragisch, alles Heitere übermäßig heiter.

Die Großmutter der Zwillinge drohte schon in Kinderzeiten häufig, sie würde Paola kein Hochzeitsgeschenk machen, sollte sie einen Italiener heiraten. Wie aber ließ sich Großmutters wiederholte Feststellung erklären, Südtiroler Mädchen wären mit keinem Hiesigen mehr zufrieden, hätten sie einmal einen Italiener gehabt? Wenn Großmutter erzählte, italienische Männer brächten Rosen heim, nachdem sie ihre Frau mit einer anderen betrogen hatten, zwinkerte sie vielsagend, als würde sie zumindest die Rosen gutheißen. Auch den italienischen Musikkapellen, die sommers ihre Gastkonzerte auf dem Ortsplatz abhielten, gestand sie eine angenehme Leichtfüßigkeit zu und tat die heimischen Marschierer als eher schwerfällig ab. Dafür waren die österreichischen Offiziere ganz anders schneidig und vor allem zackig, das brächten die Italiener nie zusammen. Auf dem Spielplatz bedauerte sie, die Kochrezepte der Frauen nicht zu verstehen. Daß Italiener feiner essen würden, stellte sie nie in Frage, es genügte, in die Plastiktaschen zu schauen. In den heimischen Lebensmittelläden sah man damals nur italienische Männer, die ihre Frauen beim Einkaufen begleiteten. Sie trugen dann wohl die schweren Taschen nach Hause. Daß dies aus reiner Höflichkeit geschah, wollte die Großmutter nur mit Einschränkungen gelten lassen. Italienische Männer waren für sie vor allem Feinschmecker und Hafelegucker und überhaupt viel anspruchsvoller. Sie finden sogar das Haar im Ei, nicht nur in der Suppe, stell dir das einmal vor, hieß es von Großmutter. Meist ging ihr Räsonnieren mit der unglücklichen Liebesgeschichte ihrer Schwester aus. Die hatte sich zuhause den italienischen Eisenbahnchef ausreden lassen, weil der sie aufgegessen

hätte. Nicht aus Liebe, sondern aus Eßsucht. Den Neapolitaner hatte es an eine Pustertaler Bahnstation verschlagen,
und er hatte sich gefürchtet vor den Crucchi und mit der
Pistole unter dem Kopfpolster geschlafen. Bevor er das
Bahnwärterhäuschen bezog, wohnte er im einzigen Gasthof des Dorfes. Die Wirtsleute wußten nicht recht, was sie
dem Fremden vorsetzen sollten, und tischten ihm am ersten
Abend Wienerschnitzel und Kartoffelsalat auf. Der Ciccio
lehnte es ab und deutete auf die Muspfanne der Hausleute
und ob er mithalten dürfe. Man schob die Rein in seine
Richtung, und der Ciccio aß wie ein Knecht. Später sollte
er gestehen, der Brei sei ihm fast nicht vom Gaumen gegangen, er habe sich aber nur aus der gemeinsamen Pfanne
vor einer Vergiftung sicher gefühlt. Der Ciccio stieg bald
wieder auf seine mediterrane Speisekarte um, sogut es die
örtlichen Umstände erlaubten, und lud seine Teresa gern
ins Bahnwärterhaus und bekochte sie üppig und lernte den
Dialekt rasch und bestand darauf, nicht deutsch zu können,
sondern pusterisch. Die Theres schob ihr Asthma als Ehehindernis vor, den Italiener hätte sie sich nicht verbieten
lassen.

Als die Zwillinge den Sommer über im Gasthof ihrer
Großtante mithalfen, fand es Petra ungerecht, daß den
deutschen Gästen die fetten Fleischstücke zugeschoben
wurden und man die Italiener sogar wählen ließ zwischen
Risotto und Pasta als Vorspeise. Der August gehörte den
Südländern und war entsprechend laut und anstrengend.
Am größten war das Durcheinander an den Ankunftstagen. Die Italiener erwarteten sich, daß man sie gebührend
feierte, waren sie nach einem Jahr wieder da und dies be-

reits zum zehnten oder fünfzehnten Mal. Weil sie sich zur Familie der Gastwirte gehörig fühlten, gab es Küsse für Wirtin und Wirt, Geschwister und Schwäger, Kinder und alteingesessenes Personal. Paola lachte über ihren verlegenen Großonkel, der den Doppelküssen immer die falsche Wangenseite hinhielt und die Augen zukniff und nichteinmal den Mund spitzte. Petra stand ein bißchen erschreckt mitten in dem geräuschvollen Volk; die unerschöpflichen Sonderwünsche und Menüänderungen, das Wechseln von Käse zu Kuchen oder andersherum spürte sie abends in den Füßen. Petra lief den Ansprüchen nach, und Paola war beliebt, weil die sich mit den Gästen unterhielt, aber nicht viel mehr tat, als die Tische zu decken, die der Italiener natürlich, und das mit Hingabe, was vollkommen überflüssig war, weil die Italiener sich nie anständig hinsetzten und das Gedeck schonten, sondern sich ersteinmal Platz schufen für die Ellenbogen, Teller und Servietten in die Tischmitte schoben, im Warten auf den ersten Gang das Gebäck aufbrachen, das Weiche herauszupften und zu Kugeln kneteten. Paola verriet ihren Italienern auch jedesmal, wenn der Kuchen frisch war, und hätte keinem eine aufgetaute Mehlspeise zugemutet.

Wie es den Schwammerlsuchern gehe, erkundigte sich die Großmutter, die verächtlich davon sprach, daß die Italiener sich mit den getrockneten Pilzen, die sie zuhause teuer verkauften, die Sommerfrische bezahlten. Für die Großmutter waren die italienischen Urlauber ein minderes Volk. Sie waren die Eroberer geblieben, besser, diejenigen, die sich das Landl eingeheimst hatten. Die walschen Scherenschleifer und Pfannenflicker und Krämer früher waren eine Gattung für sich gewesen und eigentlich Nachbarn. Es gab auch vornehme Italiener, das wußte die Großmutter wohl, die waren aber nicht nach Südtirol gekommen damals, wie auch die besseren Südtiroler nicht ausgewandert waren. Es hätten sich jeweils nur die bewegt, die nichts zu verlieren hatten.

Die unterstellte Armut der Italiener war ein seltsames Gemisch, das aus umherziehenden Trentinern, Zuwanderern und Gastarbeitern zusammengeworfen, ein ganzes Volk abgab. Ihrer Tochter riet die Großmutter, sie möge sich auf alle Fälle das Loch anschauen, aus dem der künftige Schwiegersohn herausgekrochen käme. Daß Paola keinen anderen als einen Italiener heiraten würde, schien von vornherein ausgemacht.

Der Wirt, Großmutters Bruder, verstand kein Wort italienisch. Wollte ein italienischer Gast sich mit ihm unterhalten, kam ihm seine Schwerhörigkeit zugute. Er schüttelte den Kopf und wedelte mit der Hand vor seinem rechten Ohr, bemühte bei den Deutschen aber gern sein linkes und formte sogar die Hand hinter der Ohrmuschel zum Trichter. Der Wirt mochte die Italiener nicht, deshalb auch Paola nicht besonders. Die machte sich aber nichts draus. Die Wirtin hingegen war den Italienern seit jeher freund, hatte die Optanten zum Dableiben überredet und ihnen nach dem Regen mit der Traufe gedroht, dem Maresciallo die paar Brocken deutsch gelehrt, die er hören wollte, und die schwarzen Zeiten verwünscht, die ein Auskommen schwer aufkommen ließen. Frau Daporta erzählte ihren Töchtern, ihr sei der Mussolini eher lächerlich vorgekommen und nur der Hitler fürchterlich; vielleicht auch deshalb, weil sie ihn nicht richtig verstand, jedenfalls schien er ihr zu den ganz großen Häßlichkeiten nicht fähig. Verglich sie die »Giovinezza« mit »Deutschland über alles« oder die »Bell' Abessinia« mit »Heute gehört uns Deutschland«, waren die Lieder der Italiener komische Schwärmereien, aus den deutschen Märschen aber hörte man die Stiefel treten. Im Dorf war Frau Daporta das Gefühl nie ganz losgeworden, die Faschisten fürchteten sich heimlich ein bißchen in der fremden Umgebung. Die Maestra hatte sogar ihren Eltern leid getan, weil die Signorina am ersten Schultag die Tafelkläßler fast nicht in die Klasse bringen konnte. Später, als nur mehr die Carabinieri übriggeblieben waren, bedauerte Frau Daporta die einsamen Männer, die sehnsüchtig auf den Juli warteten und auf die paar Urlauber, die ihre Sprache ohne Verschandelung redeten. »Unsere Italiener waren arme Teufel und richtig glücklich, gab man ihnen nur die Möglichkeit, freundlich zu sein«, sagte die Großmutter von den Carabinieri, für die sie zwar ihr Quartier hatte räumen müssen, deren Verlegenheit sie aber genau erkannt haben wollte, mit der sie Eselsohren in das Kündigungsschreiben gebogen hatten. Das mit dem weichen Herzen der Italiener hatte man im Dorf bald heraus. Weinten die Bäuerinnen den Carabinieri ein bißchen vor und beklagten ihr Elend, hieß es oft »vedremo«, »wir werden sehen«, und meistens sahen sie dann auch irgendeinen Ausweg oder eine Lücke in den Vorschriften. Wenn man es geschickt angeht mit Nachgeben und Fordern, läßt sich von den Italienern alles erreichen, wußte die Großmutter.

Frau Daporta wollte die Erfahrungen von damals aber nicht herunterspielen. Es war mühsam genug, erst mit den eigenen Töchtern deutsch lernen zu müssen, sich um das kurze und das lange I zu plagen, das doppelte und das scharfe S. Stellte Frau Daporta Rechnungen für ihre Kunden aus, hielt sie zuerst Petra den Zettel hin und ließ ihn auf mögliche Rechtschreibfehler überprüfen, die italienischen Bestellungen sah Paola durch, und Frau Daporta ärgerte sich darüber, daß sie unausgesprochen die jeweilige Neigung ihrer Töchter zu einer der beiden Sprachen unterstützte. Frau Daporta hatte den Mädchen oft erklärt, warum sie weder deutsch noch italienisch schreiben konnte; im Reden war sie in beiden Sprachen sicherer. Das sei ein angeborener weiblicher Vorteil, hatte ihr Mann dazu gemeint.

Wie lange sie nach dem Kilosack gesucht hatte, den die Maestra dauernd in die Klasse geworfen, bis endlich ein Chi-lo-sá (Wer weiß es) daraus geworden war, hatte als Antwort zu reichen auf Paolas Ansicht, der Unterschied zwischen italienischer und deutscher Schulsprache hätte so groß nicht sein können und beide seien eben fremd.

Im Gasthof »Alpenrose« strengte Paola sich wenig an und blieb, auch was die Arbeitsamkeit betraf, eine Walsche. Die Gäste aber liebten ihre Paoletta, die italienische Volkslieder sang, wie eine der ihren, Briscola spielte und Tresette, die Namen der italienischen Fußballer kannte und abends die Tische für sie zusammenschob. Sie nannten Paola »Figliola«, »Töchterchen«, und sagten von Petra, sie sei schon im Namen deutsch.

Für Petra war dies nicht ausgemacht. Daß sie später für ihren österreichischen Mann nur italienische Kosewörter fand, gehörte mit zur eigenartigen Zweiheit, die sie lebte. Sich der schwärmerischen Verteidigung des Italienertums ihrer Schwester anzuschließen, fühlte Petra sich nicht berechtigt. Dafür wußte sie zu gut, wie oft ihr nur das neidische Wünschen blieb, gelang ihr die Leichtigkeit nicht, mit der Italiener das Leben zu nehmen schienen; dagegen rechnete sie die Ernsthaftigkeit auf. Bewunderte sie die Großzügigkeit der Italiener im Umgang mit Mehrdeutigkeiten, dachte sie die Gleichgültigkeit dazu, die oft nahe dabei war.

Die Florentiner Grafen hatten Paola gerade ihrer Unnachgiebigkeit wegen geschätzt, dafür, daß auch die Kinder wissen konnten, woran sie waren. Sollten die täglichen Übungen für Emilios schielendes Auge eine Stunde am Tag dauern, stückelte Petra die zehn Minuten, die er für sein Croissant zur Pause brauchte, am Ende an.

Gerade zu Petra sollte sich Paolas Mann einmal beklagen, ihre Schwester nähme es zu ernst mit der Aufzucht der Kinder. Marino verstand nicht, was das für eine befremdliche Sorge war um die rechte Erziehung; er sei überhaupt nicht erzogen worden, er sei einfach aufgewachsen.

Die Grafenkinder in Florenz hatten kein Verbot einfach hingenommen, sondern ihre Bitten ein paarmal hin- und hergedreht und gewendet, bis die Bedingungen ganz andere geworden waren und das Nein aufgehoben.

Die Großmutter der Zwillinge hatte sich manchmal gewundert, wie aus den verzärtelten Kindern der Italiener so liebe Menschen werden konnten.

Petra war im Grunde fürs Verwöhnen und hatte die gleichaltrigen italienischen Schulkinder zuhause immer beneidet, denen die Schultaschen bis vor das Tor getragen wurden und die man mittags abholte, zumindest bis in die dritte Klasse.

Von den früheren, italienischen Freunden hatte Paola venezianische und neapolitanische Kinderlieder gelernt; heimische hatte es noch keine gegeben. Ihrem Sohn sang sie lieber auf deutsch vor, und Marino fragte, ob sie glaube, Marco sei in der Muttersprache geboren. Die deutschen Bilderbücher rechtfertigte Paola mit der aufdringlichen Buntheit der italienischen Auswahl.

Die Liste der italienischen Maler aber, die Marino dagegenhielt, war gleich lang wie die der deutschen und Paola kramte ihre alten Topolinohefte wieder heraus. »Du mußt schnell wachsen, dein Vater will mit dir reden!«, hatte Marino seinem Sohn in die Wiege gesagt, und Marco antwortete seiner Mutter bald »der Hahn« und seinem Vater »il gallo«, wenn sie auf die Spitze der Bremer Stadtmusikanten zeigten.

Paola arbeitete in Urbino in einem Übersetzerbüro und bedauerte es, nur mit Wirtschaftsleuten zu tun zu haben. Obwohl sie eine kleine Übersetzerin war, konnte sie doch das Ungenügen nachempfinden, mit dem Ingeborg Bachmann nach einer Entsprechung gesucht haben muß für das Wort »Allegria« in Guiseppe Ungarettis Gedicht. Zwischen die Sachtexte aus dem Sprachinstitut schob Paola gern ein paar Seiten Lyrik, der Sprachmelodie wegen. Wörter wie »Tenerezza« kamen in ihrer Sparte nicht vor. Paola übertrug Weinkarten, Tourismusprospekte oder Werbeanzeigen für Schuhfirmen, aber sie suchte aus reiner Lust häufig nach Begriffen, die sie in der anderen Sprache ebenso treffend nicht finden konnte, und probierte angemessene Wörter durch, zur Übung oder zur Unterhaltung oder um immer wieder festzustellen, daß so manches nicht hinkam. Man mußte ein Wort eben spüren, und für »Tenerezza« Zärtlichkeit zu sagen, war nur die halbe Wahrheit. Ähnlich war es mit »Allegria«, irgendwo zwischen Fröhlichkeit und Heiterkeit angesiedelt. Paola wußte, wohin sie das Wort zu schieben hatte.

Zu ihrem Südtiroler Dialekt hatte Marino bemerkt, er klinge wie ein dumpfes Geräusch. Das nahm Paola ihm nicht übel, war er doch zuhause aus der Unterhaltung mit den Ihren ausgeschlossen. Sie übersetzte zwar flüssig, aber wie gibt man Pointen wieder, Redewendungen und Wortspiele? In Urbino tat Marino nachsichtig und verstand Paolas Wunsch, sich die eigene Vergangenheit zu bewahren und der Verwandtschaft zu zeigen, daß eine Verbundenheit nicht abreißen mußte mit einem Ehemann fremder Sprache. Daß die Kinder ihre Großeltern verstehen sollten, mußte man einem Italiener nicht erst nahelegen.

Marco aber hatte nicht nur zwei Großmütter, sondern zwei Welten in den beiden Frauen. Paola tat sich schwer mit der süditalienischen Schwiegermutter, die ihren Enkel dauernd füttern wollte und ihm ein Löffelchen für Papa und eines für Mamma einschöpfte und Paola zu einem zweiten Kind riet. »Fatti una femmina«, sagte sie, »mach dir eine Tochter!« Töchter blieben ihren Müttern irgendwie ewig, die Söhne aber gingen, endgültig, eben zu einer anderen Frau, meinte Marinos Mutter und hängte ein »Scusami!« an. War Paola einmal weniger gut gelaunt, fragte ihre Schwiegermutter, ob sie etwa nicht gegessen habe, als wäre das ganze Unglück dieser Welt ein kulinarisches. Die Frau hatte ihr Leben in der Küche zugebracht und nie etwas anderes getan, als dem Mann und den Söhnen die Essenswünsche erfüllt. Allesamt hatten sie es mit dem Magen, und die Gastritis schien eine italienische Volkskrankheit zu sein und überhaupt diese Wehleidigkeit! Paola erinnerte sich an die Frau »Chemale«, die sie so nannten, seit sie einmal vom Stöckel gekippt war und sich ein Steinchen in die Ferse getreten und ununterbrochen »che male, che male« gejammert hatte. Dazu bemerkte Marino, die Italiener dürften sich zumindest beklagen und ausweinen und müßten keinen Knoten in der Seele darüber bekommen. Paola dachte an die Beerdigungszeremonie von Marinos Onkel, einem alten, ledigen Mann, der an einem Schlaganfall gestorben war.

Im Krankenhaus war er keine Stunde allein geblieben. Man brachte nicht nur das Essen ins Spital, sondern auch Teller und Besteck von zuhause und den gewohnten Kopfpolster. Zum Sterben holten ihn Marinos Eltern zu sich. Im Totenhaus wurde drei Tage lang der Herd nicht warmgemacht, man wusch sich auch nicht, obwohl es ein besonders heißer Juni war, die Männer ließen ihren Bart unrasiert, die Nachbarschaft setzte sich im Halbkreis um die Bahre, redete ein bißchen verhaltener als sonst, blieb eine Weile, legte Kaffeebohnen als Geschenk in die Küche und verabschiedete sich von der »Buonanima«, der guten Seele. Abwechselnd kamen Dorfbewohner mit dem Essen für die Angehörigen. Sie standen an die Küchenschränke gelehnt, neben den mitgebrachten Töpfen, und ermunterten die Trauernden immer wieder, doch zu essen und sie müßten jetzt essen und eßt doch! Als der Tote zum Begräbnis abgeholt wurde, begannen seine Schwestern, sich mit den Fäusten an den Kopf zu schlagen, die Haare zu raufen und laut zu klagen. Paola wurde es unheimlich.

Italienische Friedhöfe waren viel trostloser als die heimischen; ohne Grabhügel erinnerten sie an steinerne Schachteln, in die waren Gruben geschlagen für Plastikblumen und Kerzen. Nur die Trauerweiden und Zypressen waren schön. Das laute Weinen der Friedhofsbesucher und das Kußhandwerfen zum Foto auf der Grabplatte waren ungewohnt. Vor allem aber fand Paola italienische Tote viel endgültiger begraben in dem Mauerwerk. Daß sie sich so bald dafür würde entscheiden müssen, ihren Marino in Südtirol unter einem Erdhügel zu bestatten, konnte sie damals noch nicht wissen.

Mit der Zeremonie in Friedhof und Kirche war eigentlich auch die Trauer vorüber. Den Besuchern, die nachher hereinschauten, wurde ausführlich Agonie und Sterben erzählt, das schöne Begräbnis erinnert, bei dem Toten geschworen und jedesmal, wenn der Onkel künftig ins Gespräch kam, ein Guteseele angehängt.

FRANCESCA MELANDRI

Über den Brenner

Zwischen dem Münchner Flughafen und meinem Zuhause liegen drei Stunden Autofahrt und zwei Grenzen. Als junges Mädchen fand ich sie aufregend, diese doppelte Grenze gleich hinter der Haustür, denn so fühlte ich mich der weiten Welt, dem Neuen und Unbekannten nahe. Das war noch zu einer Zeit, als Schengen nicht mehr als ein Städtchen in Luxemburg war, von dem kaum jemand gehört hatte, und die europäischen Grenzen noch von Schlagbäumen und uniformierten Beamten mit strengen Mienen gesichert wurden, von Leuten, die keinen Spaß verstanden und einen zurückschicken oder gar festnehmen konnten. Der Brennerpass als Grenzstation fügte sich gut ins Bild: düster, bedrückend, mit einem höhlenartigen Bahnhof wie aus einem Agententhriller. Heute sind die Gefühle jener Zeit längst vergessen. Wenn man jetzt das enge Tor passiert, das Nordeuropa von Italien trennt, werden noch nicht einmal die Wagenpapiere kontrolliert.

Na ja, fast vergessen … Nach Sterzing/Vipiteno, kurz vor Franzensfeste/Fortezza fuhr Carlo an der Autobahnraststätte/*Autogrill* raus, und wir haben ein belegtes Brötchen/*panino* gegessen. Als wir dann später die Autobahn/*autostrada* verließen, mussten wir an der Mautstelle/*casello* bezahlen. Das Ganze in seinem Volvo, der aus Schweden kommt, sodass hier zum Glück nichts zu übersetzen ist, weder ins Italienische noch ins Deutsche. Herzlich will-kommen in Südtirol/*Alto Adige*, dem Reich der Zwei-sprachigkeit.

Hinter der Autobahn öffnete sich uns ein weites, helles Tal, das sogar jetzt noch freundlich wirkt, obwohl das erste Tauwetter die der Sonne zugewandten Bergrücken hat schlammig werden lassen und die noch verschneiten Almen bereits braune Flecken aufweisen. Auf den Hängen ringsum bilden Lärchen, Tannen und Birken dichte Wälder. Diese undurchdringliche Natur rahmt die von Arbeit geprägte Zivilisation gleichsam ein – die Höfe inmitten der weiten Wiesen und Weiden, die Brücken über den noch reißenden Fluss, die Kirchen mit den Zwiebeltürmen. Dies ist das Tal, in dem ich zur Welt gekommen bin.

Carlo fuhr mich nach Hause. Wir schliefen miteinander, auf die übliche Weise, mit den üblichen Abläufen. Elf Jahre Geheimniskrämerei haben den Vorteil, dass sich die Se-xualität zwar wie in einer Ehe in eingespielten, vertrauten Bahnen bewegt, aber nicht zu einem selbstverständlichen Anspruch oder einer Pflicht entwickelt hat. Eben diese Mi-schung aus Gewohnheit und Unberechenbarkeit ist es, die mir entgegenkommt. Danach glätten sich die beiden waa-gerechten Linien zwischen Carlos Augenbrauen, nehmen weniger Schatten auf. Zum ersten Mal aufgefallen ist mir das schon vor elf Jahren, auf eben diesem Bett, und seitdem sehe ich es jedes Mal. Das ist genau die Macht, die ich über ihn habe, denke ich dann: Ich bin die Frau, die seine Stirn glättet, seine persönliche Faltencreme. Eigentlich ein tröstlicher Gedanke, denn je älter er wird, desto mehr wird er mich brauchen.

Umschlungen lagen wir unter den Leintüchern. Weiß sind sie: Ich könnte es nicht ertragen, dass Farben meinen Schlaf stören, der ohnehin schon viel zu selten kommt. Carlo hatte sich auf die Seite gedreht, mich von hinten mit seinem ganzen Leib umfasst und an meinen Haaren geschnuppert.

»Weißt du was?«, sagte er. »Du bist zu viel unterwegs.«

Ich lächelte. Wenn er damit anfängt, weiß ich wieder, wie viel ihm an uns liegt. Als das Telefon klingelte, umfasste er mich noch enger. Geh nicht ran, sagten seine Arme. Ich ging nicht ran, und der Anrufbeantworter der Telekom schaltete sich ein.

»*Risponde la segreteria telefonica ...*«, verkündete das Gerät auf Italienisch.

Eine junge, aufgeregte Stimme mit starkem römischem Akzent war zu hören.

»Jetzt, gleich geht sie ran, pass auf ...«

Doch ungerührt fuhr der Anrufbeantworter, nun, auf Deutsch fort:

»Hier spricht der Anrufbeantworter der Nummer null vier sieben vier ...«

»Was ist das denn? Deutsch?«, hörte man eine zweite Stimme, ein wenig heiser, zwischen hohen und tiefen Tönen schwankend: vierzehn, fünfzehn Jahre, allerhöchstens. Wenn nicht noch jünger.

»Mann, wie lange dauert das denn?«

»... Hinterlassen Sie bitte eine Nachricht nach dem Signal.«

Nun begannen die beiden Burschen zu kichern, und die erste Stimme brüllte in den Hörer:

»*Crucchi, crucchi …*«

»*Actùm, cartoffen, capùt …!*«, stimmte nun auch der andere ein, bevor er plötzlich abbrach, weil er vor Lachen nicht mehr konnte. Mein Rücken eng an Carlos Bauch, seine Arme um meine Brust geschlungen, lagen wir da und hörten reglos zu.

»Haut doch ab nach Deutschland!«, rief der Erste, dann legten sie auf.

»Immer noch!«, stöhnte ich. »Hört das denn nie auf?«

Es gibt eine Szene in den Fernsehserien, die sich meine Mutter täglich nach dem Mittagessen anschaut. Man sieht sie immer wieder. Ein offenkundig verheirateter Mann steht vor dem Bett, in dem seine Geliebte halbnackt liegt, und bindet sich die Krawatte, gibt ihr einen Kuss auf die Stirn und verlässt das Zimmer, während sie auf dem zerwühlten Lager zurückbleibt und traurig auf die Tür starrt, die sich hinter ihm geschlossen hat. Häufig umklammert sie dabei ihre Beine und legt das Kinn auf die Knie, wobei das Leintuch aber immer sittsam ihre Blöße bedeckt. Kein einziges Mal in den elf Jahren ist es mir mit Carlo so ergangen. Auch wenn er in Eile ist, nimmt er sich, bevor er geht, immer die Zeit, vom Bett aufs Sofa zu wechseln oder auch in die Küche oder auf den Balkon, an einen Ort also, der nicht jener unserer Lust ist, um auch mir Gelegenheit zu geben, mich anzukleiden oder mir zumindest einen Morgenmantel überzuwerfen. Um noch gemeinsam einen Kaffee zu trinken, ein wenig zu plaudern, miteinander zu lachen.

Dieses Mal hat er mir beim Auspacken geholfen. Und

die Kataloge der Ausstellungen, die ich in New York besuchte, haben wir auch noch gemeinsam durchgeschaut. Von Gerhard Richter im MoMA. Von einem jungen koreanischen Künstler in einer Galerie in Chelsea, der mit zweiundzwanzig seine Gemälde bereits an die Milliardäre der East Side verkauft. Von einer Ausstellung zur Holzschnitzkunst des Volkes der Dogon. Afrikanische Statuen sehe ich häufig in den Häusern meiner Kunden, nicht selten restaurierte Schlösser im Familienbesitz mit geschickten Ergänzungen aus Glas und Stahl: Die reichen Südtiroler haben viel übrig für Ethnokunst, sie gibt ihnen das Gefühl, Weltbürger zu sein.

Bevor er geht, sagt Carlo zu mir: »Wenn es dir recht ist, könnte ich nach Ostermontag noch mal drinnen kommen.«

»Ja, das wäre schön«, antworte ich.

Nein, keine Sorge: Wir haben nicht plötzlich beschlossen, gemeinsam ein Kind zu zeugen. Er hat nur gesagt, dass er von Bozen, wo er wohnt, nach den Feiertagen noch mal bei mir, in meinem Tal, vorbeikommen wird. Wer in Alto Adige lebt, übernimmt, selbst wenn venetisch-kalabresisches Blut in seinen Adern fließt, viele Ausdrücke aus dem Südtiroler Dialekt in seine Sprache. Man kommt nach drinnen, *inni*, wenn man in die Täler fährt, die nach *aussi*, draußen, abfallen, der Ebene zu und hinaus in die weite Welt.

Als ich im letzten Sommer zum Beispiel in Positano Urlaub machte, rief Carlo an und erzählte, dass seine Frau und seine Kinder auch in die Ferien gefahren seien und dass er Gelegenheit habe, von Bozen zu mir zu fliegen.

»Ich komme heute Abend dann draußen«, sagte er und meinte damit nur, dass er mich besuchen würde, und nicht etwa, dass er vorhabe, eine von der katholischen Kirche gebilligte Verhütungsmethode anzuwenden.

Und nun gibt mir Carlo zum Abschied einen Kuss (nicht auf die Stirn!), um dann nach Hause zu fahren. In sein Zuhause.

Natürlich kommt es vor, dass ich darauf angesprochen werde. Meistens ist es eine Sie, die glaubt, mir mitteilen zu müssen, dass ich ihr leidtue. »Wie hältst du das nur aus, so lange schon mit einem verheirateten Mann zusammen zu sein?«, werde ich gefragt. Und viele, fast alle, setzen hinzu: »Also, ich könnte das nicht, nie im Leben.«

Und jedes Mal brauche ich wieder einen Moment, um mich daran zu erinnern, dass manche Leute meine Situation unmöglich finden. Traurig, wenn nicht hoffnungslos. Ulli aber hätte mich das nie gefragt. Er wusste es: Es gibt nur einen einzigen Menschen, an den ich mich gebunden fühle, zu dem ich ganz gehören kann, ohne deshalb das Gefühl zu haben, in glitschigem Morast zu versinken, in Sümpfen, die ich nicht kenne. Er ist auch der einzige Mensch, den ich, falls es notwendig sein sollte, umsorgen und pflegen könnte, ohne mich deswegen wie eine Gefangene zu fühlen. Und dieser Mensch ist kein Mann.

Gegen sieben schaut noch Zhou vorbei, um mir Hallo zu sagen. Zehn Jahre, zwei Zöpfchen mit kleinen Plastikerdbeeren daran, ein wackelnder Backenzahn. Und Mandelaugen wie eine Chinesin, was sie ja auch ist. Und sie ist sehr gut in der Schule. Ihr Lieblingsfach: Geometrie.

»Ich hab Licht gesehen und mir gedacht, dass du wieder da bist«, begrüßt sie mich in ihrem venetischen Dialekt.

Nur ein paar Wochen habe ich sie nicht gesehen, aber

sie anzuschauen, während sie redet, stürzt mich wieder in die gleiche Verwirrung wie ganz zu Anfang. Es ist, als sehe man einen Bruce-Lee-Film, der von einem Chor italienischer Gebirgsjäger synchronisiert wird.

Signor Song, ihr Vater, war Eigentümer einer Schuhfabrik in Shandong in Südchina, die er Ende der achtziger Jahre an einen Parteifunktionär verkaufte. Gesamterlös aus dem Verkauf der ganzen Anlage, also des Fabrikgebäudes, der Maschinen sowie der bereits lieferfertigen Waren: zwei gültige Reisepässe für die Ausreise, einen auf ihn selbst ausgestellt, den zweiten auf seine Frau. Als Andenken an China sowie seine dort einst sehr angesehene Familie konnte er nur eine hübsch verzierte Holzkiste mitbringen, die alles Notwendige für die Aufzucht von Kampfgrillen enthält, eine Art Volkssport in der Provinz Shandong, den sein Vater mit Leidenschaft betrieb.

Über Umwege gelangten die Songs nach Italien, zunächst nach Triest, dann nach Padua, wo ihre drei Kinder zur Welt kamen, und schließlich nach Südtirol. Hier wohnte Signor Song, als man ihn anlässlich der Volkszählung im Jahr 2001 aufforderte, eines der drei Felder auf dem Fragebogen anzukreuzen: Italienisch, Deutsch oder Ladinisch. Eine andere Möglichkeit war nicht vorgesehen, nur diese drei Volksgruppen werden in Südtirol anerkannt. Auch um in den Genuss der Vergünstigungen dieser italienischen Region mit dem Sonderstatus zu kommen, hatte er ein Formular auszufüllen und zu unterschreiben, in dem nach seiner Zugehörigkeit zu einer bestimmten Sprachgruppe gefragt wurde. Überschrieben war das Formblatt auf Deutsch mit dem Wortungetüm: *Sprachgruppenzugehörigkeitserklärung.*

Signor Song, so hat er es mir selbst erzählt, betrachtete lange dieses Wort. Sechsunddreißig Buchstaben. Elf Silben.

Obwohl in vielen Sprachen zu Hause (Italienisch, Englisch, Mandarin und mittlerweile auch ein wenig Deutsch), ist seine Muttersprache der Dialekt von Shandong: eine tonale, vor allem aber einsilbige Sprache. Zum ersten und vielleicht auch einzigen Mal in seinem Leben ließ er die pragmatischen Aspekte dieses Problems außer Acht und reagierte aus dem Bauch heraus: Niemals würde er sich zum Sprecher einer Sprache erklären, die es schafft, aus sechsunddreißig Buchstaben und elf Silben nur ein einziges Wort zu bilden. Kurz erwog er dagegen die Möglichkeit, »Ladiner« anzukreuzen: Von diesem abgeschieden lebenden Völkchen wusste er wenig, doch flößte es ihm eine vage Sympathie ein. Allerdings hatte er nicht vor, ins Grödnertal oder ins Gardertal zu ziehen, den einzigen Gebieten, wo dieses Sprachbekenntnis ihm deutliche Vorteile gebracht hätte.

Und so ist Zhou heute, ebenso wie ihre Eltern und ihre größeren Geschwister, in jeder Hinsicht eine Angehörige der italienischen Volksgruppe. Plappernd, mit ihrem Akzent wie aus einer Osteria in Padua oder Triest, leistet sie mir Gesellschaft, während ich noch den Rest aus meinen Koffern auspacke. Als es Zeit fürs Abendessen wird, verschwindet sie wieder.

Auf meinem Bücherschrank stehen, in hellen Holzrahmen, zwei Fotos. Das eine zeigt einen Jungen mit auffallend langen Wimpern wie ein Reh und einem Lächeln, das um Verzeihung zu bitten scheint: Das ist Ulli. Das andere ist schwarz-weiß und ein wenig vergilbt. Ein zehnjähriges Mädchen sieht man da zwischen zwei nur wenig älteren Buben – Vettern oder noch entfernteren Verwandten, ich weiß es nicht genau. Es zeigt sie, ein wenig im Gegenlicht, auf einer sonnenbeschienenen Alm, wo sie die Kühe hüten, die hinter ihnen zu sehen sind. Das Mädchen trägt ein Kleidchen, das sicher schon mehrmals weitergegeben wurde, und darunter schauen ihre ein wenig verdreckten nackten Beine hervor. Zwischen ihren Zehen sprießen einige Grashalme sowie eine Margerite. Sie blickt dem Fotografen direkt in die Augen. Die anderen nicht: Die beiden Buben starren sie an, verstohlen, mit offenem Mund, im Blick die Ehrfurcht und Fassungslosigkeit derer, die ein Naturwunder bestaunen.

Meine Mutter, als kleines Mädchen.

Sinnlos, einschlafen zu wollen, nach einem Zeitsprung von sechs Stunden, dazu noch in die falsche Richtung. Ich bin gar nicht ins Bett gegangen und habe stattdessen aufgeräumt. Jetzt öffne ich das Fenster und schaue in die tiefe Nacht hinaus.

Obwohl es April ist, riecht die Luft noch nach Schnee. Doch die Lärchen erwachen bereits, das Harz steigt schon aus den finsteren Tiefen der Stämme und beginnt seine öligen Essenzen in der Luft zu verteilen. Ich atme tief ein und aus. In schlaflosen Nächten wird mir immer wieder klar, wie schön es ist, an einem Ort zu Hause zu sein, wo es gut riecht. Eingebettet in bläuliches Licht, blinken die Sterne und versprechen für morgen einen schönen, wenngleich kühlen Tag.

Am Berghang vor meinem Balkon bewegen sich die Lichter der Schneeraupen die ganze Nacht über auf und ab wie kleine Raumschiffe, brav in einer Reihe. Mit dem Fortschreiten des Frühjahrs wird ihre Aufgabe, den Skifahrern bis zum Ende der Saison verschneite Pisten bereitzustellen, undankbarer. Immer schneller schmilzt der Schnee, und er fällt kaum noch nach. An wie viele Dinge könnte ich denken, wenn ich den am Hang hoch- und runterkletternden Lichtern zusehe: an das warme Führerhaus von Marlene, der Schneeraupe mit dem Frauennamen, in dem man es auch in eisigen Winternächten gut aushalten konnte; an unsere leidenschaftlichen Auseinandersetzungen um die bessere Musik, Ullis Simply Red gegen meine Eurythmics, über eine Stereoanlage ausgetragen, die er selbst im Führerhaus installiert hatte; an den seltsamen, schwarz-weiß gestreiften Stoff, mit dem die Sitze verkleidet waren, als wäre Marlene ein texanischer Truck und diese Skipiste eine endlose Asphaltgerade im Monument Valley. An all das könnte ich denken. Aber ich tue es nicht. Zumindest nicht jede Nacht.

Oben auf dem Gipfel, in der klaren Luft über zweitausend Metern, genau unter dem Gürtel von Orion, strahlen die stets eingeschalteten Scheinwerfer der sogenannten Fabrik unerbittlich wie die einer Strafanstalt. Lange betrachte ich sie. Und wieder ein Gedanke, der mich selten streift: Eines Tages hätte sie mir gehören können, diese »Fabrik«, aber das wird nie geschehen.

Noch einmal hole ich tief Luft, bevor ich das Fenster schließe.

Als ich die erste Tasse Kaffee trinke, ist vom Morgengrauen noch nichts zu sehen. Müde bin ich nicht, aber was soll man morgens um sechs schon anderes zu sich nehmen? Diese Nacht kann ich vergessen, sage ich mir, es wird besser sein, wenn ich gar nicht mehr einzuschlafen versuche.

Ich werde am Abend früh zu Bett gehen und dann morgen ausgeschlafen bei meiner Mutter erscheinen. Hoffe ich zumindest. Seit drei Tagen ist sie, wie ich weiß, mit Ruthi und weiteren Verwandten dabei, das Osterfestessen vorzubereiten. *Schlutza, Tirtlan, Strauchln.* Und dann *Topfentaschen, Rollade* und natürlich Grappa mit Preiselbeeren vom letzten Sommer. Natürlich will ich diese Köstlichkeiten angemessen würdigen, aber wenn ich keinen Schlaf finde, werde ich auch keinen Appetit mehr haben.

Immer noch schwarz zeichnet sich der Berg gegen den jetzt von einem fahlen Licht erhellten Himmel ab, während im Osten eine einzelne leuchtende, rosa-, fast orangefarbene Wolke hervorsticht. Die Schneeraupen ruhen mittlerweile in ihrem aus dem Fels geschlagenen Hangar. Die Fabrik strahlt immer noch, aber nicht mehr für lange. In zwei Stunden werden die zwischen den Stützpfeilern gespannten Drahtseile damit beginnen, sie den Berg hinaufzuziehen, die vielen Tausend Skifahrer pro Sekunde, die unser Tal braucht, um weiter so opulent leben zu können wie bisher. Ich an erster Stelle: ohne Fabrik keine Touristen, ohne Touristen keine Hotels, ohne Hotels kein Wohlstand, ohne Wohlstand keine Events, die zu organisieren wären. Und das hieße für mich: keine Reisen mehr, keine Prada-Schuhe, keine Vernissagen von jungen asiatischen Künstlern in Chelsea, keine Reisen nach Indonesien oder Yucatán. Selbst auf Männer wie Jack Radcliffe aus Bridgeport, Connecticut, müsste ich verzichten, mit ihren entgeisterten, glasigen Blicken und geplatzten erotischen Fantasien.

Gelobt sei die sogenannte Fabrik, die zufriedene Skifahrer zu unser aller Wohl produziert.

In die Decke gehüllt, die mir meine Mutter geschenkt hat, nippe ich an meinem Kaffee. Es ist eine Patchworkdecke, hergestellt aus Quadraten, die sie aus meinen alten Kinderpullovern zusammengenäht hat. Biedere Farben, die schlecht zueinander passen. Zeugnisse einer Zeit, in der man schon froh war, überhaupt etwas zum Anziehen zu haben, und kein Mensch an Ästhetik dachte: lodenblau, apfelrot, mausgrau, tannengrün. Ein orangefarbenes Quadrat (von welchem Pullover stammt das denn noch?) hebt sich besonders unschön von den anderen ab. Die Decke ist ein Fremdkörper in meinem elegant eingerichteten Haus, in dem alles auf pistaziengrüne und aquamarinfarbene Töne abgestimmt ist, und sie kratzt, als sei die Wolle noch nicht einmal gekämmt worden. Ich erinnere mich noch gut, wie diese Pullover an den Armen kratzten. Wie habe ich das nur ausgehalten? Kein Zufall, dass ich heute nur noch Mohair- und Kaschmirpullover trage.

Das Telefon klingelt.

In der Stille des Tagesanbruchs lässt mich der schrille Ton zusammenzucken, und fast hätte ich meinen Kaffee verschüttet. Im ersten Moment will ich rangehen, doch dann halte ich inne. Wer soll mich um diese Zeit denn anrufen? Da wird sich jemand verwählt haben. Ich lasse den Anrufbeantworter anspringen.

»*Risponde il numero …* / Hier spricht der Anrufbeantworter …«

Endlich ist *Signorina Telecom* / Fräulein Telekom mit ihrer fehlerlosen Hommage an die Zweisprachigkeit fertig, und ich warte auf eine Nachricht.

Ein langes Schweigen. Aber am anderen Ende der Leitung ist noch jemand dran, das meine ich wahrzunehmen. Dann, etwas deutlicher, das schwache Geräusch eines Atemzugs. Das darf doch nicht wahr sein, jetzt geht das schon so früh am Morgen mit diesen Belästigungen los. Vor der Schule noch. Entweder liegt es an der schlaflosen Nacht oder am Jetlag, jedenfalls packt mich die Wut. Mit einem Ruck nehme ich den Hörer ab.

»Jetzt reicht's aber! Lasst mich endlich in Ruhe.«

»Eva …, bist du das?«

Eine Männerstimme. Nicht mehr jung. Erschöpft oder krank. Vielleicht beides. Ich bin verwirrt.

»Wer ist da?«

Eine Pause.

»Sisiduzza … Darf ich dich noch so nennen?«

Ich starre auf das orangefarbene, herausstechende Quadrat der Decke. Ich muss meine Mutter wirklich mal fragen, woher die Wolle stammt. Vielleicht gar nicht von einem meiner Pullover, sondern von Ruthi.

»Das kann nicht wahr sein …«, murmele ich.

»Doch, ich bin es wirklich, Vito.«

Ich hebe den Blick. Die Sonne ist aufgegangen und taucht meinen Kelim in ein goldenes Licht.

Poverino

Seine Kindheitsgeschichte ist bald erzählt.

Unter einem Busch, in ärmliche Decken gehüllt, hatten sie ihn gefunden. Kein Mensch wußte, wer seine Eltern waren. Da man ihn nicht verkommen lassen konnte, taufte man ihn und übergab ihn einer Alten, die für seine Pflege etliche Lire von der Gemeinde erhielt.

In seinen ersten Lebensjahren lag er halbnackt, wenig beaufsichtigt auf dem Anger hinten im Dorfe und ließ sich von der Sonne bescheinen. Tag für Tag ruhte sie auf ihm mit brütender Wärme, bis sein kleiner Leib die gesunde Farbe bräunlichen Goldes angenommen hatte und seine Augen und Lippen vor Leben brannten. Da begann er Purzelbäume zu schlagen und zu kreischen vor Lust.

»Das Tier,« sagte der Gemeindeälteste, nahm ihn dem alten Weibe weg und gab ihn zu einem Steinklopfer in die Kost.

Er war unbändiger als die bösen Rangen seines Ziehvaters und lag sich mit ihnen beständig in den Haaren. Trotzdem er so viel Prügel erhielt, daß seine geraden Glieder wie ein Wunder erschienen, entfaltete er sich von Tag zu Tag blühender.

Sobald er soweit herangewachsen war, gab man ihn in die Schule. Er lernte nichts, stahl aber wie eine Elster.

Manchmal verschenkte er von dem Gestohlenen, denn er war gutherzig; nur liebte er es, sich satt zu essen und hie und da ein Spielzeug zu besitzen.

In der Religionsstunde benahm er sich frech und zeigte vor dem Erhabensten keinen Respekt. Wenn von den Foltern der Heiligen die Rede war, von den Bußen und Geißelungen, denen sie sich Christus zuliebe unterzogen, lachten seine sonnentrunkenen Augen: Pazzi! Und wenn man das Leiden des Herrn schilderte, verzogen sich seine Lippen verächtlich und zeigten die weißen, nach der derben Kost des Diesseits begierigen Zähne.

Je mehr Prügel er von seinen Lehrern erhielt, je mehr Hunger er litt – der Steinklopfer bedachte zuerst die eigenen Kinder mit den kargen Bissen, die er zu verteilen hatte –, um so lauter und lärmender wurde er. Als er zum erstenmal im Beichtstuhl kniete und ohne Spur von Reue seine Sünden bekannte, flüsterte der Pfarrer:

»Sag, Gaetano, wirst du immer so schlecht bleiben oder wirst du endlich anfangen, ein braver Junge zu werden?«

Da stieß der Junge die Zähne zusammen.

»Das ist für des Syndacos Antonio oder die jungen Conti Calvo.« Und der Pfarrer schauderte und dachte: In Grund und Boden verdorben. Da ist nichts mehr zu bessern.

Gaetano verließ mit seiner mißhandelten Seele so trostlos die Kirche, wie er sie betreten hatte. Draußen warf er mit Steinen nach einem Vogelnest und trottete nach Hause.

Als er lesen und seinen Namen schreiben konnte, nahmen sie ihn aus der Schule.

Nun saß er neben seinem Pflegevater auf der Straße und zerkleinerte Steine. Sie hatten ein Fläschchen Wasser und etliche Stücke Polenta neben sich. Es war eine heiße, staubige Straße, auf der sie arbeiteten. In schroffen Serpentinen führte sie empor zu einem vornehmen Hotel, dann weiter durch Wälder und Täler, durch elende Dörfer mit gelben, halbzerfallenen Hütten. In der entgegengesetzten Richtung zog sie sich nach Bozen hinab, wo die dicken Pfirsiche und die tropfenden Trauben in den Gärten gediehen, wo die feinen Wirtshäuser mit den schwellenden Betten standen, in denen die Trägheit reisender Prasser die herrlichen Sommermorgen verschlief. Wenn Gaetano nichts zu tun hatte, an Sonn- oder Feiertagen, lief er über den Berg hinab nach Bozen, stellte sich vor einem dieser Gasthöfe auf und betrachtete, die Hände in den Taschen seiner zerrissenen Jacke, die Aus- und Eingehenden. Und er sog den Bratenduft ein, der herausströmte, und sah den Gästen zu, die zwischen Oleanderbäumen vor dem Hause saßen und viertelstundenlang auf der Speisekarte suchten, bis sie gnädig sich für ein Gericht entschieden.

An einem solchen Sommersonntag – sie hatten in der vorhergehenden Woche nichts verdient, weil der Regen in Strömen gefallen war – stand er mit einem Magen, der vor Hunger wie eine junge Katze winselte, vor dem »Greifen«.

Eben als er sich an die Mauer neben dem Eingang lehnt, weil ihn schwindelt, kommt ein Herr in hellem Sommeranzug heraus. Sein Gesicht glüht noch von der genossenen Mahlzeit. Er stochert in den Zähnen, zündet sich eine Zigarre an und winkt träge einen Fiaker herbei. Im Augenblick, als er in den Wagen steigen will, sieht er das schmale Knabengesicht dicht vor sich, zwei Augen, die ihn in finsterem Hasse anstarren.

Unwillkürlich zuckt er zusammen.

»Was hast du mir Grimassen zu schneiden, Tier?« Er nähert sich drohend dem Jungen.

Der Knabe erblaßt. »Ich ... Grimassen? Ihr irrt Euch.«

Der Dicke gibt ihm eins hinters Ohr und fährt ab. Unter der Tür wird die derbe Gestalt des Hausknechts sichtbar.

Gaetano ist wie der Wind verschwunden. – –

Eines Tages hatte die Zia, die kränkelnde, verrunzelte Frau des Steinklopfers, die Kühnheit, sich hinzulegen und zu sterben. Gaetano mußte jetzt Mutter spielen. Er blieb oft zu Hause und kochte oder er schleppte das kleinste Kind auf den Armen herum und sang dazu Lieder.

Die andern hängten sich dann an seine Beine und wendeten seine Taschen um, um darin ein Krümchen oder ein Spielzeug zu finden. Die große, schwarze, viereckige Kammer, die sie bewohnten, mit ihrem Lehmboden und den Maisstrohbündeln in den Ecken: ihren Betten, war für den Jungen ein trostloser Aufenthaltsort. Lieber noch arbeitete er draußen in der sengenden Mittagsluft. Da sah er die ganze Herrlichkeit Gottes um sich gebreitet.

All die wunderbaren in goldenem Violett schimmernden Berge, die Seen mit ihrem halbversteckten Flimmer, die Täler mit ihren gelben Hütten, ihren üppigen Kastanienwäldern. Oft entfiel der wuchtige Hammer seinen Händen, und er starrte mit angehaltenem Atem hinaus. Es war ein seliges Untertauchen, ein weiches Zuhüllen seines Jammers, eine Zärtlichkeit, die da seinen Blicken begegnete.

Dann fühlte er plötzlich eine Faust im Nacken. »Hundejunge, du faulenzt schon wieder!«

Und er spie verächtlich aus und klopfte weiter die heißen Steine …

Eines Tages, als sie auf der Straße saßen, es war gegen Abend, kamen ihnen zwei Personen entgegen, der Arzt von S. Zeno und dessen Tochter.

Der alte Mann nickte freundlich.

»Na, Paolo, du hast schöne Hoffnungen für drüben, da du hier soviel Hitze aussstehen mußt.«

Der Steinklopfer blies sich den Staub von den Händen.

»Grazie, Signoria, grazie! Ich hoffe auch auf die ewige Seligkeit, aber, sagt selbst, könnte der gute Gott uns nicht ein wenig, ein ganz klein wenig Vorgeschmack schon hier zuteil werden lassen?«

Der Alte lächelte.

»Hm, hm, hast nicht unrecht. Sei versichert, wenn ich da oben eine Stimme hätte, ich spräche ein gutes Wort für dich.«

»Eure Polenta ist euch wohl sauer geworden, wie?« wandte er sich an Gaetano, der die ganze Zeit über stumm weitergeklopft hatte. Der Junge hob den Kopf.

»Ich weiß nicht, Herr.«

In diesem Augenblick gewahrte er das Mädchengesicht vor sich. Es hatte die Farbe einer blassen Rose, und zwei blaue Augen, blau wie der italische Himmel, blickten aus ihm.

»Poverino!« sagte sie leise, und strich sich die dunkelblonden Locken aus der Stirn. Gaetano sah sie an.

Sie war längst mit ihrem Vater den absteigenden Pfad nach Kaltern hinab verschwunden, und noch immer sah er sie an der Stelle, auf der sie gestanden.

Poverino! Poverino!

Er ließ sich ganz sacht auf den Rücken gleiten und blickte über sich ins Blaue.

Poverino!

War es möglich, daß ihm jemand ein gutes Wort gesagt hatte? Und die! Sie war aus dem Nachbarort, aber er hatte sie noch nie gesehen. Er vermied es, in die Gesichter der ihm Begegnenden zu blicken. Gewöhnlich entdeckte er da einen Ausdruck, der ihn nicht erfreute. »Du Ausbund, du Gassenjunge,« las er in ihnen. Oder bei jungen Mädchen die Furcht vor ihm. Hatte er doch schon mehr als einer einen boshaften Schabernack gespielt, ihnen ein Stück Zopf abgeschnitten oder ein häßliches Insekt in den Nacken gesteckt.

Poverino!

Und auf einmal schrie etwas heiß und wild in ihm auf. Er schleuderte den Hammer beiseite, lief davon und legte sich im Wald aufs Gesicht. Als er am Abend heimkehrte, schlug ihn der Alte.

»Verdammter Tunichtgut! Ich werde dir geben, wegzurennen, und dich schlafen zu legen. Essen ja, aber arbeiten, nein. Wart Bursche.«

Gaetano reckte sich auf, und als ihm die Schläge zu toll wurden, umschlang er Paolo mit seinen beiden jungen sehnigen Armen und drückte ihn in eine Ecke. Vor den Kindern tat er's. Sie schrien Zeter und Mordio, denn sie glaubten, er würde den Vater töten. Natürlich war seines Bleibens im Hause nicht mehr. Er ging noch in dieser Nacht fort. Er schlief in den Weingärten und nährte sich von gestohlenem Obst. So trieb er's einige Zeit. Dann wurde ihm das beständige Sichverstecken langweilig. Er ging nach S. Zeno.

Nicht weit von der schönen alten Villa, in der sie mit ihrem Vater wohnte, stand eine Schmiede. Hier verdingte er sich.

»Ich kann den Hammer schwingen,« sagte er, und seine Augen funkelten im Bewußtsein seiner jungen Kraft. Der Meister, ein alter, prächtiger Weißkopf, dem die freie Art des Burschen gefiel, behielt ihn. Er arbeitete nur mit einem alten mürrischen Gesellen und erfrischte sich an der Lebendigkeit des Jungen. »Wenn du nur nicht so faul wärest, Kreatur,« sagte er oft in gutmütigem Zorn, seine Hand in Gaetanos Lockenmähne vergrabend.

Ist sie nicht wie eine weiße, schlanke Kerze, die goldenes Licht ausströmt? flüsterte Gaetano, als Margherita vorüberschritt. Ob sie wieder: Poverino sagt?

Und er warf den Hammer weg und lief auf die Straße, ihr nach.

»Bona sera,« stotterte er.

Sie nickte leicht und blickte gleichgültig an ihm vorüber.

Sie erkennt mich nicht mehr, jammerte es in ihm.

Dann kehrte er in die Schmiede zurück und brüllte ein wildes ausgelassenes Lied. Aber sooft sie vorüberkam, wurde er still, und über sein Angesicht flog ein feines Blaß. Dann mochte er stundenlang nichts tun. Und seine Wange in die rußige Hand lehnend, setzte er sich auf die Schwelle und starrte hinaus.

Einmal stellte sich Christophoro, der Schmied, breit vor ihn hin.

»Was meinst du wohl eigentlich von mir? Ich halte dich nur, um dich zu füttern, eh? Du Narr, du! Könntest hier Brot und ein Dach haben dein Lebelang, denn ich bin dir nicht gram, aber bei deiner verdammten Faulheit –«

»Ihr seid mir nicht gram? Ha ha ha, Ihr seid mir nicht gram! Weil ich einen besseren Hammer schwinge als Pietro, der Alte, weil meine Lieder Euer Podagra verscheuchen, deshalb seid Ihr mir nicht gram!«

Er verließ auch den Schmied.

Tag und Nacht strich er in der Nähe umher. Und wenn es ihm glückte und er sie sah, vergaß er Hunger und Glut und alle Unbilden und jubelte wie ein vom Christ beschenktes Kind.

Am besten gefiel sie ihm, wenn sie ihr weißes Kleid trug. Wenn der Wind ihr goldenes Haar lockerte und ihre Gewänder an den schlanken Leib schmiegte, daß dessen reine, edle Linien sichtbar wurden. Gaetano spürte bei ihrem Anblick leise, süße Musik durch sich gehen; was die bedeutete, war ihm nicht klar. Er grüßte Margherita, wenn er ihr begegnete, und sie dankte mit ihrem gleichgültigen, zerstreuten Nicken, wobei sie ihn eigentlich gar nicht ansah.

Dieses Leben mit seinen langen, blauen, unausgefüllten Tagen begünstigte seine Träumerei. Er lag in der Nähe ihrer Villa im Schatten und starrte auf ihr Fenster. Er sah sie im weißen Linnenkleide, das feine, blonde Haar aufgelöst, die Hände über die Brust gefaltet, wie eine Immaculata. Dann sah er seinen schwarzen, verwilderten Lockenkopf in ihren Schoß sich schmiegen, und fühlte laue, große Tränen aus ihren Augen auf sich herabrieseln. – Mehr träumte er nicht.

Und da geschah die große Sünde, das Unerwartete, das in jedes Jünglings Leben sich ereignet: die weiße Jungfrau, um die seine anbetende Seele Schleier und Aureolen gewoben hatte, stieg in den Staub der Alltäglichkeit und wurde ein Weib wie andere.

Und der arme Junge sah sich plötzlich vor einem leeren Altar knien. – –

Eines Abends, als sie ausging, um frische Luft zu schöpfen, schritt ein Mann neben ihr. Er war dunkel und sonnenverbrannt, und die Leute sagten, er sei ein Vetter von ihr, der sich lange Jahre auf fernen Meeren herumgetrieben hätte.

Borromeo war schön und hatte etwas Gnädiges an sich, wie reiche Leute, die sich ihres Gutes bewußt sind. Gaetano haßte ihn vom ersten Blick an. Und er sah, wie sie vertraulich ihren Arm in den seinen legte und süß zu ihm redete. Und er sah sie, wie sie beide in ihres Vaters Haus verschwanden. Er raufte sich die Haare vor Elend und Ohnmacht.

Und jetzt auf einmal, da er einen Mann in ihre Aureole greifen sah, erwachten in ihm heiße, wahnsinnige Empfindungen für sie. Jetzt auf einmal wurde vieles klar in ihm, was ihm früher undeutlich war.

»Er ist wohl ihr Bräutigam,« sagte er einmal zu dem Diener ihres Hauses.

Beppo nickte. »Sie werden eben aufgeboten, dann heiraten sie und ziehen von hier fort.«

Sie wurden aufgeboten! Warum nahm sie den? Was hatte er um ihretwillen getan? Hatte er für sie gehungert und auf ein festes Dach über dem Haupte verzichtet, wie er? Lag er Tag und Nacht auf der Lauer vor ihrer Schwelle, um ihren Schatten zu begrüßen, wenn er sich auf den Vorhängen ihres Fensters abhob? Lief er für sie Gefahr, von Karabinieri als Unterstandsloser aufgefangen zu werden? O, dieser gleichgültige, gewöhnliche Mensch, der, ohne zu opfern, zu lieben glaubte, und einfach genoß, wo ein anderer aus Anbetung sich zu Tode hungerte.

Wenn ich ein reicher Mann wäre und vornehme Verwandte hätte, könnte ich auch um sie freien. Und eine feurige Blutwelle stieg Gaetano zu Kopfe. Wie konnte er sich schnell in den Besitz von Geld setzen? Irgendeinem der reichen Müßiggänger das Lebenslicht ausblasen? Ha, das ging! Aber dann war noch immer der andere da.

Der andere! Sollte er gleich zwei Verbrechen auf seine Seele laden?

Und am Ende, wenn er es getan hätte, wenn er seiner Seelen Seligkeit für sie verkauft hätte, wollte sie ihn gar nicht! Ha ha ha!

Die Bauern von Kaltern kamen herauf, spannten ihre Zelte in den Bergwiesen auf und begannen ihre Sommerkampagne, uraltem Gebrauch zufolge, im Freien zu feiern. Gaetano wich ihnen aus. Ihm war alles lästig, was ihn in seinen unablässig auf das Eine gerichteten Gedanken störte. Er fühlte wilde Kräfte in seinen Fingerspitzen glühen, und die friedlichen Bauern mit ihren frommen Gesängen am Abend verbitterten ihn noch mehr.

Diese sanften Gesänge, die Männer und Frauen, um ihre Feuer gelagert, in die tauigen Wiesen hinausklingen ließen, machten ihm das Bild seiner großen, tododen Einsamkeit um so deutlicher. Und er war doch so genügsam! Er beanspruchte nichts weiter, als vor einem Heiligenbild auf den Knien liegen zu dürfen. Aber selbst dieses bescheidene Glück sollte ihm geraubt werden.

Diese aufwühlenden, weich machenden Weisen! Er warf sich auf die feuchte, sommersatte Erde und drückte den

Kopf ins Moos. Er zerbiß die Gräser mit seinen weißen, hungrigen Zähnen. Und dann fühlte er wieder das heiße Zittern in seinen sich spreizenden Händen.

Ein Mann sucht immer seine Mutter im Weibe; selbst in den heißesten erotischen Momenten ist er das Kind, das an ihrer Brust ruhend, nach Stillung schreit. Gaetano krankte vor Sehnsucht nach weichen, beruhigenden Händen, nach einem Kleidsaum, auf den er seine ersten heißen Tränen tropfen lassen durfte. Und weil er so wild und verkommen, so ungeliebt und gehetzt war, hatte er sich die Sanfteste, Reinste, Geliebteste, Behütetste ausgesucht – die Lichteste, er der Dunkle.

Du sollst nicht sein werden, sein, des Diebes, der hierherkam, dich zu stehlen, ächzte er.

Als der Augustmond voll und überströmend vor Glanz über die heuduftigen Wiesen zog, verließ er sein Versteck und näherte sich ihrem Hause. Dort kauerte er sich nieder.

Gegen Morgen kam Beppo heraus, eine Laterne in der Hand, und schritt nach dem neben dem Wohnhaus liegenden Stall. Gaetanos Augen begannen zu glühen. Wer ging da fort?

Er vielleicht. Er umschlich den Stall und horchte. Beppo fütterte die Pferde und schob dann das Wäglein aus der Remise. Gaetano steckte sein verzerrtes Gesicht durch die Spalte der angelehnten Tür.

»Ist's Borromeo, der abfährt?«

Der Diener schreckte zusammen, dann einen Fluch über den Eindringling unterdrückend, sagte er rauh:

»Und wenn er's wäre, was ging's dich an, Wegelagerer?«

O, mehr wollte Gaetano ja nicht hören. Er stieß einen heiseren Laut der Freude aus und war plötzlich im Dämmerlicht verschwunden.

Ein Reiter oder Wagenlenker brauchte von hier aus ungefähr zwei Stunden, bis er zur Landstraße kam, die in starken Serpentinen nach unten führte. Der Abfahrende konnte keinen anderen als diesen Weg wählen, da die Straße nach der anderen Richtung hin sich bereits nach kurzem verengte. Gaetano beflügelte seine Schritte. Wenn er bei der ersten Serpentine Borromeo an sich vorbeifahren ließ, war er Herr über dessen Leben und Tod.

Auf der Bergstraße, die erst jüngst vollendet worden war, lagen noch aufgeschichtete Steine. Gaetano verstand gut zu zielen. Ein Granitbrocken genügte, um den Schädel des süßen Borromeo zu zertrümmern.

Den Boden kaum mit den Füßen berührend, flog er dahin, um dem andern zuvorzukommen. Alle Gewalten des Bösen waren in ihm losgebrochen; er ließ sich treiben von ihnen, von dem Blutrausch, dem uralten Erbe seiner Vorfahren in fernen Jahrhunderten.

Einige draußen nächtigende Kühe flohen erschreckt, als der Aufgeregte an ihnen vorbeistürmte. Ein alter Schäfer schlug bestürzt das Kreuz.

Drüben am Horizont, der über den Trienter Bergen voll dunkel geballter Wolken hing, schlich ein fahles Rot hervor und warf seinen ungewissen Schimmer in die Abgründe und Schluchten, an denen Gaetano vorbeikam. Mehrere Male war ihm, als höre er dicht hinter sich Pferdegetrappel. Er sah sich um und rannte weiter. Und plötzlich atmete er auf; er war am Ziel. Da unten beginnt die erste Serpentine, da ist das Lärchenwäldchen, in dem er sich versteckt halten wird.

Sollte sein erster Wurf mißlingen, so läuft er oberhalb der Straße am Felsenkamm weiter, und schleudert so lange, bis er trifft. Der Untenfahrende ist ganz in seiner Gewalt, denn die andere Seite der Straße fällt fast senkrecht hinab. Kein Mensch, viel weniger ein Wagen kann sich dort hinab retten. Vielleicht nur jemand, dem wie ihm ein Würzelchen genug Raum bietet, um daran hängend Tod zu säen. Er wirft sich auf die Erde und lauscht. Da rollt es im Boden, die Zweige über ihm beginnen zu zittern, der Wagen naht …

Gaetano erhebt sich, eilt die gebüschbewachsene Böschung hinab, erfaßt einen wuchtigen Stein und schleudert.

Das Gespann jagt weiter.

Er hat also das Ziel verfehlt. Im Nu gleitet er über die Felsmauer, überquert die Straße, sieht unter sich auf der zweiten Serpentine die Pferde heranstürmen und wiederholt seinen tödlichen Wurf. Da, ein Krach, ein Knirschen, Schnauben, ein dumpfes Rollen, dann alles still. Die scheuenden Tiere sind in der Tiefe verschwunden. Die Tat ist geschehen …

*

Hinter den Trienter Bergen flammt das Rot auf, und übergießt die Landschaft, die Felsen, Täler und Seen mit Blutschein. Ein fernes Gewitterrollen dringt herüber. Kein Blatt bewegt sich. Gaetano ist wie ein scheugewordenes Tier in wilden Sprüngen nach unten geeilt und zusammengebrochen. Die Ahnung dessen, was er getan hat, dämmert in ihm auf. Er hat getötet. Er hat seine Seligkeit für immer verscherzt. Er ist ein Verfluchter, ein Kain.

Er hat einen Unschuldigen ermordet. Einen, der von *ihr* geliebt wurde. Traf er *sie* nicht in ihm, da die sich lieben, *eins* sind? Vergoß er nicht *ihr* Blut mit dem seinen, *ihrs*, *ihrs*? Er wirft sich in den Staub der Straße.

Verfluchter, Verfluchter! –

Da hört er Stimmen hinter sich.

Um die Biegung des Weges, von oben her, kommen zwei Gestalten. Zwei hohe, schlanke Gestalten, eine Frau und ein Mann. Sie ist weiß gekleidet; blondes Haar fällt ihr über die Hüften; in ihren Händen wiegt sich ein Strauß hochstieliger Blüten. Der Mann an ihrer Seite ist bleich, doch gefaßt …

Gaetano starrt und starrt.

Dann rutscht er ihnen auf den Knien entgegen:

»Heilige Margherita, bitte für mich! ich habe dich getötet, dich in ihm; eure heiligen Seelen kommen mir entgegen, Rechenschaft zu fordern!«

Borromeo neigt sich forschend zu dem Stammelnden. »Der Schrecken hat ihn verwirrt, die Pferde scheinen ihn verletzt zu haben. Er blutet.«

Margherita zieht ihr weißes Tüchlein aus der Brust und reicht es ihrem Begleiter. Er faßt Gaetanos Hände.

»Komm zu dir, junger Freund, wir sind ja alle drei heil. Du wirst es auch bald sein. Es war kein Teufelsspuk, siehe, wir wollten nach Bozen hinab; an der ersten Wegbiegung scheuten die Pferde, wir stürzten aus dem Wagen, aber Gott hat uns beschützt. Also erhol dich!«

Der Jüngling, noch immer auf den Knien, starrt beide an.

»Ich hätte euch nicht getötet? Ich wäre kein Mörder? ihr lebtet wirklich?«

Er betastet Margheritas weißen Kleidsaum.

Die beiden sehen sich an.

»Es ist nur eine augenblickliche Verwirrung,« flüstert Borromeo, und dann:

»Nein, du hast uns nicht getötet, Freund. Sieh, wir sind ganz heil, nur ihre Flechten haben sich gelöst.« Seine Blicke gleiten voll Liebe über die Jungfrau. »Selbst die Blumen, die sie der Madonna bringen will, sind unversehrt geblieben.«

»Heilige Margherita,« schluchzt der Kniende, und während die Tränen in siedender Fülle über seine Wangen stürzen, breitet er die Arme nach ihr empor. Da neigt sie sich von himmlischer Barmherzigkeit fortgerissen zu ihm nieder, umfaßt seinen Kopf und drückt ihre jungfräulichen Lippen auf seine Stirn …

Er ist gerettet.

Auf Bärenjagd

So machten sie sich auf den Weg.

Domenico konnte es nicht fassen: Sie würden also tatsächlich diesen Bären jagen. Ausgerechnet sie beide, sein Vater und er! Ein ums andere Mal wiederholte er sich diesen Gedanken, wie jemand, der sich selbst davon überzeugen musste, dass er etwas wirklich erlebte und nicht bloß träumte.

Östlich von Posalz erhellte sich der Himmel in blassen Tönen, und bald würden auch die letzten Sterne über ihnen von einem eiskalten Blau verschlungen werden.

Pietro war wie ein alter Maulesel beladen: Neben dem größeren, mit Kleidung und Proviant vollgestopften Rucksack trug er auch das Zelt, die Feldflaschen, die wie Kuhglocken klimpernd am Rucksack baumelten, und die beiden Gewehre.

Domenico hatte er den kleineren, leichteren Rucksack überlassen, in dem Decken und weitere Kleidung verstaut waren, um der Kälte der Nacht, des Waldes und der Höhe zu trotzen.

Der Vater marschierte voran, sein Sohn folgte ihm. Pietro schaute vor sich hin zu Boden, Domenico in die Höhe, hinauf zum Himmel, der blauer und blauer wurde. Die Hauptstraße entlang durchquerten sie das Dorf, während der Atem sich vor ihren Mündern in der kalten Morgenluft rhythmisch verdichtete. Auch wenn Posalz jetzt wie ausgestorben wirkte, wusste Pietro, dass im Dorf getratscht wurde und jede Neuigkeit schneller als eine Lawine vorankam. Während sie in gemächlichem Tempo der Straße folgten, meinte er Dutzende von Augenpaaren zu sehen, die, hinter den bestickten Gardinen verborgen, neugierig auf sie gerichtet waren.

Am Waldesrand kreiste eine Schar Krähen und ging über den vom ersten Tageslicht erhellten Wiesen nieder. Ihr lautes Krächzen hallte durchs ganze Tal. Am Dorfbrunnen machten die beiden halt, und Angelo Loss, der Küster, der hier soeben zwei Gießkannen gefüllt hatte, trat auf sie zu und blickte Pietro an: »Du musst völlig verrückt sein«, sagte er, »aber wenn du doch noch ein wenig Grips in der Birne hast, lässt du wenigstens deinen Sohn zu Hause. Sonst wird dieser Bär euch beide umbringen.«

Sie würdigten ihn keiner Antwort.

Pietro gab seinem Sohn ein Zeichen. Der löste die beiden Feldflaschen von den Haken, begann sie zu füllen und unterbrach so einige Sekunden lang das Rauschen des Wasserstrahls, der sich unaufhörlich in das Steinbecken ergoss. Sie nahmen ein paar Schlucke und gingen weiter. Ein Wanderer kreuzte ihren Weg, schaute jedoch an ihnen vorbei, und genauso wenig nahmen Pietro und sein Sohn Notiz von ihm.

Domenico war aufgeregt und dachte an Maria. Ach, wenn sie ihn doch jetzt sehen würde, wie er stolz auf die Berge zuschritt, vielleicht würde sie ihn dann endlich interessant finden oder ein wenig bewundern.

Er spürte, dass seine Beine vor Erregung leicht zitterten. Es war der Rausch der Gefahr, der ihm Blut und Augen prickeln ließ. Die Warnungen des Küsters hallten in seinem Kopf nach. Endlich würde er jene Abenteuer erleben, von denen er bisher immer nur geträumt und die er sich Tag für Tag ausgemalt hatte, wenn er am Codalonga saß und Forellen angelte.

Dabei war ihm im Grunde genommen nach wie vor nicht klar, welches Abenteuer vor ihnen lag. Gut, er hatte begriffen, dass sein Vater es sich in den Kopf gesetzt hatte, diesen Bären zu jagen, der alle in Angst und Schrecken versetzte, und dass er selbst auch an diesem gefährlichen Unternehmen teilnehmen sollte. Und er hatte auch verstanden, dass sie vielleicht tagelang unterwegs sein und diese Tage draußen in der freien Natur verbringen würden. So gesehen, kam er sich schon vor wie ein Held, der in den Krieg oder zu einer wichtigen Mission aufbricht.

Aber zwischen Sagen und Tun lag etwas, das größer und verwirrender war als ein Tom-Sawyer-Abenteuer. Nämlich die Realität. Und in der Realität sah es so aus, dass er nicht verstand, warum sein Vater sich zu diesem Abenteuer entschlossen hatte. Auch begriff er nicht, wie Pietro, so abgebrannt wie er war, es sich leisten konnte, seine Schreinerei tagelang sich selbst zu überlassen. Und dann war da noch das Rätsel, wie sein Vater plötzlich an diese beiden Gewehre gekommen war, die er, sein Sohn, noch nie zuvor gesehen hatte. Zur Realität gehörte auch die Gewissheit, dass er selbst, ja er, Domenico, den Spuren einer gigantischen, zu allem fähigen Bestie folgte, einem blutrünstigen, todbringenden Ungeheuer, wie man es in der Gegend schon lange nicht mehr gesehen hatte. Was brachte ihnen das ein, außer der Gefahr, dabei ums Leben zu kommen?

»Das wird kein Kinderspiel«, hatte sein Vater, bevor sie aufbrachen, zu ihm gesagt. Dann hatte er die Haustür hinter ihnen verschlossen, in dem Wissen, dass sie dieses Haus jetzt vielleicht zum letzten Mal sahen.

Sie ließen die letzten Häuser des Dorfes hinter sich und erreichten die winzige Kapelle, die dem heiligen Antonius geweiht war. Pietro nahm den Hut ab und beugte das Knie. Domenico hinter ihm tat es ihm nach, und während sein Vater leise betete, indem er kaum merklich seine dünnen Lippen bewegte, wurde ihm selbst klar, dass kein schöner Spaziergang vor ihnen lag. Ja, er begriff es in weniger als einem Augenblick, so wie wenn man über etwas stolpert und sich gleichzeitig schon am Boden wiederfindet.

Viele Gedanken schossen ihm durch den Kopf. Was würden die Klassenkameraden und die Lehrerin zu seinem Fehlen sagen? Wenn ihn doch nur ein Mitschüler jetzt sähe oder jemand aus der Schule zufällig vorbeikäme, während er mit seinem Vater hinausmarschierte, zwei Gewehre im Gepäck und wild entschlossen, Jagd auf diesen verfluchten Bären zu machen! Im Nu würde er zur Legende werden, in der Schule und im Ort, Domenico, der mutigste Junge von allen. Schon hörte er die Namen, die man ihm geben würde: der *Unbezwingbare, Held von Colle Santa Lucia, Triumphator, Bärentöter, Jäger des Teufelsbären.*

Pietro holte ein Stück Kreide aus der Tasche hervor und schrieb auf den Sockel des Heiligenhäuschens: C+M+B, die Initialen der Heiligen Drei Könige.

Dann richtete er sich wieder auf, und ohne sich zu vergewissern, ob sein Sohn ihm folgte, setzte er sich erneut in Marsch, auf die Hänge des Monte Pore zu, hinter dem die Felswände der Averaugruppe zu erkennen waren.

Es war noch früh, die Luft frisch, und der Wald, in den sie gleich eintauchen würden, war so finster wie die Nacht.

Sie kreuzten den alten Weg zu den Fursilminen und stiegen weiter den Hang bergan zwischen vielen unterschiedlichen Bäumen, die auf der Südseite des Berges wuchsen: Ahorne, Buchen, Eschen, Linden, Erlen, deren Blattwerk der Herbst entflammte und die sich bis zum Rand des eigentlichen Waldes, zu dem sie unterwegs waren, hinaufzogen.

Nach einer Weile sahen sie eine gelbe und grüne Wand aus Rottannen und Lärchen vor sich aufragen. Domenico warf einen Blick zurück und schluckte, um sich die trockene Kehle anzufeuchten. Sein Atem ging schnell, und er spürte bereits die Muskeln seiner Waden; allerdings wusste er auch, dass die erste halbe Stunde einer Wanderung immer die anstrengendste war. Mit der Zeit würde er seinen Rhythmus finden.

Je höher sie kamen, desto schmaler wurde der steinige Pfad. Mit einiger Anstrengung erreichten sie den Saum des dichten Waldes. Der steilste Abschnitt ihres Aufstiegs stand ihnen noch bevor.

Mit einem Male wurde die Luft feucht und schwer, der Pfad vor ihnen nass. Pietro folgte schnurgerade dem Weg, während Domenico einige Meter hinter ihm häufig Schritt und Richtung änderte, um nicht in eines der vielen kleinen Schlammlöcher zu tappen, die sich in der Nacht gebildet hatten. So wanderten sie schwer atmend, bergan, bis schließlich die helleren Flächen und die letzten Häuser von Posalz in der Ferne unter ihnen verschwunden waren.

Die Gerüche des Waldes waren nicht weniger stark und lebhaft als die Farben. Es roch nach Moos, nach Verwelken; nach Fäulnis; das Holz der Rot- und Weißtannen verbreitete ebenso seinen Duft wie das Harz der Schwarz- und Zirbelkiefern und die Zweige der Eiben. Ohne auch nur einmal stehen zu bleiben, schloss Domenico immer wieder die Augen, um die reich gesättigte Luft zu genießen, und konzentrierte sich darauf, jene Düfte einzuatmen, die er am meisten liebte: die von Holunder und Ginster.

Am Boden hörte man ihre schweren Schritte und tiefen Atemzüge und in der Höhe die besorgten Rufe der Eichelhäher und Kolkraben, die die anderen Tiere vor dem Eindringen von Menschen warnten. Domenico betrachtete seinen Vater, der ihm vorausging, und bewunderte dessen entschlossenen Schritt, dem jede Unsicherheit fehlte, obwohl der Pfad immer steiler bergauf führte. Wie die Zangen eines Hirschkäfers schauten die großen Gewehre aus seinem Rucksack hervor, und seine kondensierten Atemstöße schwollen zu mächtigen Dampfwolken an.

Er wusste nicht, wo und wann sein Vater haltmachen würde, war sich aber sicher, dass sie dazu mindestens Pianaz erreicht haben mussten, jene große Lichtung, von der aus in dieser Jahreszeit jede Nacht das gewaltige Röhren der männlichen Hirsche bis weit hinunter ins Tal zu hören war.

Am liebsten hätte er seinen Vater gebeten, einen Moment

stehen zu bleiben, damit er ein wenig ausruhen konnte und wieder zu Atem kam, aber er fand nicht den Mut dazu. Stattdessen biss er die Zähne zusammen und folgte ihm so, wie ihr Karren stets Isotta folgte.

Die ersten Sonnenstrahlen fielen schräg durch das Tannengeäst und legten sich lauwarm auf sein Gesicht. Von der feuchten, dunklen Erde und aus dem grünen Moos längs des Pfades stiegen weiße Schleier empor. Das von der Sonne gestreifte Unterholz erwachte und begann zu atmen, die Sträucher und Brombeerranken streckten sich. Buchfinken und Dompfaffen, Meisen und Nachtigallen sangen lauter, stachelten einander zu immer muntererem Gezwitscher, immer lebhafteren Rufen an.

Der Duft der Latschenkiefern, der die Luft durchzog, weckte in Domenico die Erinnerung an seine Mutter, an den Duft ihrer hellen Haut, wenn sie ihn, den kleinen Jungen, auf den Arm genommen und an sich gedrückt hatte. Höher und höher hinauf führte der Pfad durch den Wald, während er, den Blick auf die Spitzen seiner Bergschuhe gerichtet, in einem fort an sie dachte.

Er sah sie vor sich, wie sie seine nach einem Purzelbaum zerrissene Hose flickte oder mit der Sense auf der Wiese Heu machte, die Haare im Nacken zusammengebunden und die Haut von der Sommersonne gebräunt. Er sehnte sich nach ihrem Lächeln, vermisste ihre Hände, ihre warmen Wangen. Und jeden Morgen, nach dem Aufstehen, vermisste er die Milch, die sie ihm zum Frühstück warm gemacht hatte. Denn die von ihr erwärmte und in seine Schüssel gegossene Milch schmeckte anders als jede andere.

Es war eine andere Wärme. Nach ihrem Tod hatte nie mehr eine Milch so geschmeckt wie diese.

Da, plötzlich, ein seltsames Geräusch, bergauf, nur wenige Meter zu ihrer Linken.

Pietro blieb stehen, und Domenico kehrte schlagartig in die Wirklichkeit zurück. Ein Reh, dessen rötliches Sommerfell schon fast grau-braun geworden war, tauchte verängstigt aus einem Gebüsch auf und rannte mit weiten Sprüngen tiefer in den Wald hinein.

»Immer die Augen offen halten«, sagte Pietro, indem er sich zu seinem Sohn umdrehte.

Sie tranken etwas Wasser und setzten ihren Weg fort.

Immer weiter wanderten sie, mehr als zwei Stunden lang, bis sie das Pala dei Livinai genannte Plateau erreichten, schon weit über die Lichtung von Pianaz hinaus, wo die schlammige Wiese von Hufspuren und Hirschexkrementen bedeckt gewesen war. Sie hatten sich nur kurz umgeblickt und waren weitergegangen. Mittlerweile stand die Sonne recht hoch am jetzt blauen Himmel. Domenicos Aufregung wuchs, als er sich klarmachte, dass dies keine normale Wanderung war, sondern eine echte Jagd. Und was für eine! Er hätte seinen Vater gern vieles gefragt, spürte aber, dass dies nicht der rechte Augenblick war, und trottete schweigend hinter ihm her.

Sie gelangten zu einer weiteren Lichtung in der Nähe des Jochs Forcella del Pore. Über ihnen zog ein Habicht langsam seine Kreise und hielt nach Beute am Abhang Ausschau. Die Gewehrläufe funkelten in der Sonne.

Als sie sich umwandten, erblickten sie weit unter sich ganz klein Colle Santa Lucia.

Sie nahmen jeder einen weiteren Schluck aus der Feldflasche. Dabei trat Pietro auf Domenico zu und versetzte ihm einen warmherzigen Klaps auf die Schulter.

»Halt durch, mein Sohn, das härteste Stück haben wir hinter uns«, sagte er, während er sich mit dem Ärmel über den Mund wischte.

Domenico fuhr sich mit einer Hand durch das schwarze Haar und spürte, wie er vor Rührung errötete. Solch eine liebevolle Geste hatte er von seinem Vater seit wer weiß wie langer Zeit nicht mehr erfahren, und als er diese Stimme hörte, die im väterlich aufmunternden Ton zu ihm sprach, hätte er am liebsten geantwortet: »Gib mir noch einen Klaps, Papà. Und du wirst sehen, dann erwischen wir ihn garantiert, diesen Bären.«

Aber seine Zunge rührte sich nicht.

Wie ein Spürhund spähte Pietro in alle Richtungen. Er schnupperte an der Luft, untersuchte die mit Flechten überzogenen Stämme der Lärchen, schaute, wo Grasbüschel geknickt waren, und prüfte, ob sich auf dem Erdboden um sie herum Spuren von Pfoten oder tierische Ausscheidungen fanden.

Von hier aus bot sich ihnen ein atemberaubender Blick: Über dem tiefen Tal, aus dem sie heraufgestiegen waren, erhoben sich die Gipfel des Monte Pelmo und der Civetta. Direkt vor ihnen ragte der Monte Pore mit seiner verschneiten Spitze empor und weiter hinten die rosafarbenen, grauen und gelben Felsen der Averaugruppe, umspielt von rasch dahinziehenden Wolken, die die höchsten Gipfel krönten. Domenico setzte sich für ein paar Minuten auf den morschen Stamm einer umgestürzten Tanne, wohingegen Pietro sich ein wenig entfernte, um das Gelände genauer in Augenschein zu nehmen.

Dem Jungen taten die Füße weh, und so wie ihn einige Stellen an den Fersen und großen Zehen zwickten, war ihm klar, dass er sich bereits ein paar ordentliche Blasen gelaufen hatte.

Pietros Stimme drang hinter einigen Bäumen in vielleicht dreißig Metern Entfernung hervor.

»Komm, sieh dir das mal an!«, rief er.

Auf einen Stock gestützt, rappelte Domenico sich hoch, und obwohl sich seine Beine so hart wie Marmor anfühlten, rannte er neugierig hinüber.

»Ich glaube, *El Diàol* ist hier herumgestreift …«, fuhr Pietro fort.

»Woher weißt du das?«

»Siehst du es nicht?«

Erst jetzt entdeckte Domenico, dass zu den Füßen seines Vaters der halbe Kadaver eines einst stattlichen Hirsches lag. Offenbar war er auf Höhe des Hinterleibs entzweigerissen worden, und hier, direkt vor ihnen, befand sich nur der vordere Teil mit grausam zerfetztem und ausgeweidetem Bauch, während laut summende, dichte Schwärme von Schmeißfliegen aus dem Dunkel des Gerippes auf- und wieder eintauchten. Breite, mächtige Krallen mussten dem Hirsch das graue Fell vom Leib gezogen haben. Seine Augen waren im Ausdruck äußersten Entsetzens weit aufgerissen und von Ameisen und Fliegen bedeckt, und seine trockene Zunge hing ihm aus dem Maul.

»Nun weißt du es auch«, sagte Pietro leise.

Aber es war nicht nur dieser grauenhafte Anblick, der Domenico Schauer des Schreckens über den Rücken jagte. Es war auch dieser widerliche Gestank, wie ihn Domenico noch nie zuvor in seinem Leben in der Nase gehabt hatte. Der Geruch, der von dem Kadaver ausging, war so durchdringend und abstoßend, dass der Junge sich bald abwenden und entfernen musste, um sich nicht zu erbrechen. Er setzte sich wieder auf den morschen Baumstamm, atmete tief durch und betrachtete die verschneiten Gipfel der höchsten Berge, aber dieser Gestank wollte nicht weichen, hing ihm in den Nasenflügeln und schien sich für immer festgesetzt zu haben.

»Mach dir mal das Gesicht mit dem kalten Wasser nass. Du wirst sehen, das hilft«, sagte sein Vater, indem er ihm eine Feldflasche reichte.

Domenico befolgte seinen Rat und gab Acht, nicht zu viel Wasser zu vergeuden.

Beide zogen die dicken Jacken aus.

»Was du da gerade gesehen hast, ist sein Werk«, sagte Pietro, während er sich eine Zigarette drehte.

»Warum bist du dir da so sicher?«

Pietro zündete sich die Zigarette an und setzte sich neben ihn.

»Hast du genau hingesehen?«

»Ja … ich glaube schon.«

»Wölfe hätten die ganze Beute gefressen. Und kein Tier hat solch scharfe, breite Krallen.«

»Und warum kein anderer Bär?«

Sein Vater bedachte ihn mit einem spöttischen Blick

und sagte dann: »Weil es hier sonst keine Bären mehr gibt, Dummkopf. Der letzte Braunbär wurde 1931 erlegt, also vor über dreißig Jahren. Bringt man euch so was nicht in der Schule bei?«

Die Sonne stand mittlerweile schon hoch am Himmel, und ihre wärmenden Strahlen lagen angenehm auf der Haut. An diesen ersten Oktobertagen wurde es tagsüber noch recht warm, wobei die Temperatur nachts allerdings auf fast null Grad herabfiel.

»Und dann ist da noch was«, fügte er hinzu.

»Was denn, Papà?«

»Der Gestank.«

Schweigen. Pietro zog an seiner Zigarette, bevor er fortfuhr. »Dieser faulige Gestank, den du gerochen hast, kommt nicht von dem Kadaver. Die Hirschkuh ist gestern Abend gerissen worden, früher nicht.«

Domenico drehte sich zu ihm um. »Und was ist das dann für ein Geruch?«

Sein Vater setzte seinen Filzhut ab und fuhr sich mit einer Hand durchs Haar.

»Das ist *sein* Geruch. Der Geruch des Teufels, *El Diàol*. Präg dir seinen Höllengestank nur gut ein, mein Sohn, denn bald schon werden wir ihm gegenüberstehen.«

Er nahm einen letzten Zug, trat die Kippe im gelblichen Gras aus und deutete mit dem Kinn Richtung Wald, zum Zeichen an seinen Sohn, dass es Zeit wurde, sich wieder auf den Weg zu machen.

»Papà, was glaubst du, sind wir in Gefahr?«, fragte Domenico und fürchtete schon, dass sein Vater ihm die Frage übel nehmen würde.

»Noch nicht«, antwortete Pietro, während er aufstand und eine Augenbraue hochzog.

Domenico erhob sich ebenfalls und dachte, dass sie kaum einmal so lange miteinander geredet hatten wie jetzt gerade. Vielleicht hatten sie sogar ihren Rekord gebrochen. Seine Blasen schmerzten, seine Beine ebenso, aber wie nie zuvor fühlte er sich bereit, aufzubrechen und seinem Vater zu folgen.

Er wusste, was es hieß, wenn sein Vater eine Augenbraue hochzog: Etwas beunruhigte ihn, machte ihm Sorgen, vielleicht sogar Angst.

Sie tauchten wieder in den Wald ein und wanderten mit gleichmäßigen, langsamen Schritten. Der Morgen war fast vorüber, und die hohe Sonne sickerte in Strahlenbündeln, die wie weiße Zylinder aussahen, zwischen den Pinienwipfeln ein.

»So, gleich sind wir da«, sagte Pietro nach einer Weile, und es klang, als hätte er die ganze Zeit ein genaues Ziel im Kopf gehabt.

So hoch in den Bergen war Domenico noch nie gewesen, und obwohl dies seine Heimat war und er sein ganzes Leben am Fuße jener Wälder verbracht hatte, kam ihm das Gelände, das er jetzt mit seinem Vater durchstreifte, wie ein Labyrinth vor, geheimnisvoll und faszinierend wie in einem Fiebertraum.

Nicht lange, und den beiden zog wieder dieser entsetzliche Gestank in die Nase. Pietro schaute sich um und bemerkte, dass einige Baumstämme mit Gewalt aufgekratzt worden waren, und in den Rissen zwischen der zerfetzten

Rinde grau-braune Haare steckten, lang und dick, wie gemachtes Heu. Er ging in die Knie und zog eines der Gewehre aus dem Rucksack. So wie sein Vater es zur Hand nahm und vor sich hielt, wurde Domenico klar, dass die Waffe bereits geladen und schussbereit war. Ein Schauer lief ihm über den Rücken, vom Hintern bis hinauf zu den Schläfen. Er rechnete damit, dass jeden Moment ein großes Tier auf sie beide zustürmen würde. Aber nichts geschah. Endlich gingen sie weiter.

Irgendwann öffnete sich der Wald und wurde lichter, die Bäume rückten auseinander, und die Steigung wurde sanfter, bis das Gelände schließlich fast flach war und viel trockener, mit kargem, ausgedünntem Unterholz und einem mit Piniennadeln übersäten Waldboden.

Wenige Minuten später erblickten sie, noch ein wenig entfernt, zwischen Rottannen verborgen, eine kleine Berghütte, und kurz darauf hörten sie das schwache Plätschern eines Baches.

»Da wären wir!«, rief Pietro aus.

Als sie davor standen, erkannte Domenico die Hütte als das, was sie tatsächlich war: eine alte, verfallene Baracke, deren Wände nur wie durch ein Wunder noch senkrecht standen.

»Hier bleiben wir bis morgen früh«, sagte Pietro und trat gegen die Tür, die sich quietschend öffnete.

Kaum hatte Domenico diese Worte gehört, streifte er sich den Rucksack von den Schultern und ließ sich erschöpft zu Boden fallen. Tatsächlich war er ungeheuer erleichtert, dass sie bis zum nächsten Tag hier bleiben würden. Er war am Ende, kraftlos, sein Herz raste und seine Füße brannten, als wimmelten in seinem Schuhwerk rote Ameisen, die ihn bei jedem Schritt in die Haut bissen. Er zog die Bergschuhe aus und auch die schweißgetränkten Wollstrümpfe und ließ die Füße ins kalte Bachwasser gleiten. Währenddessen zündete sein Vater die Petroleumlampe an, die er mitgebracht hatte, und betrat die Hütte, deren Boden mit Stroh bedeckt war. Er lud alles ab und verteilte, was sie dabei hatten, bevor er sich wieder ins Tageslicht begab und zum Bach ging, um sich zu erfrischen und die Feldflaschen aufzufüllen.

Als Domenico in die Hütte kam, zitterte er immer noch, und kaum hatte er sich auf dem Stroh niedergelegt, schlief er schon, tief und fest, wie ein kleiner Junge.

Wir gingen

Mein Bruder wurde in Lackschuhen von den Onkeln und der Tante zum Zug gebracht, mit dem wir wegfuhren, und in diesen schwarzen Lackschuhen, die er immer an den Füßen der eleganten Kurgäste bewundert hatte, fror er, als wir über die Grenze, über den Brenner-paß, »heim ins Reich« gebracht wurden.

Wir waren die Kinder eines ehemaligen Hotelhausmei-sters, also Hotelschuhputzers und später dann entlassenen Hilfskurgärtners.

Wir waren die Dummen, die glaubten, das Richtige zu machen, weil die meisten um uns herum im Lande so re-deten. Und aus einigen von diesen wurden später auch gut funktionierende Henker oder vaterlandsliebende Mörder.

Ich höre meinen Vater schreien: Ich hab einen Bock ge-schossen! Ich weiß nicht, warum dieser Satz in meinem Kopf zurückblieb, einer von den wenigen Sätzen meines Vaters, an die ich mich erinnere. Ich höre meinen Vater auf-schreien und höre diesen Satz und sehe eine braune Kom-mode mit Schubladen, sehe meinen Vater und dieses Mö-belstück, das nichts mit diesem Satz zu tun haben konnte, sehe keine Zimmerwand und keinen anderen Gegenstand, sehe auch keine andere Person, obwohl wahrscheinlich andere Personen – meine Mutter, meine Geschwister – Vaters Publikum gewesen sein müssen, denn mir Vierjährigem wird er diesen Satz nicht entgegengebrüllt haben, und ich kann mich nur an diese gebrüllten Worte erinnern, an keine Gesichter, nicht an das Gesicht einer Schwester oder des Bruders, nicht an das Gesicht meiner Mutter, auch an keinen anderen Satz, der von meinem Vater oder jemand anderem noch gesagt worden wäre. Ich hab einen Bock geschossen: Diesen Satz trug ich mit mir durch das Leben, ohne mich die längste Zeit nach seinem Sinn zu fragen. Er beschwerte mich nicht, dieser Satz, eigenartigerweise vergaß ich ihn aber auch nicht. Irgendeinmal als Erwachsener verstand ich ihn, ging mir der Sinn dieses Satzes auf, mein Vater war ja nie ein Jäger gewesen, und wenn er einen Bock geschossen hatte, so meinte er damit einen schweren Irrtum, der ihm passiert war, in den er mit uns hineingerannt war: die Option für Deutschland.

Mein Bruder erzählte mir Jahrzehnte später, wie sehr der Vater diese Entscheidung bereut habe, wie groß die Enttäuschung gewesen sei, wie unglücklich der Vater und die Mutter in der Fremde, in der damaligen Ostmark des Reiches, in Graz gewesen seien.

Ich habe immer geglaubt, eine schöne Kindheit gehabt zu haben. Bevor mir einer der vielen Bombenangriffe einfällt, erinnere ich mich der verstaubten Brennesseln am Flußufer der Mur, die den Sommer heiß und alt machten. Nie gingen wir in diesen Fluß baden, das kalte Wasser schoß dahin und erschien uns schwarz und unergründlich tief, auch konnten wir nicht schwimmen, aber die Steine waren groß und glatt, und dazwischen lag kiesiger Sand, das Wasser kam von irgendwoher und floß irgendwohin; zum Fluß gehen war wie zum Bahnhof gehen und den abfahrenden Zügen nachsehen. Im Sommer waren wir immer barfuß unterwegs. Ich war nicht unglücklich, ich war ein Kind, ich war bewußtlos glücklich in Graz, fühlte mich wohl in der Fremde, die für mich zur Heimat wurde, ich wußte mit vier Jahren nichts von der Option, es ist mir, als hätte ich dieses Wort als Kind nie gehört, obwohl ich mir heute sage, daß zu Hause immer davon geredet worden sein muß, in Meran vor und nach der Abstimmung und in Graz während und nach dem Krieg.

Ich habe unter der Option nicht gelitten, vielleicht unter den Folgen, von denen ich als Kind nicht wissen konnte, daß sie Folgen einer politischen Entscheidung meines Vaters waren. Wir waren unerwünscht, sagte mir später mein Bruder, in Graz waren wir Eindringlinge. Wir waren Verräter, sagte mein Bruder, für die steirischen Patrioten waren wir Verräter, weil wir die Heimat verlassen hatten, weil wir deutsche Erde den Italienern überlassen hatten, und jetzt nahmen wir den steirischen Heimatbesitzern Arbeitsplätze weg und Wohnungen, wir wurden Katzelmacher, Spaghettifresser.

Ich verlor meine Freunde, erinnerte sich mein Bruder, der noch nicht fünfzehn war, als wir ins Dritte Reich auswanderten; alle seine Freunde habe er in Meran zurücklassen müssen, auch seine Lehrstelle, auf die er nur zehn Monate hatte stolz sein können, obwohl er ganz am Anfang vielleicht sogar ein wenig begeistert gewesen sei von der Aussicht, reisen zu können, in eine fremde Gegend unter ganz andere Menschen zu kommen, ganz anderes als bisher erleben zu können, und versprochen sei ja vieles geworden, das Blaue vom Himmel, das Paradies, aber zuletzt hätte er nichts mehr davon haben mögen und nur daheim bleiben wollen bei den Freunden in Meran, so daß ihn die Onkeln und die Tante zum Bahnhof hätten bringen müssen, sozusagen eskortieren, kurz vor der Abfahrt hätten sie, die nicht deutsch, sondern italienisch optiert hatten, ihn dem Vater auf dem Bahnsteig übergeben.

Ich kann mich nicht erinnern, jemals in Graz das Wort *Heimatverräter* gehört zu haben, vielleicht einmal *Katzelmacher* im Streit, wenn wir, meine Freunde und ich, uns rauften, vielleicht dann: *Katzelmacher*, so wie ich sie *Mostschädel* nannte, frei nach dem damals beliebtesten steirischen Getränk, dem vergärten Apfelmost. Immer hatte ich Freunde, nur in meiner Geburtsheimat fehlte ich, als heranwachsendes Kind, und so habe ich heute eine Heimat ohne Kindheitsfreunde, aber eine Heimat ohne Kindheitsfreunde ist eine halbe Fremdheit. Die längste Zeit meines Lebens habe ich das nicht bedacht, wußte ich nicht, wie wichtig Kindheitsfreunde sein können. Ich gewann Freunde in der Fremde, und deshalb träume ich noch heute von diesem Niemandsland, von dort, wohin ich glaubte zu gehören, wo meine Freunde herstammten, und lange merkte ich nicht, daß ich nicht dorthin gehörte, wohin meine Spielkameraden selbstverständlich hingehörten, und da wir nach dem Krieg wieder zurückzogen in die frühere Heimat, die für mich etwas Unbekanntes war, verlor ich auch meine Kindheitsfreunde aus der Fremde. Ich weiß heute nicht einen einzigen ihrer Familiennamen, ich erinnere nur einzelne Vornamen und Kindergesichter, und ihre Kindergesichter gibt es nicht mehr, ich könnte keinen Freund aus meiner Kindheit wiedererkennen, vielleicht bin ich an einem schon vorbeigegangen.

Als mein Vater auf dem Meraner Bahnhof stand, um mit uns wegzufahren für immer, trug er den Mantel seines Bruders, eines Priesters, einen schwarzen Mantel mit einem Samtkragen, ich erinnere mich nicht daran, aber mein Bruder beteuerte später, daß es der gleiche Mantel gewesen sei, den ich gekannt hätte, solange Vater lebte, Vaters Sonntagsmantel, damals auf dem Meraner Bahnhof war ich erst vier. Ich weiß davon fast nichts mehr, ich sehe weder mich noch meine Mutter und auch meinen Vater nicht auf dem Meraner Bahnhof stehen, und niemand weint und niemand schreit auf mich ein, niemand streichelt mich, ich sehe mich selbst nicht; mein Bruder erzählte mir später, ich hätte an diesem Jännermorgen kurze Hosen getragen und Wollstrümpfe, er mit seinen vierzehn Jahren aber lange Hosen, erdbraune Lodenhosen, von der Tante genäht, und Mama habe schon damals den knöchellangen Wollmantel gehabt mit den milchhellen Karos und den kakaobraunen Streifen, in dem sie wenige Jahre darauf mit uns in die Luftschutzkeller geflüchtet war.

Keine Aufregung in meiner Erinnerung, überhaupt nichts von einem Bahnhof, kein hin und her laufender Vater, keine Nervosität, keine Fragen, wo mein Bruder geblieben sei. Vielleicht hat mein Bruder seine Erinnerung verschönert, vielleicht hatte ihn die Aufregung nur innerlich geschüttelt, und er stand am Bahnhof zwischen Onkeln und Tante reiselustig lächelnd oder vor Kälte und Abenteuerangst bebend, und unsere Verwandten beneideten uns möglicherweise um das Neue, um die Fremde, um das versprochene Paradies, in das wir fuhren, ich weiß es nicht.

Ich fragte meinen Bruder Jahrzehnte später: Warum hast

du dich nicht in ein Klo eingesperrt? Wenn du nicht weg-
fahren wolltest von deinen Freunden?

Ich hätte mir meinen Bruder gerne hinter einer Bretterwand hockend vorgestellt, zusammengekrümmt, ein Bün-
del Widerstand, wutkauend. Aber er erinnerte sich an kein
Klo, an keine Wand, hinter der er sich versteckt hätte.

Ich wünschte mir, er hätte mir von den grauen Holzfasern der Bretterwand erzählen können, auf die er in der
Dunkelheit seines Verstecks gestarrt habe. Doch er hatte
sich vor nichts in Sicherheit gebracht, er wußte nichts von
grauen Holzfasern einer Bretterwand.

Wir waren besitzlose Leute, wir fuhren ohne Möbel,
wir hatten alles, was wir mitnahmen, in einigen Kisten und
Schachteln verpackt, sagte mein Bruder. Wahrscheinlich fiel
es meinem Vater nicht leicht, vor der Abreise die Möbel zu
zerhacken, die er zur Hochzeit gekauft hatte, die Schränke
und Bettgestelle, die wir von Anfang an gehabt hatten. Ich
glaube, daß uns niemand auf dem Meraner Bahnhof in den
Zug gestoßen hat, höchstens mich, vielleicht hat mich, der
ich der Kleinste und Jüngste war, meine Mutter oder mein
Vater über die Eisentreppe hinaufgehoben, oder vielleicht
war ich im Gegenteil erpicht darauf, mit eigener Kraft den
Zug zu erklimmen. Meine Mutter muß damals den Mantel schon stark gebauscht gehabt haben, einen gewölbten
Bauch; wenn ich zurückrechne, war sie im sechsten Monat
mit meiner jüngsten Schwester schwanger.

Warum aber fuhren wir überhaupt weg von dieser Geburtsheimat, warum flüchteten wir aus einem Land, wohin
schon seit Jahrzehnten die Fremden aus aller Welt zu ihrem
Vergnügen hinreisten?

Ich habe zu spät zu fragen angefangen, ich habe nicht mehr viel erfahren können; als ich zu fragen anfing, lebten sie alle nicht mehr, die ich hätte fragen wollen. Ich konnte nur mehr meinen Bruder fragen, meinen Bruder als vage Wissenden, ich als einer, der bis dahin nichts von seiner Vergangenheit und seinem Herkommen hatte wissen wollen. Ich habe gefragt und mir erzählen lassen, denn nur weniges, Unwichtiges, war mir selbst im Gedächtnis geblieben aus Meran: aufgeschichtete Holzscheite an der Hausmauer, ein Brunnentrog, wo ich meiner Mutter und meiner ältesten Schwester beim Wäschewaschen zuschaute, die Finsternis des Hausganges, von wo ich einmal in der Nacht Schreie hörte ...

Aber auch mein Bruder hatte sich erst allmählich daran gewöhnen können, gefragt zu werden von mir, dem viel Jüngeren, er war in seinen Antworten immer zögernd wie ein Aufgeschreckter, so wie ich in meinen Fragen mich nur vorzutasten wagte, um ihn und mich nicht zu verletzen, wir stammelten uns in eine Art unnötige Lebensrechtfertigung hinein, trotzdem war es bei vielen Fragen so, als wäre ich ein Ankläger, ich, und mein Bruder verteidigte, ich weiß nicht was, vielleicht die Familienehre oder den Respekt vor unseren Eltern, oder den Selbstrespekt, obwohl: Was hätte es zu verteidigen gegeben?

Weißt du irgend etwas ... darüber? Weißt du irgend etwas ... davon? Immer wieder setzte ich so mein Fragen an. Ich wollte plötzlich alles wissen, bedrängte meinen Bruder, wollte ihn geradezu zwingen, mir alles zu sagen, was er unmöglich wissen konnte. Und ich erfuhr fast nichts, erfuhr kaum das, was ich wissen wollte, ich erfuhr keine

Empörung, erfuhr nichts von einer Katastrophe, die diese Option doch, nachlesbar in den Geschichtsbüchern, gewesen ist. Haben sie gelitten? habe ich gefragt, haben sie sich gewehrt? oder kam das alles über Nacht und war aufregend für dich, Bruder, ein Kindheitsabenteuer?

Mein Vater war österreichischer Kaiserschütze gewesen, drei Jahre lang im Dolomitenkrieg gegen die Italiener. Zuvor hatte er in der Stube seines Vaters, eines Schneiders, wie sechs andere seiner Geschwister, Stoffe zugeschnitten und genäht, als Lehrling, um einmal Trachtenschneider zu werden, Schneider von Tiroler Heimatanzügen, spezialisiert auf die Heimatuniform der Meraner Gegend. Aber nach dem Krieg, dem Ersten, war er zu alt, um die Lehre abzuschließen, und außerdem hatte die Stube seines Vaters im letzten Stock eines Mietshauses weder Platz noch Arbeit für mehr als zwei Schneider, und da waren schon zwei Geschwister an der Nähmaschine und am Bügeltisch.

Wer nicht selbst Haus oder Hof oder ein Geschäft hatte, mußte einen Dienstplatz finden. Damals florierte Meran als Weltkurort. Und wir, die anderswo zu dieser Zeit in Fabriken gesteckt worden wären oder unter die Erde zu irgendeinem Bergabbau, wir wurden Hausmeister oder Zimmermädel oder Küchenpersonal.

Damals, erzählte mein Bruder, damals sei es uns gut gegangen. Wir wohnten über dem Bahnhofsrestaurant von Algund, wo nur die langsamsten Lokalzüge hielten, am Rande von Meran, damals, sagte mein Bruder, verdiente unser Vater gut. Er hielt sogar in gebastelten und in gekauften Käfigen bis zu dreißig Vögel, die meisten selbst gefangen, auf Leimruten, aber er verkaufte sie nicht, meine

Mutter hatte die Küche voller Vogelbauer, die sie alle reinigen und mit Futter und Wasser versorgen mußte, wenn mein Vater in irgendeinem Hotel die Schuhe der Gäste glänzte oder einen Speisesaal bohnerte. Er sammelte die Vögel, sagte mein Bruder, wie andere Briefmarken, nur mit dem Unterschied, daß er sie alle mit Namen anredete und ihnen alles, was er von ihnen wußte und manchmal auch einiges von sich selbst, ununterbrochen vorsprach, doch im Frühling, wenn er sich auf die Sommersaison in einem Berghotel vorbereitete, ließ er sie an irgendeinem Morgen, den meine Mutter nie hätte voraussagen können, frei, er trug, erzählte mein Bruder, die Vogelkäfige zur Balkontür hinaus und öffnete die kleinen Gittertüren und ließ auch das äußerst seltene Blaukehlchen frei, für das er Monate zuvor einen ganzen freien Tag und sogar eine Nacht in einem Strauchwald kauernd verbracht hatte.

Meinem Vater hatten drei Monate zur Volljährigkeit gefehlt, als er meine Mutter aus der Küche des Hotels heiratete, wo er Laufbursche oder Hausmeister war. Er mußte die amtliche Erlaubnis einholen beim italienischen Gemeindesekretär, den Zettel mit dem sogenannten *permesso*; meine Mutter war um ein Jahr jünger, auch sie brauchte den Ausnahmeschein. Als meine Eltern heirateten, war es Mai, der dritte Mai, eine Woche zuvor waren ein paar Lastwagen mit Faschisten nach Bozen geschickt worden, und die Schwarzhemden hatten mit Handgranaten und Revolvern einen Trachtenzug überfallen und ein Blutbad unter diesen tirolerisch gekleideten Männern, Frauen und Kindern angerichtet, ein halbes Hundert Verletzte lagen am Boden und ein toter Lehrer namens Franz Innerhofer.

Der Vater habe bestimmt darunter gelitten, meinte mein Bruder, daß sich die Italiener wie Sieger aufführten, er, der als noch kaum Erwachsener an der Dolomitenfront im Ersten Weltkrieg gekämpft hatte bis zum Waffenstillstand, und gewiß habe ihn geärgert, daß die Italiener, die während des Krieges keinen Kilometer Tiroler Bodens eroberten, sich nach dem Waffenstillstand als Helden gebärdet hätten, nachdem sie ohne einen Schuß der Gegenwehr bis nach Bozen, ja über den Brenner bis nach Innsbruck marschiert wären, darüber habe sich der Vater noch lange aufregen können. Und vielleicht habe er deshalb auch in den ersten Jahren nach dem Krieg mit Gleichgesinnten das eine und andere unternommen, aber sicher nur bis zur Heirat, und nicht mehr danach; solange er ohne Familie gelebt habe, sei der Vater wahrscheinlich, sagte mein Bruder, dafür zu haben gewesen, sich zu wehren gegen »die von unten«, die Italiener.

Er hatte immer gut verdient als Hausmeister, sagte mein Bruder, aber je mehr die Faschisten die Macht und damit die Leute in den Griff bekamen, desto mehr verlor Meran und das ganze Land an Reiz für die Luftkurgäste aus dem Ausland, und immer mehr Hotels mußten schließen, und der Vater wurde arbeitslos. In die Fabriken, die der Duce auf die niedergewalzten Obst- und Weinäcker hinsetzen ließ, zogen die »Walschen«, die Italiener, ein, aus dem Veneto, aus Ligurien, vom südlichsten Stiefelabsatz wurden sie heraufgelockt und kamen immer noch an und nahmen die Heimat weg. Die Faschisten sprachen nur italienisch, also waren die Italiener und die Faschisten ein und dasselbe, sie zerstörten mit den Fabriken den Heimatboden, und sie verboten die deutsche Sprache, es war strafbar, öffentlich deutsch zu sprechen, es gab keine deutschen Schulen mehr, meine Eltern redeten mit meinen Geschwistern und später natürlich auch mit mir, hinter den eigenen vier Wänden, deutsch, im Haus, in der Küche, im Schlafzimmer sprachen wir deutsch, aber auf der Straße durfte uns niemand dabei erwischen, durfte kein Faschist uns deutsch reden hören, dabei hätten wir gar nicht italienisch sprechen können, ja, ein wenig radebrechend, ein Kauderwelsch brachten meine Mutter und mein Vater zuwege, und auch meine älteren Geschwister, doch untereinander so komisch zu reden, hätte uns ununterbrochen zum Lachen gereizt. Und es gab nur die italienische Sprache, in der mein Bruder und meine älteste Schwester schreiben und lesen lernen konnten, es gab nur die Schule der Faschisten, öffentlich und staatsverordnet, aber geheim gab es freilich noch eine Art Katakombenschule, das war das Deutsch der Religionsstunden im Pfarrhaus, dort versammelten sich die Kinder und lernten Gott auf deutsch suchen und die Lebensregeln eines Christen auf deutsch, und das war: wie denkt ein Tiroler, wenn er fühlt. Und: wie spricht er das aus. Das lernte er in einer Kindergartensprache, in der illegalen Sprache von oft deutschnational gesteuerten Eiferern, aber auch von sogenannten heimatbewußten Idealisten.

Die Bauern hatten ihre Arbeit, und die Handwerker hatten ihre Arbeit, und die Geschäftsleute hatten ihr Geschäft, aber die deutschen Arbeiter und die kleinen Angestellten waren arbeitslos, denn in den Fabriken kommandierten die Faschisten und in den öffentlichen Ämtern erst recht, jede öffentliche Stelle wurde von den Faschisten vergeben, sei es bei der Post oder bei der Bahn oder bei der Müllabfuhr.

Und so fragte unser Vater seinen Bruder, den Ordenspriester, um Rat, und er, der einstige österreichische Kaiserschütze, ließ sich überreden, wurde Parteimitglied der Faschisten und bekam ein schwarzes Hemd und wohl auch Stiefel, aber getragen, sagte mein Bruder, hat er die Uniform nie, die habe er in den Kleiderkasten gehängt, und dort sei sie geblieben.

Ich bin in einer brotarmen Zeit geboren, mein Vater war arbeitslos, als er mich zeugte, er ging betteln, jahrelang war mein Vater rund um Meran von Bauernhof zu Bauernhof betteln gegangen, man weiß ja, wie viele Stunden ein Tag hat und wie viele Tage ein Jahr, er war für uns Kinder betteln gegangen, durch die Obstwiesen und die Rebenhänge hinauf, dort, wo seine Kurgäste einmal herumspaziert waren. Er ging, sagte mein Bruder, immer allein, er nahm keines der Kinder mit, vielleicht nahm er keines mit, weil er uns etwas ersparen wollte. Er zog mit unserem Hund, einem kleinen weißen Bastard von Spitz herum, einmal oder zweimal, erzählte mein Bruder, hat ihn der Vater auch gegen ein Stück Speck eingetauscht, aber Titti, so hieß der Hund, fand jedesmal den Weg zu uns zurück. Mein Vater verstand zu lachen, ich habe ihn oft vor sich hin lachen gehört, mit der Faust vor dem Gesicht.

Sie haben gelitten, niemand hat sie damals danach gefragt, es war wohl auch das, was sie, wie nichts anderes, gewohnt waren: die Köpfe einziehen, und wenn sie unter sich waren, hoben sie wieder die Köpfe, und vielleicht waren sie auch stolz voreinander, und bestimmt hatten sie es nicht leicht, sich in die Arme zu fallen.

Mit dem Parteiausweis der Faschisten bekam mein Vater

eine Stelle als Hilfsgärtner der Stadtgärtnerei, und nach drei Jahren Arbeitslosigkeit, Bettelei und Herumstehen wurde ihm wieder regelmäßig ein Wochenlohn ausgezahlt. Er reinigte nicht nur die Parkanlagen, er pflanzte auch die Mussolini-Pappeln links und rechts der neuen Straßen im Kasernenviertel und rings um den Pferderennplatz.

Der Vater war kein Nazi und schon gar nicht ein Faschist, sagte mein Bruder, aber wir waren damals vier Kinder zu Hause, und es gab für ihn nur Arbeit mit einem Parteibuch, und sein Bruder, der Priester, hatte ihm geraten, er solle den Kopf ein wenig niedriger tragen. Mein Vater war kompromißbereit, er wurde ein Mitläufer und ich zum Sohn eines Mitläufers.

Früher aber noch als mein Vater, ein oder zwei Jahre früher, sind mein Bruder und meine älteste Schwester in eine Parteiorganisation des Duce eingetreten. Sie wurden *Balilla*, Mitglieder der faschistischen Jugend, und mein Bruder paradierte in der Turnstunde und bei Feiern mit geschultertem Gewehr.

Einem richtigen Gewehr? fragte ich fünfzig Jahre später.

Ja, mit einem richtigen, so gemacht, daß Kinder es tragen konnten.

Hat man damit schießen können?

Ja, aber wir haben nie geschossen, wir sind damit nur herummarschiert, und nach dem Aufmarsch haben wir es abgegeben im *Balilla*-Haus.

Aber warum war mein Bruder mit einem Gewehr der Faschisten durch die Straßen paradiert?

Die Lebensmittelgeschäfte, der Bäcker, der Milchladen, sie alle hatten ihre Namensschilder wechseln müssen, plötzlich hieß es nicht mehr *Gemischtwaren*, sondern *Alimentari* und *Pane e latte*. Doch daheim redeten wir alle wie eh und je im Tiroler Dialekt über die Italiener als die Fremden, ohne Abneigung, wenn auch ohne Zuneigung. Obwohl arm, sagte mein Bruder, waren wir von hier, die Italiener aber nicht.

Warum und wie er trotzdem unter die faschistischen *Balilla* geraten sei? Das habe mit der Arbeitslosigkeit des Vaters zu tun gehabt, sagte mein Bruder, und ich fragte verwundert: wieso das?

Mit elf Jahren sei er eingetreten, da habe sich der Vater noch nicht soweit erniedrigen können, sei den Faschisten aus dem Weg gegangen, sei noch mit dem Kopf aufrecht betteln gegangen, aber er habe nichts dagegen gehabt, daß sie, die ältere Schwester und er, in der Schule auf Anraten der Lehrerin *Balilla* geworden seien, wie die meisten anderen auch oder auf jeden Fall wie alle armen Schlucker der Schule.

Was war das für eine Lehrerin?

Wir haben eine Italienischlehrerin gehabt für alles, sagte mein Bruder.

Und die sei nett zu ihnen gewesen, denn bei den *Balilla* zu sein, habe für sie, die Schwester und ihn und schließlich für die ganze Familie bedeutet, daß die Schulhefte, überhaupt alles Schreibzeug gratis geliefert worden seien, und darüber hinaus: Hosenstoff, ein Hemd, Kleider, Wäsche, ein Paar Schuhe, und daß es die *Befana* gegeben hätte, also die Weihnachtsbescherung auf Staatskosten. Wenn ein *Balilla* in Not gewesen sei, d. h. auch seine Familie, sei er zur Lehrerin, zur italienischen, gegangen, und die habe hinter dem Klassenpult einige Zeilen auf ein Papier gekritzelt, und damit habe man im Amt – ob Gemeindeamt oder Parteilokal, wisse er nicht mehr – einen Gutschein einlösen können, einen *Bono*, und damit hast du in ein Geschäft gehen und zum Beispiel ein Paar Schuhe kaufen können. Ich kann dir, erinnerte sich mein Bruder, noch heute das Geschäft zeigen, wo ich mir ein Paar Schuhe habe aussuchen dürfen, und ich weiß noch, wieviel sie gekostet hätten: Zwanzig Lire, aber mit dem Gutschein gar nichts.

An zwei, manchmal an drei Abenden in der Woche, gingen auch mein Bruder und meine ältere Schwester ins Pfarrhaus, um die zehn Gebote auf deutsch schreiben zu lernen. Doch so wichtig war das ja nicht in einer Arbeiterfamilie, wo es wichtiger war, daß man heimkam, hinter die Tür trat, denn erst hinter der Tür begann die wirkliche Heimat: ausruhen, von keinem Capo angeschrieen werden, und endlich vertraut sein, und auch zu essen gab es immer etwas: Polenta mit Käse oder Milch, Schmarren mit Apfelmus, Milchreis, Buchweizenmus oder Erdäpfel mit saurer Milch.

Sogar die deutschen Grabinschriften wurden auf den Friedhöfen verboten, aber davon habe er nicht viel bemerkt, sagte mein Bruder, hingegen seien in seiner Schulklasse etliche italienische Arbeiterkinder gewesen, und mit denen hätte er nie Probleme gehabt, sagte er. Einige von ihnen konnten wie wir auch nie zum Maiausflug mitfahren, da mußte man Geld haben, wir blieben in der Schule, und das wurde immer ein Tag, an dem wir unter uns waren, erinnerte er sich, es passierte nicht viel, aber es war ganz anders als sonst, schöner.

Ungefähr zu dieser Zeit hatte der Abessinienkrieg begonnen, Mussolini wollte das Römerreich wieder erstehen lassen, von Afrika bis in den Norden der Alpen. Und jeder Meter eroberter Wüstensand wurde von den Faschisten auch in Südtirol an allen Plakatwänden gefeiert. Gleichzeitig feierte Hitlers Deutschland seine ersten großen Erfolge, Österreich war angeschlossen, die Saar und das Sudetenland heimgeholt, die Wirtschaft blühte auf.

Im Sommer, bevor Hitler in Polen einfiel und der Zweite Weltkrieg begann, lief bei uns die Options-Propaganda an. Viele trugen nun weiße Kniestrümpfe, ihre »Stutzen«, die meisten arbeiteten und aßen und legten sich zu Bett, die meisten fühlten sich gedemütigt und von Fremden unterdrückt, kaum einer wollte Stiefel anziehen.

Und eines Tages, oder es war wohl am Abend nach der Arbeit, kam Vater, fragte ich meinen Bruder, bei der Tür herein und sagte, daß dieses Südtirol auf die Krim oder in die Tatra, nach Polen oder ins französische Burgund versetzt wird? War das aus heiterem Himmel oder über Nacht verkündet worden? Dieses Abstimmen, ob deutsch oder italienisch? Daß die Bäume abgezählt wurden, daß die Hügel abgezählt wurden, daß man ein ganzes Land austauschen wollte, die Heimat mit abgezählten Bäumen in die Fremde versetzen? War das über Nacht gekommen?

Der Vater habe wenig geredet, sagte mein Bruder, du weißt selbst, wie wenig er geredet hat.

Also, die Tür zu unserer Parterrewohnung in Meran ist nicht aufgeflogen, und im Türrahmen stand nicht unser Vater mit hochgehobenen Armen und schrie: wir sind verkauft! Auch nicht: wir sind verraten! Auch nicht: hurra, wir gehen weg!

Einige wenige im Lande hatten es jäh genug erfahren, was zwischen Berlin und Rom ausgehandelt worden war, einige Monate bevor der Zweite Weltkrieg begann, einige sogenannte Führende Köpfe wußten, was wir nicht wußten. Leute, die in Parterrewohnungen ohne Bretterboden schliefen wie wir, wurden von den Propagandisten der Nazis und der Faschisten aufgeklärt, eingeseift, auf den Leim gelegt. Da hieß es nicht: Abwandern oder Dableiben.

Da hieß es nicht: Wenn du deutsch bleiben willst, ein Tiroler, mußt du gehen, und wenn du italienisch wählst, kannst du daheim bleiben.

Es hieß nicht: Die Heimat bewahren und deshalb für Italien wählen, auf dessen Staatsgebiet die Heimat nun gerade lag. Es hieß nicht: Daheim bleiben in Italien oder die Heimat verraten, sie verlassen, und also fürs deutsche Großreich wählen.

Es hieß nicht, wie es hätte heißen sollen: Die Heimat behalten und deshalb italienisch optieren mit einem weißen Zettel, oder die Heimat verlassen, sie verraten und deutsch optieren mit einem orangenen Zettel.

Nein, es hieß: Deutsch bleiben oder Italiener werden.

Und so wurde es an Ecken und Enden von den Nazis und ihren Helfern in die Köpfe gehämmert. Es waren nicht viele, die dem widerstehen konnten, und jene, die es konnten, wurden mit Jauche übergossen, wurden als Verräter beschimpft, als Walsche, den Bauern, die den Ort, wo ihre Vorfahren auf dem Friedhof lagen, nicht im Stich lassen wollten, wurden die Haustüren mit Scheiße beschmiert, wurden die Fenster eingeschlagen, die Hunde vergiftet. Und viele Heustadel brannten ab.

Was kapierte mein Vater von diesem ganzen Handel, von dieser Großmacht-Paktelei zwischen Hitler und Mussolini: Ich, Hitler, hole die Leute aus dem Land an die Front und in die Fabriken, und du, mein Kriegsfreund Mussolini, kannst dafür Südtirol für immer behalten – was kapierte mein Vater davon? Konnte er das durchschauen?

Das bleiben, was er war – oder ein Fremder werden, ein Italiener, ich glaube, das war die Wahl, wie er sie verstand: Deutsch bleiben oder Italiener werden? Diese Frage, diese Wahl war schon das Fremdsein.

Fast alle, sagte mein Bruder, haben deutsch optiert, um klarzumachen, was man sein oder bleiben wollte. So haben die Propagandisten ja auch geredet: Zeigt der ganzen Welt, was ihr sein wollt! Und alle glaubten, daß der Führer dann verstehen werde, was er zu tun habe: dieses Südtirol nicht zu verkaufen.

Der Vater hatte also nicht gezaudert, nie gezweifelt, wie oder für was er sich entscheiden sollte? fragte ich.

Nein, sagte mein Bruder, fast erstaunt über meine Frage, denn deutsch optiert hätten fast alle, zu achtzig oder mehr Prozent, aber nicht, weil sie das Land hätten verlassen wollen, sondern um unmißverständlich zu machen, daß wir nicht Italiener sind.

Du sprichst in der Mehrzahl, sagst »wir«, damals warst du noch nicht fünfzehn.

Mit einem Vierzehnjährigen hat man damals nicht diskutiert, ich hatte kein Recht, ja oder nein zu sagen, selbstverständlich habe ich mich deutsch gefühlt, aber für mich war es schwer, meine Freunde zu verlieren und irgendwohin wegzugehen, entschieden hat nur der Vater.

Und mein Vater, der die Faschistenuniform im Kleiderschrank hängen hatte, war also ohne Zögern zum Abstimmungslokal gegangen und hatte den orangenen Zettel für das Deutschsein abgegeben. Er glaube, sagte mein Bruder, unser Vater habe das im Bewußtsein gemacht, daß wir damit befreit würden. Von was? fragte ich.

Von einer Unterdrückung, von einer Erniedrigung, sagte mein Bruder, oder wie man das nennen soll, von einer Knechtschaft, von den Italienern.

Und daß man deswegen auswandern mußte, weggehen von der Heimat?

Beim Abstimmen, beim Optieren hat man nicht daran gedacht, sagte mein Bruder, auf jeden Fall nicht in erster Linie daran gedacht. Das mit dem Auswandern sei erst danach wichtig geworden.

Nach der Option wurde mein Vater als Hilfskurgärtner entlassen, von der italienischen Stadtverwaltung. Der Vater habe das schon vor der Abstimmung gewußt, sagte mein Bruder. Die Verwandten, Vaters Geschwister und deren Mutter, unsere Großmutter, hätten sich länger Zeit gelassen mit der Abgabe ihres Optionszettels, von September bis Jahresende sei ganz Südtirol wie an die Wand gestellt gewesen: so oder so! Aber zunächst hätten sie, unsere Verwandten, alle deutsch optiert, und erst im letzten noch möglichen Moment um-optiert, also ihre erste Wahl rückgängig gemacht. Das konnte man, war von oben in diesem Pakt zwischen Berlin und Rom vereinbart, und als der Vater nach seiner Option für Deutschland von den Italienern auf die Straße gesetzt wurde, beschlossen die Unverheirateten unter seinen Geschwistern, die deutsche Option rückgängig zu machen und italienisch zu wählen. Vaters Mutter sei ja sehr schwach und gehbehindert gewesen, und inzwischen seien die ersten Transporte schon abgegangen ins Reich, und irgendwie, sagte mein Bruder, habe man doch mitgekriegt, daß die bettlägerigen, älteren Menschen »draußen« keine Zukunft gehabt hätten, die Alten und die Krüppel, die haben sie, sagte mein Bruder, schnell einmal mit Injektionen behandelt, und aus. Daher habe ein lediger Onkel, einer von Vaters Brüdern, sogar den Familiennamen abändern lassen, um zwei Buchstaben, die zwei Buchstaben am Namensende, ein Buchstabe sei überhaupt verschwunden, und aus dem anderen, einem »r«, sei ein »i« geworden. Und damit habe er, der Onkel, seinen Arbeitsplatz bei der Kurverwaltung behalten können. Unser Vater sei hingegen wieder arbeitslos gewesen, und da er deutsch optiert hatte, war nun das Dritte Reich zuständig für die Arbeitslosenunterstützung. Und die Arbeitslosen haben sie schnell auf die Transportlisten gesetzt, sagte mein Bruder. Wer entlassen war und ohne Arbeit, der sei unter den ersten gewesen, die über den Brenner abgeschoben wurden.

Also unfreiwillig!

Niemand, sagte mein Bruder, ist unfreiwillig gegangen. Der Vater habe nur öfter den Satz getan: Hoffentlich müssen wir nicht nach Polen!

Nach Polen?

Die deutschen Truppen waren am ersten September neununddreißig in Polen eingefallen, der Zweite Weltkrieg hatte begonnen mit dem ersten Tag der Optionsfrist in Südtirol. Polen war wie bald darauf Burgund und die Krim als Siedlungsgebiet für die Südtiroler Volksdeutschen im Gespräch.

Meinen Vater bedrückte demgemäß der Gedanke, daß seine Familie nach Polen hätte verschoben werden können, also bedachte er auch oder bedachte er nicht?, daß dort, wo die neue Südtiroler Heimat entstehen sollte, bereits andere Menschen daheim waren, die hätten weichen, ihre Heimat hätten verlassen müssen für die Südtiroler Heimatlosen, nur weil die Polen die Besiegten, die Überfallenen waren und die Südtiroler zufälligerweise auf der Seite der Sieger, der Vergewaltiger? Eine Südtiroler Abordnung soll ja auch nach Burgund gefahren sein und die Weinlagen dort inspiziert haben.

Wußte davon mein Vater, der entlassene Hilfsstadtgärtner? Vielleicht teilte er den Gewinnlergeist? War diese Angst vor Polen nicht ein Zeichen der Mitwisserschaft, eine Art Komplizenschaft? Mein Bruder konnte mir keine Antwort darauf geben, auf keinen Fall hatte er Zweifel, daß Vater nur Angst vor der Fremdheit in Polen und nichts anderes im Kopf gehabt hätte. Was Vater gedacht hatte, konnte er aber auch nicht wissen. Alle waren damals in Siegesstimmung: Deutschland marschierte und gewann, und man war Deutscher: War es nicht so, Bruder?

Der Vater habe sehr, wahrscheinlich für uns heute kaum noch vorstellbar, unter seiner jahrelangen Arbeitslosigkeit und all den Erniedrigungen gelitten, und auf einmal konnten die Italiener bei uns nicht mehr kommandieren, wie sie wollten, jetzt wurden sie kommandiert von den Deutschen, das war vielleicht eine Genugtuung, und man konnte jetzt wieder selbstverständlich essen, ohne zu zittern, ob am nächsten Tag noch etwas auf den Tisch komme, außerdem sei viel, sehr viel versprochen worden, die Nazipropagandisten hätten die Heimat geradezu fotografisch abzumessen versprochen, und deshalb hätten die Bauern, auch wenn die meisten von ihnen Deutschoptanten gewesen seien, die Auswanderung leicht hinauszögern können, weil der italienische Staat sie ja Baum für Baum habe entschädigen müssen. Doch die Arbeiter und die Angestellten, für die Deutschland habe zahlen müssen, für die seien die Züge sehr schnell über den Brenner gefahren.

Und wie er das erlebt habe, diese vier Monate von September bis Ende Dezember, dieses Gerangel und Geschrei im Lande: Hier die Dableiber, die als Verräter und Walsche beschimpft wurden, und dort die Deutschoptanten, die sich als heimatbewußte Deutsche brüsteten?

Er, sagte mein Bruder, habe das nur irgendwie bemerkt, denn in dem Betrieb, in dem er seit wenigen Monaten sein erstes Lehrlingsgeld verdiente, hätten alle, angefangen vom Chef, deutsch optiert, auch wenn dieser schlauer gewesen sei als der Vater und nicht abwanderte: eben ein selbständiger Handwerker, aber gestritten habe sich niemand, alle seien sich einig gewesen, deutsch zu optieren.

Und du und deine Freunde?

Uns Jüngere hat das nicht interessiert, ist uns nicht so angegangen, unter uns hat keiner gesagt: Du bist ein Dableiber oder du bist ein Auswanderer.

Kannst du dir vorstellen, daß unser Vater Fenster eingeworfen, vor Haustüren hingeschissen hat?

Unser Vater hat wenige Leute gekannt, sagte mein Bruder, ich kann mir das nicht vorstellen, in der Stadt hat man das ja kaum gemacht, das haben die Leute gemacht in den Dörfern, die sich kannten, wir waren als Besitzlose in Meran auch Namenlose.

Und so sind wir abgefahren. In Innsbruck wurden wir nahe der Servitenkirche in einem Gasthaus auf der Theresienstraße einquartiert, und da hockten wir herum auf Pritschen, und niemand wußte, was mit uns anfangen. Meine Mutter trug diesen langen Wollmantel mit den milchhellen Karos und den dunklen Streifen, und mein Vater angeblich diesen schwarzen Sonntagsmantel mit dem schmalen Samtkragen, mein Bruder fror in seinen gelackten Halbschuhen, meine Schwestern habe ich nicht vor Augen – und so, sagte mein Bruder, sind wir in diesem Gasthaus »Weißes Kreuz« herumgelegen, vier oder fünf Tage, auch auf dem Bretterboden, weil die Pritschen nicht für alle reichten, und endlich waren wir erlöst, als sie uns mitteilten, daß wir nicht nach Polen, sondern in die Steiermark nach Graz weiterfahren durften. Dort lebte bereits Onkel Toni, einer von Vaters Brüdern, der Firmpate meines Bruders, dem er noch immer die versprochene Firmuhr schuldig war.

Zwei Tage habe der Transportzug gebraucht, habe die Fahrt gedauert, sagte mein Bruder, die Mutter war im sechsten Monat schwanger, wir sind angekommen im Schnee und sind an Schneewächten vorbei, durch geschaufelte Schneekanäle zu einer Schule geführt worden, die in eine Art Auffanglager umgewandelt worden war. Niemand erwartete uns, niemand wußte von unserer Ankunft, nicht einmal Onkel Toni konnte wissen, daß wir statt nach Polen oder woandershin nach Graz kämen. Und auf jeden Fall hätte ihn niemand von uns verständigen können, er hatte kein Telefon, wir natürlich auch nicht, weder im Innsbrucker Gasthaus noch im Zug. Und überhaupt wußte niemand bis zum letzten Moment, sagte mein Bruder, wohin wir geschickt werden würden. Gleich am Bahnhof seien wir umzingelt und abgeführt worden. Sie waren nicht vorbereitet auf uns Südtiroler, sagte mein Bruder, sie waren nur vorbereitet auf Flüchtlinge aus dem Osten, wir bekamen unsere Pritschen auch tatsächlich zwischen Flüchtlingen, zwischen Balten und Polen. Dann nach mehreren Tagen haben sie uns in einen leeren Trakt des Priesterseminars eingewiesen, denn wir waren deutsche Staatsbürger, sagte mein Bruder.

Dort erst beginnt wieder meine Erinnerung, erst dort mit einem Gelächter meiner Geschwister, das ich nicht verstand, das mir aber gefiel, sie lachten, so erinnere ich mich, fast ununterbrochen, vielleicht, weil wir in diesem stillen Gebäude ständig von unseren nervösen Eltern angeflüstert wurden, und wir gingen irgendwie immer auf Zehenspitzen, wir schliefen zwischen den Bänken einer Schulklasse, was mich sehr stolz machte, und uns gehörte dieser Raum, der einen schwarzen Fußboden hatte, ganz allein. Wir schliefen und bewegten uns zwischen Schulbänken, und wir stießen uns beim Laufen an den Ecken der Schulbänke und kicherten und lachten, und da habe ich den Anfang des Schreiens gehört, als mein Vater immer wieder diesen Satz hinausbrüllte: Ich hab einen Bock geschossen.

Die Menschen von Tschagoi

So kam es, daß der Pinggera nicht optierte. »Optieren« eigentlich in Anführungsstrichen, mehr als nur ein Fremdwort, das der Pinggera erst kennenlernte, als es darum ging, zu »optieren« oder nicht zu »optieren«. Dazwischen ein Abgrund, ein Riß zwischen diesen und jenen, ein Riß durch die Seele, durchs Land. »Optanten« und »Bleiber«. Das war eine Entscheidung, die einen beutelte und dahin riß oder dorthin, und es gab kein Zurück. Meinte man.

Der Pinggera »optierte« nicht.

*

Pinggera mit Betonung auf dem »e«. Serafin mit Vornamen. Zwei Ziegen, eine Kuh, vierzig Hühner. Ein Stück Wald, ein paar Flecken von Wiesen, zwei Äcker, auf denen Erdäpfel und Buchweizen, den sie dort »Schwarzplent« nennen, wuchsen. Weizen gedieh dort oben nicht.

Tschagoi – nachdem die Italiener gekommen waren –, nein, da hinauf kamen »die Italiener« nicht, da kam höchstens irgendwann irgendeine Kommission von unten herauf, sprach Italienisch, kein Mensch in Tschagoi verstand es, wechselte das Ortsschild aus: Ciagoio. Doch, herumgesprochen hatte es sich schon, daß man jetzt, seit der Krieg verlorengegangen war, zum »Regno d'Italia« gehörte, zum Königreich Italien. Schließlich waren ihrer zwölf, fünfzehn aus dem Dorf, alle zwischen achtzehn und zweiundzwanzig, eingezogen gewesen. Kaiserjäger-Regiment No. 4. Galizien. Wo ist Galizien? Das hatte bis dahin keinen in Tschagoi interessiert.

Später dann, so im 15er-Jahr, waren nochmals welche eingezogen worden – Kaiser-Schützen. Hatten droben in Fels und Eis nicht hauptsächlich gegen die Italiener, sondern gegen die Kälte, den Schnee, die Gletscherspalten und die Lawinen gekämpft. Zum Glück hatten die Italiener die gleiche Kälte, den gleichen Schnee, die gleichen Gletscherspalten und die gleichen Lawinen. Vielleicht ein kleiner Vorteil »für die unseren«, daß den Italienern die Kälte ärger zusetzte als den Kaiser-Schützen, die sozusagen nichts Besseres gewohnt waren.

Aber den Krieg trotzdem verloren. Sehr viel änderte sich in Tschagoi nicht, vorerst. Der Kaiser abgedankt? Aha. Auch recht. Einen König haben wir jetzt? einen italienischen vulgo »walschen«? Auch recht. Soll ein Liliputaner sein. Einen Meter vierzig groß. Auch recht.

Nicht alle waren wieder heimgekommen. »Und findest du einst Gräber / im Sand, die niemand kennt, / das sind die Kaiserjäger / vom vierten Regiment.« In Galizien, es waren auch einige aus Tschagoi dabei dort in den Gräbern im Sand in Galizien. Und die, die heimkamen, erzählten nicht viel, nur allerdings, daß der Krieg verlorengegangen sei. Leider.

Es kam dann doch ein Italiener. *Ein* Italiener, nämlich der Herzog von … ja, von wo? von irgendwo. Ein Bruder vom Liliput-König oder Vetter oder was. »Er nimmt Besitz von unserem Land, das ihm die Engländer geschenkt haben«, sagte der Pfarrer, Hochwürden Raich, ein eher Junger, blond und »wie Blut und Milch«, eine gesunde Farbe, immer fröhlich. Raich mit »a-i«, wäre auch unangebracht von dieser Pfarre da oben in Tschagoi, wenn es sich »Reich« schriebe, mit »e-i«, wie »reich«.

»So. Aha. Nimmt Besitz. Der König selber nicht?« (In der Sprache dort: »D'r Keenigg selm nett?«)

»Nein, der König selber nicht«, sagte der Pfarrer, »der will wahrscheinlich nicht so weit herauffahren.«

Es war eine große Aufregung. Erst kamen, ein paar Tage zuvor, zwei Italiener mühsam mit Fahrrädern aus dem großen Tal unten herauf, mußten zum Schluß schieben. Sie hatten große Ballen Stoff auf den Gepäckträgern ihrer Räder: Fahnen. Grün-Weiß-Rot. Mit irgendwas auf dem Weißen, ein kleines Kreuz, eine Krone. Noch nie gesehen.

Der Pfarrer Raich konnte Italienisch – Latein sowieso, er war eine Zeitlang Kooperator in Lavis gewesen, in Welschtirol, im Trentino. »Die bringen Fahnen«, sagte der Pfarrer. »Die sollt ihr aufhängen, wenn der Herzog kommt.«

»Ist der auch ein Liliputaner?«

»Ich weiß es nicht«, sagte der Pfarrer.

Der Herzog war kein Liliputaner. Sehr groß war er nicht, aber Liliputaner war er keiner. Schade. Die Leute von Tschagoi hätten gern einmal einen Liliputaner gesehen.

»Aj, aj, aj – i woaß ned – ich weiß nicht«, sagte die alte Niederkalmsteinerin mit den drei Zähnen, »ich weiß nicht, ob das nicht womöglich Unglück bringt. Mit die Zwerg kommen die Unwetter, sagt man.«

Es kam kein Unwetter, es kam kein Zwerg, es kam der Herzog. Vier Autos hintereinander, der Staub unsäglich. Der Herzog war ganz grau im Gesicht, als er ausstieg, »um Tschagoi für den König von Italien in Besitz zu nehmen«. Nur dort, von wo er die große Autofahrerbrille nach oben über den Schirm seines hohen, röhrenförmigen Käppi schob, war kein Staub. Ausgespart, sah aus wie noch eine Brille.

Der Herzog schaute sich um. Offenbar war er nicht angetan von der Gegend. Er trug Wickelgamaschen, was zur italienischen Uniform gehörte. Wer wickelt die ihm? Die Herzogin? Oder sind das scheinbare Wickelgamaschen, so zusammengenäht, daß es nur aussieht wie Wickelgamaschen? Sehr große Füße – lange, schmale Füße in blitzblanken Schnürschuhen – sehr lang, förmlich Hasenläufe. Sehr schöne Schnürschuhe. »Ja, in Schuhen sind sie unübertroffen, die Italiener«, sagte Pfarrer Raich.

Er schaute sich um, der Herzog. Dann fragte er, wo er auf den Abort gehen könne.

»Wie seinerzeit der Erzherzog gekommen ist, der Franz Ferdinand, den sie dann in Sarajewo ermordet haben, auch im Auto und auch mit einer Autofahrerbrille, die er dann auf den Tschako geschoben hat, hat er Zehnkreuzerstücke, händevoll, hinausgeworfen für die Dorfjugend.«

»Ja, das war halt noch etwas anderes.«

*

Die Fahnen durften die Leute von Tschagoi behalten. Ein Geschenk der neuen Regierung. Die Weiber nähten Schürzen daraus oder Unterhosen für die Kinder.

*

Der Hof hätte die Familie nicht ernährt, der Untere Gruiner zu Tschagoi dort oben, wo die alten Unheimlichen noch hausen in den Spalten der Felsberge und in den Rauhnächten zwischen Weihnachten und Dreikönig mit grausigem Geheul durch die verkrüppelten Fichten fahren.

»Geh ja nicht hinauf«, sagte die alte Ahn zur kleinen Martha. »Erst wenn die Heiligen Drei König kommen, vertreiben die sie für ein Jahr. Einmal ist einer hinauf in den Rauhnächten, weil er unbedingt hinüber wollte in die Schweiz –«

»Warum wollte er hinüber in die Schweiz?«

»Warum wohl?« wischte die Alte die Frage mit ihren Knochenhänden weg. »Warum wohl? So wie alle hinüber wollen in die Schweiz, durch die Schrunden, auf dem Weg, den die Finanzer nicht kennen. Aber nicht in den Rauhnächten. Haben keine Angst vor den Finanzern – aber man soll respektieren, daß man nicht hinaufgeht und hinüber in den Rauhnächten. So wie der Schluiferer Toni. Frag nicht, wie der zugerichtet war, wie sie ihn gefunden haben.«

Der Untere Gruinerhof lag aber nicht beim Wald oben, sondern, wie die Bezeichnung schon sagt, weiter unten, gegen den Bach zu. Es kam wenig Sonne hin, und es war feucht. »Deswegen sind die Kinder alleweil so grünlich im Gesicht.«

»Ich will nicht grünlich im Gesicht werden«, sagte die Martha schon als kleines Kind und bevor sie in die Schule kam. Sie war immer schon anders.

Aber nicht nur vor denen da oben, der Wilden Jagd, warnte die Ahn, auch vor den Wasserfräulein, die im Nebel daherkommen …

»Erzähl dem Kind keinen solchen Unsinn nicht«, sagte der Untergruiner, der Pinggera, zu seiner Mutter.

»Daß du dich nicht der Sünder fürchtest!« brummte die Alte und spritzte ihm Weihwasser ins Gesicht aus dem »Weichbrunnkrügel«, das in jedem Haus neben der Tür hing.

Das, was am Hof mit dem wenigen Vieh und den steinigen, steilen Äckern erwirtschaftet werden konnte, war, wie man so sagt, zum Leben zu wenig und zum Sterben zuviel. An vier Tagen in der Woche ging daher der Untergruiner, der Pinggera Serafin, um fünf Uhr früh hinaus ins große Tal und zu den Marmorbrüchen. Eine schwere Arbeit, bis der wunderweiße Marmor, der weißeste aller weißen Marmorsteine, in großen Blöcken heruntergezogen, aufgebockt, verladen war. Ein gequetschter Finger wurde nicht beachtet. Ein zerquetschter Arm grade noch –

Die Marmorbrüche. Man muß sie gesehen haben. Der Erzherzog Franz Ferdinand (oder war es ein anderer Erzherzog?) hat sie gesehen. (Der walsche Herzog nicht.) Hat sich eigens hinfahren lassen mit seinem langen, schönen Auto Marke Gräf & Stift – wenige Jahre später in genau so einem Wagen in Sarajewo … man weiß.

Man muß sie gesehen haben. Tief in den Berg hineingeschnitten. Geschnitten wie mit einem Messer, scharfkantig und weiß, meterhoch, Dutzende Meter hoch, lauter gewaltige weiße, rechte Winkel, weiß wie Schnee und hart, hart-weiß, rauh-glänzend, in großen Stufen kantig herausgeschnitten – rechts weiß, links weiß, unten weiß, hoch oben, zehn, zwanzig Meter hoch: weiß. Eine viereckige weiße Kathedrale. Auf großen Kufen wurden die herausgeschnittenen Blöcke hinuntergelassen ins Tal und dann abtransportiert, weiß Gott, wohin.

Vielleicht ist in einem dieser Blöcke eine schöne, nackte Nymphe drin, die ihre Brüste zeigt? oder ein segnender Christus? oder – ja, oder der Erzherzog, nachdem ihn eine Kugel aus der Thronfolge geworfen hat? Der Pinggera Serafin würde es nie sehen, was immer es sein mochte.

*

Es war sieben Uhr abends, wenn der Pinggera dann endlich wieder daheim war. Dann melken, füttern, ausmisten. Kein sehr bequemes Leben. Der Herzog mit seinen Wickelgamaschen hatte es vermutlich bequemer.

Warum? Warum der Herzog dort und der Untere-Gruiner-Bauer und marmorgeschundene Hilfsarbeiter hier? Warum? Wer hat das so eingeteilt? Manchmal dachte der Pinggera darüber nach, bevor er einschlief auf seinem harten Bett. Immerhin kein Strohsack mehr wie noch beim alten Pinggera Michl, dem Vater. Der hatte auch noch hinters Haus geschissen. Im Haus nur die Weiber, daß die Versitzgrube nicht so schnell voll wurde. (»Von wegen der Landluft«, sagte der Pfarrer Raich, als er einmal das Vieh segnen gekommen war, hielt sich die schöne rosarote Nase zu.)

Warum? Der Pinggera schlief ein, bevor er eine Antwort fand, sofern es überhaupt eine Antwort gab auf diese Frage. Schlief tief und schwarz und traumlos, mußte ja um fünfe wieder heraus.

Nicht im Winter. Da gab es keine Arbeit im Marmorbruch, alles metertief verschneit. Wenn nicht bis in den Herbst ein gewisser Vorrat in der Kammer hinten angesammelt war, kam der Hunger. Zu verdienen gab es kaum etwas. Nicht um die Langeweile in den finsteren Tagen von November bis März zu vertreiben, nicht, weil man nicht immer nur schlafen konnte – obwohl: wer schläft, ißt nichts –, machten sie Rosenkränze. Die Männer, die Weiber, die Kinder – überall in den kleinen hölzernen Häusern saßen sie und peckten aus den Marmorresten, faustgroße Trümmer, die der Vater mit heimgebracht hatte, runde Kügelchen (»Grallelen« heißen sie dort). Sie bohrten Löcher hinein, fädelten auf, immer in regelmäßigen Abständen ein größeres »Grallele« zwischen den kleinen, bis der Rosenkranz fertig war. Alle vierzehn Tage stapfte der Oberpertinger Luis aus Prad herauf, aus dem großen Dorf am Ausgang des engen Tales, und nahm die Rosenkränze mit, zahlte ein paar Lire.

Lire: seit dem Krieg, früher Kreuzer und Kronen, Münzen, auf denen der Kaiser abgebildet war, dessen Bart ein jeder kannte. Jetzt der Zwergen-König, dem man aber natürlich auf den Münzen das nicht ansah, daß er ein Zwerg war. Nicht zu verwechseln mit dem Laurin, dem eigentlichen Zwergenkönig, der ja auch immer noch in seinem Rosengarten herrrschte, der bei Sonnenuntergang rot und glühend übers Land leuchtete. Aber das war weiter weg, von Tschagoi aus nicht zu sehen. Er wäre den Leuten von Tschagoi aber lieber gewesen, der Zwergenkönig Laurin als der andere Zwergen-König, der auf den Münzen abgebildet war.

*

Wie die Leute von Tschagoi früher gelebt hatten, in den Jahrhunderten, in denen es nichts gegeben hat außer den paar Halmen Schwarzplenten auf den steil-schrägen Äckern und den mageren Kühen? Die Frau vom Pinggera Serafin, die Martha, lediger hieß sie Jochberger, stammte von weit her, von Stilfs. Von weit her! Vielleicht vier Kilometer. Es könnte sein, daß er, der Serafin, der erste Pinggera war, der eine von »auswärts« geheiratet hatte. Sonst hatten alle nur im Dorf herum geheiratet. »Wenn nicht anno 1701 die Kirche und der Widum abgebrannt wären«, sagte der Pfarrer Raich, »und damit die Tauf- und Sterberegister, könnte man nachlesen, daß es immer schon nur sechs oder sieben, vielleicht acht Familiennamen gegeben hat, bis in die tiefste Zeit hinunter. Und dann weiß man, warum es soviel Dorfdeppen gibt.«

»Obwohl«, sagte er ein anderes Mal, »es eher fast schon ein Wunder ist, daß es nicht noch mehr Dorfdeppen gibt. Nur einen zur Zeit bei uns.«

Bartl hieß er, war Epileptiker und durfte am Sonntag die Glocken läuten. Die Kommunion gab ihm der Pfarrer nicht mehr, seit ihn der Bartl einmal dabei in die Hand gebissen hatte. Getauft: Bartholomäus – hieß auch Pinggera, weitschichtiger Vetter. Er wußte aber nicht, daß er Pinggera hieß, und wenn man ihn fragte, wie er heiße, sagte er: »Frnzfrdnand«. Er hatte damals ein paar von den Zehnkreuzerstücken ergattert.

Der Serafin Pinggera hatte nur noch zwei Kinder. Man paßte halt doch schon ein bißchen auf. Er selber war eins von mehreren Kindern, man zählte nicht so genau. Im Taufregister hätte man selbstverständlich nachschauen können, aber wer wäre auf so eine Idee gekommen! Vier überlebten, Serafin als der älteste. Alle im September, Oktober oder November geboren. Die langen Winterabende! Unterm Jahr? nach der knochen- und auch alles andere ermüdenden Arbeit: pflügen und eggen und das Heu auf den steilen Wiesen mähen und in Bündeln auf dem Buckel wackelnd in den Stadel tragen, und das Vieh: vom Melken bis zum Kalben, das heißt, zum Helfen dabei, wenn das Kalb nicht heraus wollte, und die Kuh, die ein Vermögen bedeutete, umzustehen drohte. Ja. Und das Holzmachen im Wald, das Bäumeziehen mit dem Zappín, dem einarmigen Pickel, ins Tal herunter, und klein schneiden und den Zaun ziehen, Pfosten einschlagen, die Steinbrocken im Acker einsammeln, die immer wieder rätselhaft auftauchten – (»Die Nörggelen«, sagte die Ahn, »die Nörggelen, die machen das. Als Strafe.« – »Für was Strafe?« – »Die Sünden. Und weil du ihnen in der Nacht keine Milch vor die Tür gestellt hast.«)

»Ja. Da weißt du am Abend, was du getan hast. Da hängen dir die Händ' schwer bis zu die Knie herunter.« (So hätte der und jener und eigentlich alle von den Leuten von Tschagoi geredet, wenn sie geredet hätten. Sie redeten aber nicht. Nur die Weiber redeten.) »Da kommt dir kein Gedanke an dies und jenes. Da fällst du ins Bett, läßt noch einen Wind fahren und schläfst. Und überhaupt. Also, solang sie jung ist und einen weißen, runden Hintern hat – da ja, da. Aber mit dreißig – spätestens – mit dreißig, der Hintern faltig wie ein Pfannenkratzer, da mußt du schon, wie sagt man, kräftige Gefühle haben, daß du –« und so fort. (Hätte der Pinggera Serafin gesagt, wenn er erstens darüber nachgedacht und zweitens geredet hätte. Tat er aber, wie gesagt, nicht. Warum auch?)

Vier überlebende Kinder des alten Michael Pinggera: zwei Buben, zwei Mädchen. Der älteste, der Serafin, wie schon bekannt, kriegte den Hof, als der alte Bauer »übergab« und »in Austrag« ging, das heißt, er saß seitdem nur noch auf der Bank vor dem Haus und rauchte seinen »Reggl«, die lange Pfeife mit »Landtabak Knüll – Schnitt«, gegen den sogar der Geruch der Versitzgrube nicht aufkam. Freilich, ab und zu mußte er auch noch heran, bei leichten Arbeiten, die er noch schaffte. Sah es ein, machte es nicht ungern, war noch zu etwas nutz. Nachdem der Serafin vom Militärdienst und vom Abessinienkrieg heimgekommen war, wo er für den Mussolini, »den politischen Hanswursten« (so der neue Pfarrer), die nahezu wehrlosen Abessinier abstechen helfen mußte, hatte der Alte »übergeben«. Der Serafin mußte sich jedesmal fast übergeben, aber anders, wenn er an die Sache damals dachte, wo sie in Abessinien ein Dorf erstürmt hatten. Und die Gasbomben geworfen hatten, und die Weiber von den Abessiniern und die Kinder waren davongelaufen, und dann hatten sie sie mit den Maschinengewehren –

»Nein«, sagte der Pinggera Serafin, »ich schwör's dir,

Vater, ich hab' nicht geschossen. Nur den Patronengurt gehalten.«

»Es waren Christen«, sagte der Vater.

Für die Heldentat wurde der Serafin zum Caporale befördert. – Vier überlebende Kinder der alten Pinggera: Der älteste übernahm den Hof; was passierte mit den zwei Schwestern und dem Bruder? Agnes, Maria und Anton? Über das, was mit den jüngeren Kindern in den alten Zeiten dort oben in den Tälern passierte, wo man sozusagen erst unlängst zur Errungenschaft des aufrechten Ganges gelangt war, wollen wir nicht nachdenken. Nicht gerade ausgesetzt worden sind sie und im Wald verhungert, aber – noch nie etwas von Schwabenkindern gehört? Nicht Schabenkinder, wie Schaben, Ungeziefer, nein: Schwabenkinder. Nicht schwäbische Kinder, Kinder aus Schwaben, sondern solche, die ins Deutsche (»ins Deitsche«) hinausgeschickt wurden. »Schwaben« war nur der allgemeine Begriff fürs Deutsche. Nach Schwaben eigentlich selbstverständlich schon auch, aber auch ins Bayrische, oder weiter ins Rheinland, bis auf das Elsaß hinaus. Ganze Gruppen, ihrer fünfzehn, zwanzig sind zusammengetrommelt und hinausgetrieben worden ins Deutsche. Dreijährige noch nicht, auch nicht Vierjährige, die wären zu langsam gewesen und hätten den Zug aufgehalten. Fünfjährige schon. Angeführt hat meist eine Zwölf- oder Dreizehnjährige. *Eine.* Die Mädchen sind erwachsener in dem Alter. So im März, wenn der ärgste Schnee weggetaut war, sind sie losgeschickt worden …

Schulpflicht? »Was ist das?« (In der Landessprache: »Was isch des epper?«)

Draußen hat es so Leute gegeben, mit finsteren Hüten

und engen Augen, die haben die Kinder dann verteilt: in eine Knopffabrik, oder wo Garn zu spinnen war, zum Kühehüten, oder wo Ziegel zu tragen waren. Im Herbst dann zurück. Nein, nein, da hat der mit dem finsteren Hut und den engen Augen schon dafür gesorgt, hat sie zusammengesammelt. »Sind alle da? Nein? nur zwölfe? nicht fünfzehn? Wir können nicht ewig warten.« Kann auch gewesen sein, daß ein paar auf der Strecke geblieben sind beim Zug nach Hause. Sind zu Hause niemandem abgegangen. Natürliche Auslese nennt man das.

»Es ist so«, sagte Pfarrer Raich, »daß das Menschliche, Sie verstehen, das Mitgefühl, die … ja, die Wärme, die Liebe hier noch quasi unausgegoren ist, vielleicht der Kern vorhanden, aber noch nicht entwickelt. Die Not – man muß das auch verstehen. Die Not, das nackte Überleben. Da bleiben viele Späne beim Hobeln. Wenn man jedem Span nachweinen möchte, der da wegfliegt, wäre man selber bald nur noch so ein Span. Die Menschlichkeit ist ein kostbares Gut. Verstehen Sie? Kostbar. Sie kostet etwas. Und das kann man sich hier heroben in diesen Tälern nicht leisten. Die Leute sind – ich möchte nicht sagen: wie Tiere. Aber noch nahe dem Neandertaler.«

»Ich verstehe«, sagte der Professor. Er war von Innsbruck heraufgekommen, interessierte sich für die Soziologie der Bergbauern, schrieb ein Buch darüber. »Und die Religion?« fragte der Professor.

Der Pfarrer seufzte.

*

Aber es war nicht mehr ganz so, als der alte Pinggera den Hof übergab. Anton, der jetzt Antonio heißen mußte, so war es vorgeschrieben, bekam vom älteren Bruder eine Abfindung. Es war hart. Serafin quetschte unten in Prad in der »Cassa Rurale«, wie es jetzt schon länger hieß, die letzten Lire heraus und gab sie dem Toni. Der stieg dann in Mals in den Zug, der hinunterschepperte Richtung Meran. Einmal kam eine Karte. Der neue Briefträger, ein Italiener, brachte sie aus Prad herauf. In Tschagoi gab es kein Postamt. Serafin drehte die Karte hin und her, auf der einen Seite ein Palazzo oder irgendwas mit einem Denkmal davor. Auf der anderen Seite mit einer Schrift, die eigentlich zu groß für den wenigen Raum war: »Bin gesund. Habe Arbeid, nemlig Fabbrick von Auto grüß dich dein Bruder Pinggera Antonio.«

Der Pinggera Toni war zwar kein Schwabenkind – soviel zur Orthographie des Postkartentextes –, die gab es in den Zwanziger-/Dreißigerjahren nicht mehr, aber großgeschrieben wurde die Schulbildung immer noch nicht, zumal in der Volksschule in Prad, in die mehr oder weniger die Kinder aus Tschagoi gingen (zwei Stunden Weges), plötzlich die Lehrerin weg war, das »Fräulein«, die quasi offizielle Anrede für Lehrerinnen, die im alten Österreich unverheiratet sein mußten, und stattdessen eine Italienerin am Pult stand. Daß sie eine grün-weiß-rote Fahne an die Wand nagelte, bemerkten die Kinder ohne größere Gemütsbewegung, und daß sie ein Bild des Zwergen-Königs (den kannten sie ja von den Lire-Stücken) und eins von einem glatzköpfigen Finsterblicker mit einem Kinn wie eine Schublade danebenhängte, berührte sie auch kaum. Wohl aber, daß sie auf Italienisch zu unterrichten begann.

Es war eben die Pinggera Maria, die Schwester, die »Lötze« (die Kleine), die »Gitsch« (das Mädchen) des Untergruiner, die aufzeigte und sagte: »Fräulein, wir verstehen Sie nicht.« Das verstand aber wiederum die Lehrerin nicht.

»Die Bewohner des Alto Adige müssen Italiener werden, aus dem einfachen Grund, weil sie Italiener sind«, sagte jener mit dem Schubladenkinn. Eine eigenwillige Logik.

Mit der Zeit verstanden die Kinder – lernen ja schnell – die italienische Lehrerin so ungefähr. Die Lehrerin die Kinder nie. War sie böse? eine böse »Walsche«? Das war nicht zu erkennen. Zu erkennen war, daß sie eine unglückliche »Walsche« war. Sie ging ins Café – soweit man das Café nennen konnte: ein Eck mit drei Tischen und ein paar Stühlen im Bäckerladen. Sie bestellte einen »Caffè latte«.

»I verstea di ned«, sagte die Bäckerin und warf einen Blick auf die »Walsche«, der nicht weit vom Anspucken entfernt angesiedelt war.

Die Lehrerin stand auf und ging. Weinte sie? Das war der Bäckerin gleichgültig, ob eine »Walsche« weinte oder nicht. Am Samstag nachmittags fuhr die Lehrerin mit dem Zug nach Bozen, das jetzt »Bolzano« hieß, und wo jetzt viele Italiener wohnten. Ob sie, wenn sie dann am Sonntag abends in die Kälte zurückkehren mußte, ihren »Duce« da auf dem Bild mit einem Blick bedachte, der nicht viel anders war als der der Bäckerin?

Die Qualität des Unterrichts kann man sich ausmalen. Sie führte zu ebenjener Orthographie des Postkartentextes. Allerdings lernten die Burschen dann zwangsweise ganz gut Italienisch, zumindest sprechen: beim Militär. Beide Untergruiner-Buben kamen, wie fast alle »Altoatesini«, zu den Alpini-Einheiten, und zwar schon aus Schikane weit hinunter ins Walsche. Nach Perugia der Serafin (Serafino), nach Aosta der Antonio. »Pinggera« ging ja einigermaßen, da brach sich der Unteroffizier nicht die Zunge. Aber einer seiner Kameraden hieß Tschaguler, ein anderer Gschnitzer. Unteroffiziere und Feldwebel sind per se unappetitliche Charaktere, ob italienisch oder deutsch oder österreichisch und wahrscheinlich japanisch und chinesisch auch. Was da ein Tschaguler, ein Gschnitzer zu leiden hatten, weil sich der Feldwebel fast die Seele aus dem Leib hustete, wenn er den Namen auszusprechen versuchte, kann man sich denken. (Es ging aber auch andersherum. Um Gemeindesekretär bleiben zu können, mußte der Ochsenreiter Lorenz seinen Namen »bereinigen« lassen, hieß dann Lorenzo Cavallcavò.) –

Die Maria Pinggera traf es gut. An eine Aussteuer war in den schlechten Zeiten nicht zu denken, aber der Pfarrer Raich nahm sie sozusagen unter seine Fittiche, in allen Ehren, denn erstens war er nicht so, und zweitens damals schon gut in den Jahren. »Ein gescheiter Mann, ein guter Hirte«, hatte es geheißen, »der wird noch Bischof.« Ja – hast du was – wenn einer den Fehler begangen hat, sich zum Pfarrer am – salva venia – Arsch der Welt, nämlich in Tschagoi, machen zu lassen, ist er von der Karriereleiter schon an der untersten Sprosse abgerutscht. Der wird nichts mehr. Er konnte damit leben, der Pfarrer Raich. Er war es, der die Intelligenz der Maria Pinggera erkannte, er lehrte sie Deutsch schreiben, erzählte ihr dies und jenes von der Welt und verschaffte ihr, als sie neunzehn Jahre alt war, den Posten einer Pfarrhäuserin in Schlanders, was förmlich gegen Tschagoi eine Großstadt ist. Später dann leitete sie sogar die ganze Wirtschaft in einem kirchlichen Internat.

Die andere Tochter allerdings, die Agnes, kümmerte als Dienstmagd bei verschiedenen Bauern im Tal unten dahin, bekam mit knapp vierzig ein uneheliches Kind von einem deutschen Motorradfahrer, der, wie viele seiner Menschensorte, die hervorragenden Kurven der neuerdings asphaltierten Bergstraßen schätzte und sich, wenn der Hintern sich erholen mußte, so oder so unterhielt. Um genau zu sein: *reichsdeutscher* Motorradfahrer. »Deutsch« hieß: ein Südtiroler, der kein Italiener war, trotz Mussolinis Logik, »reichsdeutsch« war einer aus dem Reich … das bald eine gewisse Bedeutung auch für die Leute von Tschagoi bekam, weil da einer ans Ruder kam, von dem sich mancher erwartete, daß … ja, was »daß«? Daß er die in den Nächten heulenden heidnischen Dämonen vertrieb? Daß er die aufgeblähten Kleindämonen vertrieb, die mit ihren Wickelgamaschen das Land zuferkelten? »›Wickeln‹ nennt man hierzuland ›fatsch’n‹«, sagte Pfarrer Raich jenem schon erwähnten Professor, »und das ist klarerweise aus dem Lateinischen oder dem Rätoromanischen eingedrungen: ›fasces‹, das eingewickelte Beil.« Sie, diese Krummbeinigen, oft nicht viel größer als ihr zwergenwüchsiger König, liefen in sozusagen metaphorischen Wickelgamaschen herum; in Fatschen-Gamaschen, die sie im Hirn trugen.

Aber jener dort draußen, dessen Bild in so mancher Stube jetzt im Herrgottswinkel neben oder womöglich anstatt des heiligen Joseph hing, war selber ein Dämon. Ein Pantoffel-Dämon mit seinem lächerlichen Bärtchen, das sich sträubte wie ein Stachelkäfer, der Angst hat. Das auf und ab hüpfte, wenn der Pantoffel-Dämon von den Germanen bellte oder von »Teuttschlantt« und Größe und so. Der Pantoffel-Dämon, der den Wohnküchengeruch nie los wurde, den Mief des Männerübernachtungsheimes, dem er entstammte.

»Daß das niemand merkt?« seufzte Pfarrer Raich.

»Nicht einmal die deutschen Bischöfe«, sagte der Professor.

Die Wickelgamaschen konnten nicht gut etwas dagegen sagen, daß, zum Beispiel, der Pinggera Serafin das Bild von dem Wohnküchen-Dämon aufhängte und nicht, schon gar nicht und nie das Bild von dem mit dem Schubladenkinn. »Ist doch ein enger Freund von eurem Duce?« Obwohl, das war nicht zu übersehen, dieser Duce auf den Hügeln an den Talengen Bunker und Befestigungen anlegen ließ, deren Schießscharten *nach Norden* gerichtet waren. Traute er, der Gefatschte Dutsche, seinem Spießgesellen nicht? Nahm er das Maß von den eigenen Schuhen?

Sie war nicht einverstanden. Sie hatte für ihren Sohn, den Serafin, eine andere im Auge gehabt, nämlich die Wirtswitwe vom Bruckwirt unten. Die war erstens ein Patenkind von einer Cousine von der Mutter der Alten und zweitens schwer von Geld. In den Maßen halt, wie man da oben schwer von Geld sein konnte. Ein gewisses Unterfutter halt, nicht das von der Hand-in-den-Mund-hinein-Leben wie oben in dem krähennestigen Tschagoi, das da am Hang klebte. Oft wieselte die Alte zur Bruckwirtin hinunter, bekam immer einen echten Kaffee »von bloß Kern«, nicht Marke Andreas-Hofer-Feigenkaffee oder Marke Franckh.

Einmal zischte die Bruckwirtin, die Paula (Thöny schrieb sie sich, lediger hat sie Trafoier geheißen): »Kimm!« und führte die Alte nach hinten und zeigte ihr die Truhe mit der Bettwäsche. So viel Bettwäsche hatten die ganzen Hungerleider oben in Tschagoi miteinander nicht, oder kaum. Der Bruckwirt war ein paar Jahre zuvor verunglückt. Balthasar Thöny hat er geheißen, er ruhe in Frieden, obwohl nicht ganz klar war, wie das passiert war. Es könnte sein, der Schnaps, den der Thöny, der Bruckwirt, selber gebrannt hat, schwarz, versteht sich – wer wird den walschen Finanzern irgendwelche Gebühren zahlen wollen? – möglich, daß dieser Schnaps, aus Vogelbeeren, irgendwie mißlungen war, irgend etwas hineingeraten war. Der Bruckwirt Balthasar hat sich gedreht wie eine Spindel, fast so schnell. Es war zu Felix und Nabor vorletztes Jahr (»vorferten« heißt das in der Sprache dort: »ferten« bedeutet »voriges Jahr«, »vorferten« eben »vor-voriges«, analog zu »gestern und »vorgestern«), und da hat er gestöhnt: »Ich seh alles blau, alles blau« und hat sich gedreht und gedreht – »Fang nicht zu spinnen an!« hat die Wirtin gesagt, die Paula –, und dann hat er sich aus dem Haus hinausgedreht wie ein Kreisel und ist in den Bach gefallen, und unten, schon am Ausgang vom engen Tal, ist er an einem Felsblock hängen geblieben, war tot, logisch.

Zu Felix und Nabor war das, vorferten. Die Leute da oben rechneten kalendarisch nicht nach »erstem« und »zweitem« und so fort, sondern nach den Tagesheiligen. Drei Töchter hatten die Bruckwirts-Leute. Die Vornamen waren den wenigsten geläufig, die Mädchen (so in die sechs bis zehn Jahre alt) wurden »die Spitzgoscherte«, »die Broat-

goscherte« und »die Schelchgoscherte« genannt. Schön-
heiten würden sie also wohl nicht werden. »Spitzgoschert«
bedeutet ein Mausgesicht – »Goschen« bedeutet so viel wie
Mund und im übertragenen Sinn pars pro toto das Gesicht.
»Broatgoschert« – ein Mondgesicht, »schelchgoschert« –
ein schiefes Gesicht, bei der Geburt nicht so glatt heraus-
geschloffen. Und alle drei tatsächlich grünlich, was klar
war, wenn man bedenkt, daß der Bruckwirt ganz unten
im engen Tal stand, an der Brücke eben über den wilden
Bach, eher eine Schlucht zu nennen, das Dorf oben fast
ein Sonnenhang dagegen. Aber – nach dortigen Begriffen
schwer von Geld. Das einzige Gasthaus weitum, jeder, der
hinauf aufs Joch und hinüber ins Italienische wollte, kehrte
dort ein, und die von dort zurückkamen auch, und selbst
der Erzherzog Franz Ferdinand hielt beim Bruckwirt, und
der Bruckwirt, der damalige – es dürfte der Großvater des
Balthasar gewesen sein – reichte der kaiserlich-königlichen
Hoheit eine Erfrischung in Form eines Glases Rotwein, das
er mit Tannenreisern gefällig umkränzt hatte. »Zu gütig, zu
gütig«, hatte der Erzherzog gesagt, den Wein ausgetrunken
und dabei etwas das Gesicht verzogen. Wein wuchs dort
oben selbstverständlich nicht mehr, und der, der etwas
weiter unten im Tal wuchs, zählte nicht zu den ersten Kres-
zenzen. Man will gehört haben, daß der Herr Adjutant des
Erzherzogs, der auch von der Erfrischung gekostet hat, geflüstert haben soll: »Anderwärts richtet man mit solchem
den Salat an.«

Der italienische Herzog, der mit den Wickelgamaschen,
bekam keine Erfrischung. Da sperrte der Bruckwirt das
Gasthaus zu, aus Trotz, hängte ein Schild »Ruhetag« an die

Tür. Man rechnete ihm später das hoch an, erwähnte es verklausuliert sogar bei der Grabrede. Dabei hatte der Herzog vor dem Haus anhalten lassen, war ausgestiegen und hatte gefragt, ob er hier auf den Abort gehen könne. Der Adjutant rüttelte an der Tür, las das Schild.

»Che vuol dire ›ruchetak‹?«

»Non lo so, Altezza. Forse: riposo in turno?«

Man fuhr weiter. Erst oben im Dorf – wie erwähnt. »Wir werden's ihnen schon beibringen, ›riposo in turno‹ zu schreiben«, hat der Herzog gedacht, »und wenn es sein muß, mit Gewalt.« Nicht verschwiegen werden soll, daß die relative Wohlhabenheit des Bruckwirts auf gewissen anderen Gästen beruhte, die vornehmlich in der Nacht kamen und durch die Hintertür. Die blaßbraunen oder dunkelgrünen, abgewetzten, grobleinenen Rucksäcke enthielten Zigaretten, Salz, Saccharin, Feuerzeuge und Zündhölzer, Kaffee, Kakao – alles, was in der Schweiz billig und in Italien teuer war. Der Bruckwirt verdiente nicht schlecht als Nabe im Rad der Verteilung solcher Sachen. Später dann auch gewisse Druckschriften, die die Italiener zwar nicht lesen konnten, aber ungern sahen. Im größeren Stil wurden solche Sachen freilich dort betrieben, wo günstigere Voraussetzungen vorlagen. Die Langtauferer, deren Hochtal weiter gegen den Reschen zu beginnt, hatten seit jeher Weiderechte drüben im Nordtiroler Radurschltal, und die ließen sie sich auch nicht durch die neue Grenzziehung nehmen, trieben im Frühjahr das Vieh über die Höhen und an den Gletschern vorbei auf halsbrecherischen Steigen, wie eh und je in Jahrhunderten oder gar noch länger, hinüber und im Herbst zurück. Und wenn schon einer von den walschen Finanzern sich unbedingt die Zehen da oben abfrieren wollte und herumkontrollierte und zählte und feststellte, daß mehr Vieh herübergetrieben wurde als im Frühjahr hinüber, brummten die Bauern nur: »Was können wir dafür, wenn die Luder sich vermehren? in der guten Luft da heroben? bei dem guten Gras?« Es war nämlich immer schon großer Bedarf an Rindfleisch bei den Italienern, und das Vieh verkaufte sich im Trentino günstiger als im Oberinntal.

Oder Fahrradspeichen. Komisch, daß in Österreich rostfreie Fahrradspeichen Mangelware waren, in Italien, dem traditionellen Fahrradland, dagegen für einen Pappenstiel zu haben. Ließen sich leichter schmuggeln als Kühe.

Nachdem der Serafin, der ruhmreiche Caporale Pinggera Serafino, für Mussolini Benito das afrikanische Impero erobert und den Negus Negesti Haile Selassie I. Tafari Makonnen niedergekämpft hatte und zurück nach Tschagoi / Ciagoio gekommen war, übergab, wie erwähnt, der Alte den Hof und setzte sich auf die Bank vors Haus.

Nicht so seine Frau, die alte Untergruinerin, mit Namen Rosa de Lima, geborene Gutgsöll. Die war entschlossen, die Wirtschaft in der Hand zu behalten. Der Sohn, der neue Bauer also, sollte heiraten, aber die, die die Mutter im Sinn hatte.

»Bringt er eine Junge daher. Wie alt ist sie? Neunzehn. Hat sie Händ' zum Arbeiten? Bringt die was mit? Von wo ist sie? von Stilfs? Die Weiber von Stilfs taugen alle nichts.« Eine bloße, in die Luft geblasene Behauptung. Das hätte die Alte auch gesagt, wenn die Braut aus Trafoi oder Prad oder Glums oder Mals gewesen wäre.

»Laß ihn heiraten, wen er will«, sagte der Alte auf der Bank vor dem Haus und spuckte den Tabaksaft einem Huhn nach, traf es aber nicht.

»Heiraten, wen er will! heiraten, wen er will?! Die Bruckwirt-Witwe ... eine gesetzte, erfahrene Frau ...«

»Mir wär' sie auch zu schiach.«

»Eine fesche Frau, eine gestandene Person ...«

»Sie wird ihm halt zu alt sein.«

»Zu alt – zu alt – was so ein alter Tolm red't. Wenn du die Truhe gesehen hätt'st ...«

»Laß mich in Ruh ...«

Tagelang kreischte und maulte die Alte dem Sohn in die Ohren, daß er die »erfahrene, solide« Bruckwirt-Witwe heiraten solle ... Nein, er heiratete die Jochberger Martha von Stilfs. Aus Trotz ging die Alte nicht zur Hochzeit in die Kirche, ein Skandal. Sie ging statt dessen hinunter zur Bruckwirtin und weinte mit ihr gemeinsam. Der Bruckwirtin wäre der fesche Serafin schon recht gewesen. Sie heiratete später einen Pusterer Wanderhändler, der Weichbrunnkrügel, Mausfallen, Bürsten und die neumodischen Reißnägel verkaufte und Pfunderer Anselm hieß und sich nicht daran störte, wie der Serafin, daß die Braut um acht Jahre älter war als er, und auch nicht an der haarigen Warze am Kinn.

»Aber das bringt dem Serafin kein Glück nicht«, greinte die Alte damals, als sie bei der Bruckwirtin saß und Tränen über die Hochzeit des Sohnes mit der Schlampe aus Stilfs vergoß. »Neunzig Lire Mitgift!« rotzte sie. »Was sind neunzig Lire!«

In Glurns lebte die Federspiel Katharina. Sie hauste in

einer Hinterstube in einem der finsteren Häuser in den geduckten Laubengängen, die sich der Hauptgasse nach hinziehen. Es hieß, sie sei eine Jenische, stamme von den Fahrenden, den Karrnern. Es hieß, sie sei hundert Jahre alt, was sicher nicht stimmte. Es stimmte aber, daß sie gegerbt und runzlig aussah wie hundertjährig. Sie legte Karten. Zu ihr ging die alte Untergruinerin. Sie klopfte. Ein Papagei drin schrie heiser ein Wort, das »Herein!« bedeuten konnte. Die Untergruinerin ging hinein. Es war kein Papagei, der gekrächzt hatte, es war die Federspiel Kathl selber.

»Schaut ganz schlecht aus«, murmelte sie, nachdem sie die Karten aufgeschlagen und lang betrachtet hatte. Wenn der Werktagssterz im Untergruinerhof so fett wie die Karten wäre. »… ganz schlecht«, murmelte die Federspiel Kathl und tippte mit dem langen, schwarzen Nagel auf den Schellen-Unter. Sie paffte aus der Pfeife eine Wolke in die Luft.

»… das heißt: gut.«

»Gut?«

»Gut für deine Schwiegertochter. Schlecht für dich.«

»Sie stirbt nicht am Kind?«

Die Kathl schüttelte den Kopf. Die Haare unter ihrem Kopftuch waren fettig wie die Karten.

»Und«, flüsterte die alte Untergruinerin. »Gibt's kein Mittel?«

»So? Soso?«

Die Untergruinerin zog einen zusammengewuzelten Zehnlireschein aus der Kitteltasche, schob ihn hin.

»So. Soso.«

Die Federspiel Kathl stemmte sich hoch, wobei ihr ein Wind entfuhr. »Sakkra!« sagte sie entschuldigend, ging dann nach hinten und kam mit einer Schachtel zurück. In der Schachtel waren mehrere kleine runde Schachteln, und aus einer davon füllte die Federspiel Kathl ein gelbliches Pulver in ein Papierstanitzl, das sie geschickt wie die Kramerin drehte und dann der alten Untergruinerin in die Hand drückte.

»Da«, sagte sie und nahm die zehn Lire.

»Und?«

»Kennst den Schrägen Stein mit dem Loch? am Knötz-Bichl?«

»Alle guten Geister und Heiligen!«

»Wenn dich keiner sieht, daß du hingehst, passiert dir nichts. Dort betest drei Rosenkränz': einen Schmerzhaften, einen Glorreichen und wieder einen Schmerzhaften. Drei Rosenkränz': keinen mehr, keinen weniger. Und mit dem Rücken zum Stein, aber den Stein mit der Hand hinterrucks anlangen dabei. Aber nicht anschauen ...«

»Und das hilft?«

»Und dann tust ihr ein bißl von dem Pulver in die Suppen. Aber nur an die Wochentag', wo kein R drin ist.«

*

Es ging ein komischer warmer Wind, als die Untergruinerin, die Pinggera Rosa zum Schrägen Stein durch den Wald hinaufstieg. Sechsmal, wenn nicht siebenmal hatte sie sich auf den Weg gemacht, war hintenaus geschlichen, daß sie niemand sah. Aber beim ersten Mal stand, wie's der – ja, *der* – will, der Ratt Christian da, schaufelte ein Loch, weil er seinen toten Hund eingraben wollte. Die Rosa bekreuzigte sich und lief davon. »Was hast d' denn?« schrie ihr der Ratt nach, schüttelte den Kopf und grub weiter.

Das zweite Mal war es die Anna Tschenett, die ihr unversehens über den Weg lief, das dritte Mal ein Unbekannter mit einem gelben Hut, der den oberen Weg, den schlechten, herunterstolperte und laut vor sich hin fluchte, war nicht von hier, sonst hätte sie ihn ja gekannt. Und so einen gelben Hut hatte niemand im Dorf. Dann einmal die Gruberin, die plötzlich ums Eck auftauchte, einmal ein Kind, das plärrte, weil es sich die Stirn angehaut hatte und hinter einem Zaun heraushüpfte, und einmal, das konnte ja nun wirklich nur der ... eben *der* gesehen haben – bimmelte es plötzlich und der Pfarrer Raich kam daher, am einschichtigen hellen Mittag, ein Ministrant voraus, der das Kreuz trug und bimmelte, Versehgang. Die Rosa änderte sofort ihre Pläne und lief hinter dem Pfarrer her, schon weil sie wissen wollte, wer im Sterben lag. Aus dem nächsten Haus kam die Peternel Sophie heraus, die mit dem seitlichen Kropf, band ihre Schürze ab und reihte sich ein, unverzüglich den Rosenkranz leiernd, dann die Ramoser Kathl, dann die Pernstich Kathl, dann die Gutgsöll Kathl, die Schwester von der Rosa, an sich verfeindet, aber bei solcher Gelegenheit machte man von der tief verwurzelten Abneigung natürlich keinen Gebrauch. Und dann waren sie vor dem Haus. Aha: der alte Paulmichl Lorenz. Sie ratterten weiter ihren Rosenkranz herunter vor dem windschiefen Paulmichl-Haus, dann kam der Pfarrer wieder heraus, der Ministrant bimmelte nicht mehr und trug das Kreuz unterm Arm.

»Vierundneunzig ist er geworden«, sagte die Ramoser Kathl, »ist nimmer am Kindsmus derstickt. Herr, sei seiner Seele gnädig.« Beim siebten Mal, da ging die Rosa zur Vorsicht schon in aller Früh, und da blies dieser komische warme Wind, aber es begegnete ihr niemand. Als sie nach den drei vorgeschriebenen Rosenkränzen am Schrägen Stein mit dem Loch wieder herunterschlich, taten ihr die Glieder weh wegen dieser ungünstigen Stellung, den Arm hinterrücks und den Stein ja nicht auslassen (hatte die Federspiel noch gesagt).

Am Mittwoch schüttete sie das erste Pulver, schaute neugierig die Schwiegertochter an. Nichts passierte. Donnerstag hat ein R, Freitag auch. Am Samstag wieder, Sonntag, Montag, Dienstag, Mittwoch – nichts. Die Alte wurde noch giftiger der Schwiegertochter gegenüber als sonst. Die Hühner zu spät gefüttert. Die Geißen zu früh hinausgelassen. Das Feuer zu stark. Das Feuer zu wenig stark. Warum noch nicht die Socken gewaschen? »Was schaust d' denn so, paßt dir nicht, daß ich noch leb'? Wo bleibt mein Kaffee? Was sitzt d'n da herum, ist nix zum Tun?«

Wie lang braucht das Pulver, daß es wirkt?

An St. Pankraz, das war ein warmer, schöner Frühlingstag, saß der alte Pinggera wieder vor dem Haus auf der Bank. Es kam der alte Pinggera, der andere alte Pinggera, ein Nach-Vetter (die Großväter waren Brüder gewesen), und setzte sich neben den alten Pinggera. An sich sahen sie sich alle ziemlich ähnlich, klar, bei der engen Verwandtschaft, aber dann im Alter – für einen Außenstehenden wären diese beiden Pinggera nicht auseinanderzukennen gewesen, die beiden knorzig gewordenen Gesichter. Und dürr, klapperdürr in den zu weiten Hosen aus Stoff wie filzige Bretter.

»Ja, ja«, sagte der andere Pinggera.

Der eine Pinggera sagte nichts.

»Dann«, sagte der andere Pinggera und ging.

Die Rosa kam aus dem Haus: »Was hältst d' den Kopf so blöd schief?« Ging wieder hinein.

Abends hielt er den Kopf immer noch schief. War tot.

»Ich habe mich schon gewundert«, sagte der andere Pinggera zu noch einem anderen Pinggera, dem mit dem Hornauswuchs hinten am Hals, während sie mit dem Leichenzug mitgingen und die Weiber den Rosenkranz leierten, »daß ihm die Pfeifen ausgegangen gewesen ist. Aber, hab' ich mir gedacht, ist seine Sach'.«

Nachdem über ein Jahr nichts passiert war, also der Erfolg nicht eingetreten, nur der alte Bauer gestorben war, schnürte die alte Rosa, die Untergruinerin, an Pauli Bekehrung durch den Schnee hinunter zur Federspielin, um sich zu beschweren. Die kreischte: »Ich weiß nix. Ich – ein Pulver?« Bot nicht einmal mehr einen Platz an. »Ich weiß von nix.« Ging vom Kreischen ins Jammern über. »Mir ist nicht gut.«

»Sie ist g'sund wie zuvor. Und schwanger.«

»Ich weiß von nix.«

»Und hab' alles richtig gemacht.«

»Ich muß mich hinlegen. Ein Pulver? Ich weiß von kein Pulver nicht«, und schob die Rosa zur Tür hinaus.

*

»Und bei Gewitter keine Zündhölzer auf dem Fensterbrett liegen lassen, auch wenn das Fenster zu ist«, sagte die alte

Rosa de Lima Witwe Pinggera dem schon erwähnten Professor, der sich für das Leben der Bergbauern interessierte. Er schrieb alles genau auf.

»Das Fenster offen lassen sowieso nicht«, sagte die Alte. »Einmal, Sie glauben's nicht, ich riech's heut' noch, es war im Vierundzwanziger Jahr oder Fünfundzwanziger, mitten im Sommer zu Petri Kettenfeier, da ist der Blitz so an mir vorbei.« Sie fuhr mit ihrem krummen Zeigefinger eine Spanne weg vor ihrem Gesicht von links nach rechts. »Da beim Haus herein und dort wieder hinaus. Der Blitz.« Sie zischte laut. »So hat's gemacht. Und gestunken.«

Der Professor war nicht ohne Witz. Er lächelte leise und bemerkte ein wenig nebenbei: »Ob das nicht der Ganggerl war, der Gehörnte?«

Die Alte schrie auf: »Seien Sie still. Ich sag's Ihnen, wenn ich damals nicht die Waschschüssel mit Weihwasser hingestellt gehabt hätte, da hier, vor den Stuhl, und meine Füß' im Weihwasser!!« Sie winkte mit der flachen Hand seitlich in Kopfnähe. »Wer weiß, wer weiß. Und danach seh' ich, daß der Serafin die Zündhölzer am Fensterbrett hat liegen lassen.«

Und sie erzählte dem Professor von den Nörggelen, die in Steinhals auf der Hochebene wohnten. Sie habe selber einmal eins gesehen, wie sie im Tauferer Tal über die Höhe hinübergegangen sei. Es sei sofort allerdings, nachdem sie die heilige Rosa von Lima, ihre Namenspatronin, angerufen habe sowie den heiligen Stephan, den heiligen Ulrich und den heiligen Christophorus, sofort verschwunden.

»Wie hat der ausgeschaut?«

»Das bringt Unglück, wenn man zu genau hinschaut.«

Auch auf die Religion wollte der Professor zu sprechen kommen. »Ja, was!« sagte die Untergruinerin. »Sein alle gut katholisch. Und am liebsten ist mir die Muttergottes, ja, am allerliebsten. Den Jesus? Nein, nein, den Jesus mag ich nicht, wie der schiach zu seiner Mutter war, nein, nein, geschieht ihm recht, daß sie 'n gekreuzigt haben, muß er so schlecht von seiner Mutter reden: ›Geh von mir, Weib!‹ Nein, nein, die Muttergottes ist mein ein und alles. Höchstens noch das Jesuskindl, aber vor allem die Muttergottes. Da, schaun S', Herr Professor, das ist die Muttergottes von Weißenstein, die hilft bei Ungewitter und Hagel, und da die Muttergottes von Fatima, die ist mehr für Krankheiten, Erkältung besonders, und die da, die von Regensburg, die ist mehr so für allgemein, wenn man Sorgen hat, hat man ja oft genug, und da in der Schublad', die Muttergottes von Maria Stein – ich tu' immer alle anderen hinein in die Schubladen, wenn ich zu einer um Fürbitt' komm. Man weiß ja nicht – die anderen brauchen's ja nicht zu wissen, wären sonst womöglich beleidigt, und der Segen kehrt sich um. Nein, nein, nein, sind alle gut katholisch hier heroben –«

Die Unterhaltung wurde in anderer Sprache geführt, nicht so, wie hier wiedergegeben. »Des tattert an Unglick bringen, ball ma da gleim hinschaugert.« Aber durch seine vielen Feldforschungen beherrschte der Professor die einschlägigen Idiome. Die der alten Untergruinerin fehlenden Zähne allerdings hätten beinah einen Dolmetscher erforderlich gemacht.

Bei Neumond keine Wäsche waschen. Bei Vollmond keine Reise antreten …, aber die alte Untergruinerin hatte nie eine Reise angetreten, weder bei Vollmond noch bei

Neumond. Einmal war sie am Hoch-Unser-Frauentag mit dem Pfarrer und zwei Dutzend Frauen aus dem Dorf nach Bozen gefahren und von dort nach Maria Weißenstein hinaufgegangen. Das war das Weiteste gewesen, wohin sie gekommen war. »Hat aber auch nichts geholfen. Er hat trotzdem die Schlampe von Stilfs geheiratet.«

»Wer?«

»Der Serafin. Aber daß das Kind, der Bub, dann so geworden ist, *so*. Das war die Strafe. Hab' eine Kerzen gestiftet, heimlich, zum Dank. Ihnen kann ich's ja sagen.« Daß sie damals zur Vorsicht aber auch einen Laib Brot, ein Schüsserl voll Salz und eine am Dreikönigstag gefangene, jetzt vertrocknete Fledermaus hinten beim alten Drudenstein hingelegt hat, mit einem Kranz von Haaren herum, erzählte sie dem Professor dann doch nicht. Ja, aber das schon, daß man beim Ernten ein Büschel Korn am Rand stehenlassen muß, damit die Kornmutter nicht beleidigt ist, und daß man in den Nächten der Tag- und Nachtgleiche eine Schüssel mit Milch hinters Haus stellen muß, für die Weißen Fräulein, die sonst Husten und Schnupfen bringen, berichtete sie schon. Und daß man an Tagen, wenn gesät oder geerntet wird, nichts essen darf. » – was mit E anfängt«, sagte die Alte. »Zum Beispiel Epfelstrudel.« Da lächelte der Professor verstohlen.

»Und die Leute«, sagte der Professor später beim Pfarrer Raich, »glauben an alles das?«

Der Pfarrer ächzte: »Manchmal meine ich, die alten Götter haben sich hier in die hinteren Täler zurückgezogen. Wie die Adler und die Bären.«

MICHAEL KÖHLMEIER

Die Expedition

Ich saß in der Küche – aus jener Mansarde war ich längst ausgezogen –, es war Samstag, noch früh am Morgen. Im ersten Programm wurde ein Feature gesendet. Ich bereitete das Frühstück vor. Christian und Eva, die beiden großen Kinder, waren in der Schule: Pia saß mit Grete und Josef, den beiden kleinen, in der Badewanne. Zwei Männer berichteten im Radio von einer Expedition, einem Fußmarsch quer durch Grönland, und zwar an jener Stelle, wo die Insel am breitesten ist. Zu dritt waren sie aufgebrochen, dreieinhalb Monate waren sie fort gewesen, und als sie heimkehrten, kannten die Kinder des einen ihren Vater nicht mehr.

Beim Frühstück erzählte ich Pia davon; und obwohl die Sendung erst vor wenigen Minuten zu Ende gegangen war, hätte ich nicht mehr mit Bestimmtheit sagen können, ob ich nun das nacherzählte, was ich soeben gehört hatte, oder ob ich mich bereits selbst in diese fremde Geschichte einmischte. Die Fakten sind schnell berichtet: Im Jahr 1983 waren Reinold Minach, Leo Degaspari und Michael Gratt von Bozen in Südtirol aufgebrochen und über Grönland gegangen. Sie hatten weder vorher Lebensmitteldepots angelegt noch hatten sie Funkgeräte mitgenommen, mit denen sie in Verbindung zur Außenwelt hätten treten können; sie waren zu Fuß gegangen, rund vierzehnhundert Kilometer; jeder vor seinen Schlitten gespannt.

Drei Jahre später befragte sie ein Journalist danach. In der Einleitung zu seinem Feature hieß es: Michael Gratt habe sich geweigert, vor dem Mikrophon zu sprechen; Leo Degaspari und Reinold Minach hätten es abgelehnt, gemeinsam von ihrer Reise zu erzählen. Seit jener Expedition hätten sie jeden Kontakt untereinander abgebrochen. Degaspari und Minach seien getrennt aufgenommen, ihre Aussagen später im Studio geschnitten und zusammenmontiert worden.

Minach und Degaspari konnten und wollten sich nicht mehr sehen. Ihre Erzählungen sparten vieles aus, manches deuteten sie nur an. Degaspari habe während der Expedition eineinhalb Monate lang kein Wort geredet. Der Streit zwischen den beiden habe bereits begonnen, nachdem sie vom Helikopter an der Ostküste abgesetzt worden waren, also bereits am ersten Tag. Im Radio schraken sie davor zurück, dem Tier einen Namen zu geben. Wenn es einmal zutrifft, Haß abgrundtief zu nennen, dann hier, dachte ich. Das Tier kriecht bis nach Grönland, wenn es gerufen wird.

Die Expedition war ein Rekord. Minach, Degaspari und Gratt hatten ihre Schlitten durch den Gletschergürtel an der Ostküste der Insel geschleppt, sie über das zweitausend Meter hohe Inlandeis gezogen und waren nach unbeschreiblichen Strapazen im Westen wieder zur Küste abgestiegen.

Für eine ähnliche Strecke benötigte die Wegener-Koch-Expedition mit Pferden, Hunden und vorher gesetzten

Lebensmitteldepots zwei Jahre. Minach, Degaspari und Gratt schafften es in achtundachtzig Tagen.

Bis dahin galt als unmöglich, unter solchen Bedingungen mehr als fünfhundert Kilometer zurückzulegen. Es ist eine einfache Rechnung: Ein Flugzeug kann nur so weit fliegen, wie der Treibstoff reicht, den es vom Boden hochkriegt. Das Gewicht von Ausrüstung und Verpflegung muß abgestimmt sein auf die Kraft desjenigen, der sich vor den Schlitten spannt. Eine Gruppe kommt so weit, wie die Verpflegung reicht, die sie bei sich hat. Verpflegung kann sie so viel mitnehmen, wie sie schleppen kann.

Die Maximalstrecke unter diesen Bedingungen wären fünfhundert Kilometer. Minach, Degaspari und Gratt schafften fast das Dreifache – vierzehnhundert Kilometer – auf Skiern, ohne fremde Hilfe, ohne Verpflegungsdepots, ohne Funkgeräte.

Die Expedition war ein Rekord.

Das öffentliche Interesse blieb weitgehend aus. Jede Besteigung irgendeines Gipfels im Himalaya erregte mehr Aufsehen. Heute, da ich mich mit dieser Expedition einigermaßen auseinandergesetzt habe, erscheint mir die öffentliche Achtlosigkeit unverständlich, geradezu verletzend.

Nicht jeder Rekord interessiert; und manche Rätsel lösen sich banal auf. Auch Verrückte können nicht zaubern. Anstatt normaler Nahrung hatten Minach, Degaspari und Gratt Astronautennahrung in Pulverform mitgenommen, die um ein Vielfaches leichter war. Das war die Voraussetzung für das Gelingen ihres Unternehmens. Mit einer Nahrung, die gemacht ist für Menschen, die auf den Mond fliegen, haben sie lediglich Grönland überquert.

Ich hatte die Rundfunksendung zum größten Teil auf Kassette aufgenommen. Immer wieder hörte ich mir das Band an: die Stimme von Reinold Minach, diese rauhe und doch eher hohe Stimme, die manche, ganz und gar nicht wichtigen Sätze mit Vorsicht formulierte, als hinge davon etwas ab, als sollte Mißverständnissen vorgebeugt werden; die Stimme von Leo Degaspari, die sich anhörte wie das Bellen eines Hundes.

Ich beschloß, die drei Männer zu besuchen. Ich nahm über den Rundfunk Kontakt mit dem Journalisten auf, der die Sendung gestaltet hatte, der gab mir die Telefonnummern von Degaspari und Minach – Gratt sei telefonisch nicht zu erreichen –, ich rief an und verabredete mich.

...

Gegen Mittag kam der Zug in Bozen an. Es war föhnig warm. Ich hatte gute Laune, obwohl mein Gelenk noch immer schmerzte. Eines der Mädchen hatte mir seinen Schal geschenkt und fest um das Gelenk gebunden. Den Koffer mußte ich mit der linken Hand tragen.

Minach wohnte nur wenige Schritte vom Bahnhof entfernt. Aber ich wollte nicht gleich zu ihm gehen. Wir hatten uns am Telefon für den frühen Abend verabredet. Er war erst wenige Tage zuvor aus Grönland zurückgekehrt. Seit der großen Expedition fahre er ein- bis dreimal im Jahr hinauf.

Ich ging also in die Stadt, aß in einem Restaurant eine Portion Gnocchi, trank einen Espresso und schlenderte anschließend durch die Gassen.

Es war April und roch wie im Sommer. Der Föhn bauschte meine Jacke. Ein Teil des Domplatzes war grell von der

Sonne beschienen, der andere Teil lag im Schatten. Das Licht änderte sich schnell, wenn die Wolken die Sonne verdeckten. Der Platz wurde düster und herbstlich. Dann brach die Sonne wieder durch, ließ eine Häuserfassade aufleuchten, einen Augenblick nur, schon wischte wieder der Schatten darüber und eine andere Hauswand erstrahlte im Licht.

Der Föhn, die südländische Architektur, die Gerüche in den Gassen – Oregano in der Nähe der Restaurants, das Essigwasser, mit dem die Kellner die Tische wischten –, alles rief in mir den Sommer vor elf Jahren wach. Aber ich erkannte nicht wieder, was ich sah. Als wären wir damals in einer anderen Stadt gewesen, einer ähnlichen Stadt. Hatte so der Dom ausgesehen? War das der Platz, über den wir gegangen waren? Die Gerüche, die Architektur erinnerten daran, aber über die Erinnerung an Bozen war so vieles hinweggegangen in den folgenden Jahren, daß daraus ein anderes Bild geworden war, ein Bild, das mit dem Original wenig zu tun hatte.

Ich wäre gern mit Pia hierher gefahren. Aber es gab niemanden, dem wir die Kleinen für ein paar Tage anvertrauen wollten. Sie wären auch bei niemandem geblieben. Hier hatten Pia und ich uns kennengelernt. Nein, nicht in Bozen, ein paar Kilometer weiter, in Eppan. Vor elf Jahren.

Wenn wir später in meiner Mansarde auf den beiden Wolldecken lagen und uns unsere Zukunft dadurch vergewissern wollten, daß wir aus unserer Vergangenheit eine Geschichte machten, bauten wir um jene drei Tage eine Stadt auf, in deren Zentrum nicht ein Dom stand, sondern eine kleine Tabaktrafik, und diese Stadt hatte schon lange nichts mehr mit Bozen gemein, sie wurde zu einer starken Festung um unsere Liebe, veränderte sich im selben Maße, wie wir nicht wußten, was weiter mit uns geschehen würde.

In Eppan, wenige Kilometer von Bozen entfernt, hatten wir drei Tage mit Freunden verbracht. Eppan war in der Erinnerung ein Nachtclub und ein Hotelzimmer. Sonst nichts.

Im Nachtclub *Dolomiti* hatten wir die Köpfe aneinander geschlagen. Schon in der ersten Nacht im Hotel waren wir beieinander gelegen. Die Freunde, mit denen wir zusammen waren – damals waren sie noch Freunde –, alle hatten wir zum Schweigen gebracht.

Von den Freunden sind wenige geblieben. Im Krieg mit Pias Mann standen sie in seiner zweiten Linie – stumm, aber gerecht. Wir lachten nur über sie.

Schon am ersten Morgen in Eppan, als Pia und ich den Frühstücksraum des Hotels betraten, hatte uns ihre Stummheit zum Lachen gereizt. Man sah den Gesichtern an, was ihr Schweigen bedeutete. Die drei Tage in Südtirol sind Gemeinschaftseigentum, niemand darf sagen, sie gehören ihm allein! Aber die liberalen Freunde haben sich nicht getraut, das auszusprechen. Darum schauten sie uns auch nicht an, als wir uns an ihren Tisch setzten, sondern starrten auf ihre berechenbaren Buttersemmeln.

Und dann kam obendrein die Besitzerin des Hotels an unseren Tisch und fragte mit lauter Stimme: »Wer von Ihnen, bitte, wohnt auf Nummer 17?«

Sie hatte die Fäuste in die Hüften gestemmt, war zornig, wollte umgehend eine Antwort von uns, den geringsten ihrer Gäste.

»Ich wohne auf Nummer 17«, sagte ich.

Alle wußten, daß es Pias Zimmernummer war.

»Sind Sie Bettnässer?«, fragte sie. – Es sollte beleidigend klingen – hat da doch tatsächlich einer Bier oder Limonade ins Bett geschüttet! – die Frage sollte provozierend sein, niemals erwartete sie eine positive Antwort.

Die Absurdität all dessen, was uns umgibt, dachte ich, nein, Absurdität gibt es nicht, das ist eine Frage der Wahrnehmung. Ein blankgeputzter Kopf nimmt Absurdität wahr, weil sich in ihm Eindrücke nicht vergleichen lassen mit anderen Eindrücken. Und ja, an diesem Morgen war mein Kopf blankgeputzt.

In der Nacht hatte ich an Pias Tür geklopft. Pia stand unter der Dachschräge. Als sie ihr Hemd über den Kopf zog, verloren wir uns für einen Moment aus den Augen. Meine Haut schälte sich, ließ sich in Fetzen von den Beinen ziehen. Ich war vorher in der Bretagne gewesen, hatte mir einen Sonnenbrand geholt.

In dem Zimmer war es heiß, und als draußen schon die Amseln pfiffen, war es immer noch heiß. Es war heiß, weil die Zentralheizung eingeschaltet war, mitten im August. Ich drehte den Heizkörper ab. Aber entweder stimmte etwas mit dem Gewinde nicht, oder ich drehte in die falsche Richtung; auf jeden Fall spritzte Wasser auf das Bett, und noch ehe ich wieder in die andere Richtung drehen konnte, war der untere Teil der Zudecke naß. Obendrein hatte ich mir die Hand verbrüht.

»Ja, ich bin Bettnässer«, sagte ich.

Pia und ich durften uns nicht in die Augen schauen. Ich drehte mich zu der Frau um.

»Ich bin Bettnässer«, wiederholte ich.

Aller Zorn wich aus ihrem Gesicht. Sie biß sich auf die Unterlippe, sie hatte einen kleinen Leberfleck an der Wange, verlegen knetete sie ihre Hände.

»Das wollte ich nur wissen«, sagte sie, und Bedauern schwang in ihrer Stimme mit. – Daß sie vor allen Leuten so direkt gefragt hatte! Aber doch nur deshalb, weil sie eine andere Antwort erwartet hatte! Bettnässen kann man einem Menschen ja nicht vorwerfen! Das ist ja nichts Mutwilliges wie das Verschütten von Bier oder Limonade! Die Bettwäsche wird ohnehin täglich gewechselt! Nicht der Tatsache selbst, lediglich einer Mutwilligkeit hatte ihr Zorn gegolten.

Mäuschenstill war es an unserem Frühstückstisch. Pia strich Butter auf eine Semmel, immer mehr und mehr, bis sie merkte, daß es zu viel war, und sie die Butter wieder abkratzte.

Wunderbar, die Gesichter der anderen zu beobachten, in denen sich in hurtiger Abfrage alle Möglichkeiten einer Antwort spiegelten: Wie kommt bei denen Pisse ins Bett? Warum hat er seine Hand verbunden?

Und dann nach dem Frühstück waren wir alle miteinander nach Bozen gefahren, waren schweigend im vw-Bus gesessen.

In Bozen auf dem Markt hatte ich Pia in der Menschenmenge aus den Augen verloren. Ich kümmerte mich nicht um die anderen, lief durch die Straßen und Gassen. Es waren so viele Menschen unterwegs, sie standen nicht etwa beieinander und unterhielten sich oder spazierten herum wie Touristen, sie hatten es eilig wie ich. Ich lief zwischen ihnen hin und her, sprang in die Höhe, um die Straße überblicken zu können.

Schließlich gab ich auf, wollte zu den anderen zurückkehren, wollte ihnen geradeheraus erklären, wie es sich in Wirklichkeit mit der nassen Bettdecke und der verbundenen Hand verhalte. Da sah ich sie aus einem Tabakladen treten. Die Ärmel ihres blauweiß gestreiften Pullovers hatte sie über die Ellbogen geschoben. Die Sonne schien ihr ins Gesicht.

Die Vertraulichkeit, mit der ich an sie gedacht hatte, überraschte mich. Einen Augenblick überlegte ich, ob ich so tun sollte, als sähe ich sie nicht, als stünde ich nur zufällig vor diesem Tabakladen. Ich hatte einfach vorausgesetzt, daß auch sie mich suchte. Viel wahrscheinlicher war es doch, daß sie nicht mit uns zusammensein wollte – mit uns nicht, also auch mit mir nicht.

Sie war geblendet und sah mich zuerst nicht, obwohl ich vor ihr stand. Ich wußte nichts von ihr, nichts, was vor dem gestrigen Abend gewesen war. In der Hand hielt sie ein Feuerzeug aus Messing.

»Hier«, sagte sie. »Das ist für dich.«

Ich war seither nie wieder in Bozen gewesen. Ich hatte kein Bild von der Stadt in mir behalten. Nur an diesen Tabakladen erinnerte ich mich. Man mußte zwei oder drei Stufen hinuntergehen, um ihn zu betreten, und der Ladentisch war links von der Tür. In meiner Erinnerung war der Laden kühl und dunkel.

Nach dem Essen stellte ich meinen Koffer beim Bahnhof in einem Schließfach unter und schlenderte an dem Haus, in dem Minach wohnte, vorbei zum Domplatz. Ich wollte den Tabakladen suchen, aber ich hatte keinen Anhaltspunkt, wo er sein könnte. Nichts kam mir auch nur einigermaßen bekannt vor.

Ich ging zum Bahnhof zurück, versuchte von einer Telefonzelle aus, zu Hause anzurufen, kam aber nicht durch. Also setzte ich mich in dem kleinen Park vor dem Bahnhof in die Sonne und wartete. Als es allmählich kühler wurde, holte ich meinen Koffer aus dem Schließfach und klingelte bald darauf neben dem blanken Messingschild, auf dem »Minach« stand. Der elektrische Türöffner summte, und ich trat ein.

Es war ein pompöses Bürgerhaus mit marmornem Stiegenaufgang und Messingknäufen an den Geländern. Schon am Telefon hatte mir Minach gesagt, er wohne ganz oben unter dem Dach, ich solle mich von der Bürgerlichkeit des Hauses nicht abschrecken lassen. Bürger Grönlandüberquerer!

Es waren vier Stockwerke mit weit ausholenden Stiegen. Ich hörte oben einen Mann husten, Es war ein Husten, mit dem jemand auf sich aufmerksam machen wollte. Ich war gespannt, wie Minach aussah. Die letze Stiege wurde nur durch eine winzige Dachluke beleuchtet. Auf das oberste Geländer gestützt, blickte er auf mich hinunter, wie ich über die letzte Treppe heraufkam. Hier war kein Marmor mehr. Die Wände waren lediglich weiß getüncht.

Reinhold Minach war groß und dünn. Zuerst war ich irritiert, weil ich mir diese Stimme nicht in diesem Mann vorstellen konnte. Er reichte mir die Hand, nahm meinen Koffer und sagte: »Kommen Sie herein!«

...

Ein Ehepaar erzählt einen Witz

Herr Panter, wir haben gestern einen so reizenden Witz gehört, den *müssen* wir Ihnen … also den *muß* ich Ihnen erzählen. Mein Mann kannte ihn schon … aber er ist zu reizend. Also passen Sie auf. Ein Mann, Walter, streu nicht den Tabak auf den Teppich, da! Streust ja den ganzen Tabak auf den Teppich, also ein Mann, nein, ein Wanderer verirrt sich im Gebirge. Also der geht im Gebirge und verirrt sich, in den Alpen. Was? In den Dolomiten, also nicht in den Alpen, ist ja ganz egal. Also er geht da durch die Nacht, und da sieht er ein Licht, und er geht grade auf das Licht zu … laß mich doch erzählen! das gehört dazu! … geht drauf zu, und da ist eine Hütte, da wohnen zwei Bauersleute drin. Ein Bauer und eine Bauersfrau. Der Bauer ist alt, und sie ist jung und hübsch, ja, sie ist jung. Die liegen schon im Bett. Nein, die liegen noch nicht im Bett …«

»Meine Frau kann keine Witze erzählen. Laß mich mal. Du kannst nachher sagen, ob's richtig war. Also nun werde ich Ihnen das mal erzählen. Also, ein Mann wandert durch die Dolomiten und verirrt sich. Da kommt er – du machst einen ganz verwirrt, so ist der Witz gar nicht! Der Witz ist ganz anders. In den Dolomiten, so ist das! In den Dolomiten wohnt ein alter Bauer mit seiner jungen Frau. Und die haben gar nichts mehr zu essen; bis zum nächsten Markttag haben sie bloß noch eine Konservenbüchse mit Rindfleisch. Und die sparen sie sich auf. Und da kommt ... wieso? Das ist ganz richtig! Sei mal still ..., da kommt in der Nacht ein Wandersmann, also da klopft es an die Tür, da steht ein Mann, der hat sich verirrt, und der bittet um Nachtquartier. Nun haben die aber kein Quartier, das heißt, sie haben nur ein Bett, da schlafen sie zu zweit drin. Wie? Trude, das ist doch Unsinn ... Das kann sehr nett sein!« »Na, ich könnte das nicht. Immer da einen, der – im Schlaf strampelt ... also ich könnte das nicht!«

»Sollst du ja auch gar nicht. Unterbrich mich nicht immer.«

»Du sagst doch, das wär nett. Ich finde das nicht nett.«

»Also ...«

»Walter! Die Asche! Kannst du denn nicht den Aschbecher nehmen?«

»Also ... der Wanderer steht da nun in der Hütte, er trieft vor Regen, und er möchte doch da schlafen. Und da sagt ihm der Bauer, er kann ja in dem Bett schlafen, mit der Frau.«

»Nein, so war das nicht. Walter, du erzählst es ganz falsch! Dazwischen, zwischen ihm und der Frau – also der Wanderer in der Mitte!«

»Meinetwegen in der Mitte. Das ist doch ganz egal.«

»Das ist gar nicht egal ... der ganze Witz beruht ja darauf.«

»Der Witz beruht doch nicht darauf, wo der Mann schläft!«

»Natürlich beruht er darauf! Wie soll denn Herr Panter den Witz so verstehen ... laß mich mal – ich werd ihn mal erzählen! – Also der Mann schläft, verstehen Sie, zwischen dem alten Bauer und seiner Frau. Und draußen gewittert es. Laß mich doch mal!«

»Sie erzählt ihn ganz falsch. Es gewittert erst gar nicht, sondern die schlafen friedlich ein. Plötzlich wacht der Bauer auf und sagt zu seiner Frau – Trude, geh mal ans Telephon, es klingelt. – Nein, also das sagt er natürlich nicht ... Der Bauer sagt zu seiner Frau ... Wer ist da? Wer ist am Telephon? Sag' ihm, er soll später noch mal anrufen – jetzt haben wir keine Zeit! Ja. Nein. Ja. Häng' ab! Häng' doch ab!«

»Hat er Ihnen den Witz schon zu Ende erzählt? Nein, noch nicht? Na, erzähl' doch!«

»Da sagt der Bauer: Ich muß mal raus, nach den Ziegen sehn – mir ist so, als hätten die sich losgemacht, und dann haben wir morgen keine Milch! Ich will mal sehn, ob die Stalltür auch gut zugeschlossen ist.« »Walter, entschuldige, wenn ich unterbreche, aber Paul sagt, nachher kann er nicht anrufen, er ruft erst abends an.« »Gut, abends. Also der Bauer – nehmen Sie doch noch ein bißchen Kaffee! – Also der Bauer geht raus, und kaum ist er rausgegangen, da stupst die junge Frau ...«

»Ganz falsch. Total falsch. Doch nicht das erstemal! Er geht raus, aber sie stupst erst beim drittenmal – der Bauer geht nämlich dreimal raus – das fand ich so furchtbar komisch! Laß mich mal! Also der Bauer geht raus, nach der Ziege sehn, und die Ziege ist da, und er kommt wieder rein.« »Falsch. Er bleibt ganz lange draußen. Inzwischen sagt die junge Frau zu dem Wanderer –«

»Gar nichts sagt sie. Der Bauer kommt rein ...« »Erst

kommt er nicht rein!« »Also … der Bauer kommt rein, und wie er eine Weile schläft, da fährt er plötzlich aus dem Schlaf hoch und sagt: Ich muß doch noch mal nach der Ziege sehen – und geht wieder raus.«

»Du hast ja ganz vergessen, zu erzählen, daß der Wanderer furchtbaren Hunger hat!«

»Ja. Der Wanderer hat vorher beim Abendbrot gesagt, er hat so furchtbaren Hunger, und da haben die gesagt, ein bißchen Käse wäre noch da …«

»Und Milch!« »Und Milch, und es war auch noch etwas Fleischkonserve da, aber die könnten sie ihm nicht geben, weil die eben bis zum nächsten Markttag reichen muß. Und dann sind sie zu Bett gegangen.«

»Und wie nun der Bauer draußen ist, da stupst sie den, also da stupst die Frau den Wanderer in die Seite und sagt: Na …«

»Keine Spur! Aber keine Spur! Walter, das ist doch falsch! Sie sagt doch nicht: Na …!« »Natürlich sagt sie: Na …! Was soll sie denn sagen?«

»Sie sagt: Jetzt wäre so eine Gelegenheit …« »Sie sagt im Gegenteil: Na … und stupst den Wandersmann in die Seite …« »Du verdirbst aber wirklich jeden Witz, Walter!«

»Das ist großartig! Ich verderbe jeden Witz? Du verdirbst jeden Witz – ich verderbe doch nicht jeden Witz! Da sagt die Frau …«

»Jetzt laß *mich* mal den Witz erzählen! Du verkorkst ja die Pointe …!«

»Also jetzt mach mich nicht böse, Trude! Wenn ich einen Witz anfange, will ich ihn auch zu Ende erzählen …«

»Du hast ihn ja gar nicht angefangen … *ich* habe ihn angefangen!« »Das ist ganz egal – jedenfalls will ich die Geschichte zu Ende erzählen; denn du kannst keine Geschichten erzählen, wenigstens nicht richtig!« »Und ich erzähle eben meine Geschichten nach meiner Art und nicht nach deiner, und wenn es dir nicht paßt, dann mußt du eben nicht zuhören …!«

»Ich will auch gar nicht zuhören … ich will sie zu Ende erzählen und zwar so, daß Herr Panter einen Genuß von der Geschichte hat!« »Wenn du vielleicht glaubst, daß es ein Genuß ist, dir zuzuhören …« »Trude!« »Nun sagen Sie, Herr Panter ist das auszuhalten! Und so nervös ist er schon die ganze Woche … ich habe …« »Du bist …« »Deine Unbeherrschtheit …« »Gleich wird sie sagen: Komplexe! Deine Mutter nennt das einfach schlechte Erziehung …« »Meine Kinderstube …!« »Wer hat denn die Sache beim Anwalt rückgängig gemacht? Wer denn? Ich vielleicht? Du! Du hast gebeten, daß die Scheidung nicht …« »Lüge!« Bumm: Türgeknall rechts. Bumm: Türgeknall links. Jetzt sitze ich da mit dem halben Witz. Was hat der Mann zu der jungen Bauersfrau gesagt?

Acht Seligkeiten und ein Geheimtipp

Auch eine Südtirolgeschichte

Die Münchner sind besessen von Südtirol. Südtirol ist Bayern mit Sonne; unglücklicherweise durch einen lästigen Streifen Nordtirol von den Münchner Vorgärten getrennt. Und für den, der was drauf hält: Es ist Bayern mit besserem Essen. Jedenfalls heutzutage.

Als mein Großvater für das Ingenieurbüro des Oskar von Miller in den 1920er-Jahren nach Südtirol ging, um beim Ausbau der dortigen Elektrizitätswerke und -versorgung mitzuwirken, war der italienische Einfluss – sattsam bekannt als »dolce vita« – im Lande noch kein Marketingargument für die Tourismuswerbung; ganz im Gegenteil. Da waren die Italiener die faschistischen Besatzer eines geraubten Landstrichs, der bis Ende des Ersten Weltkriegs 1918 zu Österreich gehört hatte. Und die brauchten eine Menge Strom, um die Aluminiumwerke von Bozen am Laufen zu halten.

Was genau der Großvater beruflich dort gemacht hat, weiß ich nicht. Ist ja bei Familienlegenden oft besser, es nicht allzu genau zu wissen oder wissen zu wollen. Aber den Südtirolvirus hat er, ein (zugezogener) Münchner, sich eingefangen. Ich besitze einen kolorierten Stich, er stellt das Schloss Runkelstein bei Bozen dar; auf der Rückseite des gerahmten Bildchens steht der Name meiner Großmutter und ihre damalige Münchner Adresse: auch sie ein Virusopfer. Jedenfalls wurde Südtirol, genauer: ein Dorf mit dem unwahrscheinlichen Namen Gufidaun – oberhalb von Klausen im Eisacktal – zum Ort der alljährlichen Sommerfrische seiner jungen Familie. Unausweichlich und erblich, bis mein Vater – in einem späten Akt der Auflehnung gegen seinen Vater – einen Bauernhof in Österreich zum Spielort des sommerlichen Familienurlaubs machte. Trotzdem habe ich ein paar Erinnerungen an Gufidaun: Ein kleiner blauer Spielzeugtraktor, den ich zum fünften Geburtstag bekam, ein großer, flacher und abwärts geneigter Stein (draußen am »Butzen«, ein vorgelagerter Hügel), über den ich – mit damals obligater kurzer Lederhose – hinabrutschen konnte. Und der Opa, und der Turmwirt, der Unterwirt, und die Sommerburg, die Coburg. Und eine stillgelegte Kegelbahn. Vollpension und die unveränderliche Frage der Turmwirtin zum Nachtisch: Obscht, Eis oder Kas?

Später wurde Südtirol zu einem »links und rechts der Autobahn«. Vorne lag Italien, die Adria und die Riviera, da wollten wir hin. Bodenberührung gab es nur bei Pinkelpausen. Man hakte ab, was man hinter sich hatte: Brenner, Franzensfeste, Kloster Säben, Bozen, Trient, Rovereto. Ließ die Enge der Berge hinter sich und atmete auf, als die letzte leichte Schwelle überrollt war und sich die weite Ebene nach Verona auftat. Die Münchner Gardasee-Surfer kamen nicht ganz so weit. Die starteten Samstag früh, rasten durch (das Klischeebild ist ein Golf GTI mit drei, vier Brettern auf dem Dach verzurrt), nur zweimal wurde kurz gebremst von den damals noch tätigen Grenzern, um rechtzeitig zum aufkommenden Wind in Torbole oder Malcesine auftakeln zu können. Südtirol war etwas für alte Leute mit Sinn fürs Bodenständige, die um Gottes willen nichts erleben wollten und einfache Fremdenzimmer mit fließend Wasser hinnahmen, weil sie es nicht anders gewohnt waren. Rote Kniestrümpfe, Bundhosen und karierte Wanderhemden aus Baumwolle, etwas Speck und einen wässrigen Wein vom Kalterer See, Busse willkommen, danke und jetzt bitte weiterfahren. Mehr brauchte es nicht. Gut, das wärmere Südalpenklima, den früheren Frühling und den längeren Sommer.

Luis Trenker war groß, erzählte im Schwarzweißfernsehen höchst farbig vom Bergsteigen und vom Weltkrieg (dem Ersten) – »drunten seins gstandn und ham gschossen, droben sein mir gwesn und ham aa gschossn, gstorbn is worden, furchtbar wars« –, Reinhold Messner noch klein und im Besitze aller seiner Zehen, die er dann im Himalaya ließ, wie auch seinen kleinen Bruder. Aber die Münchner haben immer noch für Südtirol gefühlt. Ein CSU-Stadtrat und Besitzer einer (keine Erfindung des Autors) Käseschachtelfabrik gründete einen Verein namens »Stille Hilfe für Südtirol«, der an die vierzig Jahre lang Geld zugunsten der »deutschen Volksgruppe« im Land sammelte; vornehmlich für hart arbeitende, aber wenig verdienende Bergbauern, die in Not geraten waren. Eine gute Sache; zumindest gut gemeint. Noch stiller allerdings floss die Hilfe in die Kassen der in Not geratenen Käseschachtelfabrik, zu deren Rettung der brave Nothelfer ein paar Millionen Mark der Spendengelder abzweigte. Half nichts: Die Firma ging trotzdem pleite, der Mann für eine überschaubare Weile ins

Gefängnis, und der Verein wurde 2003 aufgelöst. Wegen des Skandals, aber auch, weil er einfach nicht mehr zeitgemäß war. Finanzielle Hilfe in ganz anderen Dimensionen steckte in europäischen Entwicklungsfonds; und die Südtiroler wissen bis heute sehr gut, wie man diese prallen Euter melkt. Das Land ist dadurch und natürlich auch durch den Fleiß und das Geschick seiner Leute wohlhabend geworden und hat die meisten anderen italienischen Provinzen in punkto Wirtschaftskraft längst abgehängt. So gut wie jeder Bergbauernhof ist durch eine Straße erschlossen, und inzwischen auch die meisten Almhütten. Um die Qualität der Forstwege dürfte manche Stadt im alten, industriellen Westdeutschland die Südtiroler beneiden.

Warum erzähle ich das: Weil mir Südtirol – familiäre Geschichte hin oder her – doch relativ egal wäre, wenn, ja wenn ... oder wenn nicht. Dazu ein Gedicht:

So alt wie die Stadt und aus gutem Holz
Ist der Bozner Schlag und der Bozner Stolz;
Jedoch um ein richtiger Bozner zu sein,
Genügt nicht nur der Heimatschein.
Dazu muss man seit alten Zeiten
Auch teilhaftig sein der acht Seligkeiten,
Durch die ein jeder, noch eh er stirbt,
Bei uns hier den Himmel auf Erden erwirbt.

Diese Seligkeiten sind, wie man in der merkantil geprägten Gesellschaft einer alten Handelsstadt erwarten darf, eher materieller Natur: Erstens ein Haus unter den Lauben (beste Bozner Lage), zweitens den eigenen Wein vom Hofgut vor den Toren, drittens die Sommerfrische auf dem Ritten (Berg-rücken oberhalb von Bozen), viertens ein Kirchenstuhl (re-servierter Sitzplatz im Bozner Dom, heute noch am ehesten zu haben), fünftens eine Loge im Stadttheater, sechstens ein repräsentatives Familiengrab bei den Friedhofsarkaden und siebtens so viel Wäsche im Schrank, dass man nur alle halbe Jahre waschen muss. – Geschenkt, das alles. Hier kommt's (und keine Ahnung, wer Frau von Zallinger ist):

Als achte verlangen die einen genau,
Man müsse verwandt sein mit der Frau
Von Zallinger oder – wofür ich bin –
Verheiratet mit einer Boznerin;
Denn dieses war zu jeder Zeit
*Die höchste Bozner Seligkeit.**

Das ist mir geglückt; unter Umständen, die hier nicht wei-ter ausgebreitet werden sollen. Jedenfalls war der gerissene familiäre Faden nach Südtirol unverhofft, unversehens wie-der verknüpft. Was meinen Vater ungemein erfreut hat.

Nicht mehr nur links und rechts der Autobahn, sondern Ausfahrt Bozen Nord. Und im Sommer vor allem Ausfahrt Sterzing, am Ende der Rampe vom Brennerpass, gleich nach der ersten Mautstation. Denn als Sommerfrische – Se-ligkeit Nummer drei – gab es keinen Ansitz auf dem Rit-ten, sondern ein altes Haus im Dorfkern von Sarnthein; ein beachtliches Gemäuer mit Geschichte als Mühle, Brauerei und Gasthaus, erbaut aus den Felsbrocken des Bachbetts,

* »Die acht Bozner Seligkeiten« von Karl Theodor Hoeniger

mit einem Treppenhaus aus Lärchenholzdielen, die noch immer duften.

Über das Penser Joch, die alte Militärstraße, die Mussolini bauen ließ, kann man sich von Sterzing, von Norden her in das Sarntal schleichen, das südtirolerischste aller Südtiroler Täler. Die anderen Talschaften mögen protestieren: mir egal.

Die Sarner Gipfel sind nicht in ewigem Eis gepanzert, keine bleichgesichtige Dolomitenschönheit guckt hochmütig herab auf uns Talkreaturen. Links oder westlich – talaufwärts gesehen – im blanken Fels das gesprenkelte Grau von Gneis und Granit. Rechts oder östlich der Bozner Porphyr von mattblassem Rot, der, in der Abendsonne vor allem, eine gewisse Glut entwickeln kann und von der Westflanke des Sarner Hausberges, der Scharte, noch ein warmes Licht über den abkühlenden, verschatteten Talboden wirft. Nach Bozen im Süden zu verengt sich dieses Tal in einen verschlungenen Abgrund, dort drunten tobt und tost die Talfer, die in der Gegend des Penser Jochs als Bächlein entspringt, in das man kaum die Füße tauchen kann (und möchte, weil so eisig kalt). Deswegen ist es lange abgeschieden geblieben, zu mühsam waren die Wege über die Jöcher und Sättel; da ging man nicht zum Spaß, sondern weil und wenn man musste.

Der Rest Südtirols macht Witze über die Sarner, so wie die Bayern Witze über die Ostfriesen und die Ostfriesen Witze über die Bayern erzählen. Doof sind immer die anderen, freie Auswahl, riesige Auswahl. Bloß, Bayern und Sarner würden niemals Witze übereinander machen, denn das Sarntal wurde einst von bajuwarischen Stämmen besiedelt. Wir – wenn ich mich dazu zählen darf – sind verwandt. Wer den bayerischen Dialekt kennt, erkennt im Sarnerischen viele alte Bekannte. Wenn die Bäuerinnen zwischen Bundschen und Pens Tracht anlegen, dann ist es das »Boarische«, nur so als Beispiel.

Gut. Meine »Bozner Kaufmannstochter« – so hatte sie eine Kleinanzeige inseriert, um in und um München herum eine Studentenwohnung zu finden –, spielte ebenfalls mit der Münchner Südtirolverliebtheit. Wenn sie damals schon eine Heiratsanzeige geschaltet hätte, es hätte wohl auch ruckzuck geklappt; nur eben nicht mit uns zwei beiden.

Beim Eintritt in eine neue, mehr oder minder fremde Gesellschaft sind Initiationsriten zu absolvieren. Man bezahlt sozusagen Eintritt. Mein künftiger Schwiegervater, jener Bozner Kaufmann, unterzog mich einem Test, den ich nur vermasseln konnte. Und den ich auch vermasselte. Er nahm mich mit zum Angeln in der Talfer; kurz nachdem die Kaufmannstochter und ich die Heiratspläne annonciert hatten. Angeln, fischen, das sagt mir nichts. Ich konnte mich nicht anders nützlich machen, als die Würmer, die ihr Ende aufgespießt auf Angelhaken finden sollten, bereitzuhalten – in der wärmenden Kugel meiner zusammengelegten Hände –, während der Angler waghalsig über die glitschigen Felsen des Bachbettes balancierte – und die wuselnden Würmer meine Handflächen kitzelten. *Things we do for love*. Weitere Angelausflüge unterblieben. Zur Jagd wurde ich erst gar nicht geladen. Und da hätte ich wahrscheinlich gehüstelt wie Prinzessin Sisi im Heimatschmalzfilm, um Bambi zu retten, sobald es ins Fadenkreuz des Jägers geriete.

So … irgendwie kam ich im Sarntal an und blieb. Meinen ersten Roman schrieb ich dort, die späteren zumindest zum Teil ebenfalls. Aus dem Fenster sah ich den Turm von Schloss Reinegg. Auf Hunderten von Spaziergängen mit dem Hund vom Dorf hinauf zum Schloss und wieder hinunter zum Dorf hatte ich tolle Ideen, von denen es nur wenige bis zum Schreibtisch schafften. Aber noch Jahre später erkannten mich Talbewohner am Hund, obwohl der schon längst tot war. Im kleinen Supermarkt sagten die Damen an der Kasse eines Tages einfach: *Griaß di*, wie zu allen anderen und redeten im Dialekt anstatt sich zum Hochdeutschen zu bemühen. An der Käsetheke bestelle ich nicht 300 Gramm von irgendetwas, sondern »30 deka«, wie es sich gehört. An der Talstation Skilift Reinswald hätte ich einen kleinen Discount für Einheimische herausschlagen können, wenn ich nur überzeugend genug *Oahoamisch* herausbrächte; berechtigt dazu fühlte ich mich nach fünfzehn, zwanzig Jahren und Dutzenden Besuchen im Tal durchaus.

Es gibt Tourismus im Sarntal, aber in Maßen; kein Vergleich zum Rummelplatz der Dolomiten. Von Abgeschiedenheit kann allerdings auch keine Rede mehr sein. Wie ein Staubsaugerrohr zieht eine Kette von Tunnels die Autos von der Stadt auf tausend Meter über Meer (und spuckt sie in umgekehrter Richtung aus). Drunten im Bozner Talkessel arbeiten und oben in Sarnthein wohnen ist eine Frage der guten Busverbindung (vorhanden) oder des Autos (reichlich vorhanden). Und doch, zu keiner Jahreszeit überwältigt der Strom der Touristen den Alltag im Tal. Nicht einmal um Ferragosto, wenn im Dorf die italienischen Gäste in Mengen herumflanieren, *Repubblica*, *Corriere* oder *Gazetta dello Sport* unter den Arm geklemmt, geländegängige Stiefel an den Füßen und schick und sturmfest in Outdoorklamotten gewandet. Weiter oben trifft man sie seltener an. Dort, auf den Wegen und den Gipfeln bleibt es selbst zur Hochsaison ruhig. Und es offenbart sich der unschätzbare Vorteil der Mittellage des Sarntals in Südtirol: das Rundum-Panorama, eine Drehbühne, auf der sich die Gebirgs-Stars drängeln, Ötztaler, Dolomiten, Ortlergruppe, Brenta, Adamello … An einem klaren Tag auf dem Gipfel der Sarner Scharte stehen und sich drehen – von mir aus auch die neunte Seligkeit.

Der touristische Blick sehnt sich nach Idylle, Unberührtheit, dem Alten und dem »Echten« – und all das so romantisch vor sich hin gammelnde Zeug muss natürlich un-be-dingt bestehen bleiben. Die Talbewohner sehen das naturgemäß nüchterner. In den zwanzig Jahren, die ich den Lauf der Zeiten verfolge, wurde manch urige Hütte kalt abgeräumt, sind verträumte Wildbäche für ein Mini-Kraftwerk trockengelegt, historische, gepflasterte Steige ausgeschabt und planiert worden, damit der Traktor bequem passieren kann. Es geht eben voran, und wohin, das wird man nachher schon sehen. Das ist im Sarntal wie anderswo; und wenn sie nicht aufpassen, sind sie irgendwann wieder ganz unter sich. Touristen sind eine treulose Bande und schnell beleidigt, wenn die Eingeborenen, Pardon, Einheimischen, und die Kulisse, in der sie herumspazieren, nicht mehr dem Bild entsprechen, das man so liebgewonnen hat. Denn schön ist es auch anderswo.

Die Wahl habe ich nicht (mehr). An einem Ort, wo man beginnt, Toilettenpapier zu kaufen, wo man weiß, an welchem Tag der Müll abgeholt wird; wenn die Telefonnummer des Installateurs (der hier »Hydrauliker« heißt) bei den Kontakten im Handy gespeichert ist: da hat man schon ein paar Wurzeln in den Boden getrieben. Wo man mit dem einen und einzigen Apotheker vom Tal immer wieder mal einen Kaffee trinken geht und Unbekannte einen grüßen: da ist man schon irgendwie angekommen. Allerdings: ein Narr, wer glaubte, er sei einer von ihnen. Das kann nur peinlich werden. Bindungen müssen erarbeitet werden – zur Not auch mit Messer und Gabel. Apropos: Ich schulde noch den »Geheimtipp« aus der Überschrift.

Es ist das Lokal »Andreas Hofer« in Sarnthein, ein Lokal, wie es kein zweites gibt. Andreas-Hofer-Restaurants und -straßen, davon hat es natürlich *en masse*; Hofer ist der Posterboy der Tirolität, egal ob in Süd- oder Nordtirol. *Tirol isch lei oans*: Es gibt nur ein Tirol, wie die Nationalisten sagen, die mit der Brennergrenze nie Frieden gemacht haben. (Ganz kurz: Der Hofer führte den Aufstand der Tiroler nördlich und südlich der Alpen gegen die Franzosen – und die Bayern, welche der ruchlose Franzosenkönig Napoleon einfach mit ins Verderben gezogen hatte, die halt irgendwie so mitliefen, die armen Hunde, zum Beispiel auch ins winterliche Moskau und in ihr Verderben. Andreas Hofer wurde in Mantua standrechtlich erschossen.)

Zum »Andreas Hofer« führt der Weg über die Dorfstraße von Sarnthein, die (wohlmeinend, aber völlig daneben) offiziell »Europastraße« heißt. Das Restaurant befindet sich im ersten Stock eines unauffälligen Wohnhauses; wenn ich die außenliegende Treppe hinaufgehe, sehe ich bereits durchs Fenster, ob *mein* Platz, *mein Tisch* bereits besetzt ist; was außerhalb der Saison selten der Fall ist. Ein kurzer Gang, ich stehe an der Tür zum Gastzimmer. Franz, der Wirt, oder Armin, sein Sohn, winkt mich durch zu meinem Platz: es ist ein Ecktisch für zwei im kleineren der beiden Nebenzimmer. Der Gastraum ist so niedrig wie ein gewöhnliches Wohnzimmer; links teilt der Pizzaofen den Raum, gleich neben dem Eingang befindet sich die schmale Schänke. Rechts voraus der Stammtisch, an dem der Maurermeister und der Bozner Bankdirektor im Ruhestand mit ihren Freunden Karten spielen. In ruhigen Zeiten hört man das gemütliche Ticktack einer mannshohen Standuhr und zur vollen Stunde den Big-Ben-Glockenschlag. Da nervt kein *Design* und kein *Style*, kein *Ambiente* oder *Konzept*; an der Wand hängen Fotos von Fußballmannschaften, Düsenjägern des italienischen Militärs und Aquarelle lokaler Motive eines sehr guten einheimischen Malers.

Der Franz legt mir jedes Mal ohne Fehl und Tadel die Speisekarte hin, obwohl ich doch seit Jahr und Tag nichts anderes als einen Calzone und ein Bier bestelle. (Der Calzone ist eine mit Topfen und scharfer Salami gefüllte Pizzatasche. Nirgends habe ich je einen besseren gegessen; außer vielleicht bei *Zio Alfonso* in Bozen, aber die treiben es auf die Spitze, indem sie den ganzen Calzone in Olivenöl frittieren.) Ich sage also: einen Calzone, gut durch, und ein Bier bitte, was der Franz für den Pizzaiolo übersetzt: *Calzone, ben cotto.* Zu den Zeiten, in denen der gewissenhafte Franz sich guten Gewissens an den Stammtisch setzen kann und ein bisschen in die Karten schaut – aber mit Schürze um, also noch im Dienst –, vergehen nur wenige Minuten, bis er mit dem Calzone wieder da ist; vielleicht eine oder zwei Minuten später als technisch möglich; aber der Zuschlag ist dem *ben cotto* zu verdanken. Ein Klecks Tomatensugo verdeckt die rußgeschwärzten, papierdünnen Teigblasen auf dem halbmondförmigen, dampfenden und duftenden Laib, dessen Enden ein wenig über den Teller hinausspitzen. Und alles passt: das, was auf dem Teller ist, zu dem, der davor sitzt. Dass ein Franz einen italienischen Calzone in einem Wirtshaus serviert, das »Andreas Hofer« heißt. Dass es bei allen lieben Gewohnheiten Überraschungen geben kann; denn auch in einen Calzone kann niemand hineingucken, ohne ihn aufzuschneiden.

Wer nun fragt: Wer ist der Idiot, der solch ein gastronomisches Kleinod mir nichts, dir nichts der Welt offenbart, mit allen negativen Folgen, die zu befürchten sind: der Niedergang der Küche unter dem Ansturm ahnungsloser Gäste, die Unmöglichkeit, einen Tisch zu bekommen, die Zerstörung der altgewohnten Gemütlichkeit, weil die Stammgäste, die hier stundenlang Karten spielen, verdrängt werden; und natürlich steigende Preise, denn da wäre der Wirt ja blöd, wenn er nicht mitnähme, was mitzunehmen ist. Derart ist unser kapitalistisches Wirtschaftssystem.

Dem also sei gesagt: Auch dieser Andreas Hofer ist Geschichte. Kurz bevor das ganze Coronaschlamassel begann, hat der Franz, nach kurzer Vorwarnung und zu allgemeiner Fassungslosigkeit und Verzweiflung, den Laden zugesperrt. Nach so vielen Jahrzehnten war es einfach genug, für ihn und seine Familie. Muss man, kann man verstehen, aber diese Lücke, diese riesige Lücke …

Also: Man lasse das Sarntal weiter links liegen. Es lohnt einfach nicht mehr. Zumindest für den, der die Wahl hat.

Nachweis

Der Verlag dankt folgenden Rechteinhabern für die Genehmigung zum Abdruck:

Balzano, Marco (* 1978, Mailand)
In den Katakomben (Titel von den Herausgeberinnen). Auszug aus: ders., *Ich bleibe hier.* Copyright © 2018 Marco Balzano. Published in agreement with Piergiorgio Nicolazzini Literary Agency (PNLA). Copyright der deutschsprachigen Ausgabe © 2020, Diogenes Verlag AG Zürich. Aus dem Italienischen von Maja Pflug.

Buol von, Maria (1861, Innsbruck – 1943, Kaltern)
Ein Heimatloser. Aus: dies., *Früchte der Heimat. Erzählungen aus Südtirol.* Erschienen in der Sammlung Hofenberg im Verlag der Contumax GmbH & Co. KG, Berlin.

Flöss, Helene (* 1954, Brixen)
Die Zwillinge. Aus: Johann Holzner (Hrsg.), *Kopf oder Adler. Andere Erzählungen aus Tirol.* Erschienen im Haymon Verlag, Innsbruck 1991. Copyright © 1991 by Helene Flöss.

Gatterer, Claus (1924, Sexten – 1984, Wien)
Über Geister und außerirdische Kräfte. Aus: ders., *Schöne Welt, böse Leut. Kindheit in Südtirol.* Copyright © Folio Verlag Wien–Bozen 2003.

Janitschek, Maria (1859, Mödling – 1927, München)
Poverino. Erschienen in: Richard Wenz (Hrsg.), *Meister-*

Novellen neuerer Erzähler, Hesse & Becker Verlag, Leipzig, 1910.

Köhlmeier, Michael (* 1949, Hard, Vorarlberg)
Die Expedition. (Titel von den Herausgeberinnen). Auszug aus: ders., *Spielplatz der Helden.* Copyright © 2014 Carl Hanser Verlag GmbH & Co. KG, München.

Koppelstätter, Lenz (* 1982, Bozen)
Der Commissario und die Berge. Erschienen in: Geo Special 03/2020: *Alpen – Auf in die Berge.* G+J Medien GmbH, Hamburg. Copyright © 2020 by Lenz Koppelstätter.

Lanthaler, Kurt (*1960, Bozen)
Die Partschinsa Purzinigelen. Aus: ders., *Der Nörgg, das Purzinigele und die Nichte der Nixe. Sagen aus Südtirol.* Copyright © Folio Verlag Wien–Bozen 2021.

Leon, Donna (* 1942, Montclair, New Jersey)
Zugfahrt nach Bozen (Titel von den Herausgeberinnen). Auszug aus: dies., *Auf Treu und Glauben.* Copyright © 2012, Diogenes Verlag AG Zürich. Aus dem Amerikanischen von Werner Schmitz.

Melandri, Francesca (* 1964, Rom)
Über den Brenner (Titel von den Herausgeberinnen). Auszug aus: dies., *Eva schläft.* Copyright © 2010 Francesca Melandri. Copyright der deutschsprachigen Ausgabe © 2018 Verlag Klaus Wagenbach, Berlin. Aus dem Italienischen von Bruno Genzler.

Parks, Tim (* 1954, Manchester)
Ein einfaches Zimmer (Titel von den Herausgeberinnen). Auszug aus: ders., *Stille.* Copyright © Verlag Antje Kunstmann GmbH, München 2006. Aus dem Englischen von Ulrike Becker.

Poschenrieder, Christoph (* 1964, Boston)
Acht Seligkeiten und ein Geheimtipp. Exklusivbeitrag für diese Anthologie. Copyright © 2022, Christoph Poschenrieder.

Righetto, Matteo (* 1972, Padua)

Auf Bärenjagd (Titel von den Herausgeberinnen). Auszug aus: ders., *Das Fell des Bären*. Copyright © 2013 Matteo Righetto. Published in agreement with Piergiorgio Nicolazzini Literary Agency (PNLA). Die Rechte an der Nutzung der deutschen Übersetzung von Bruno Genzler liegen beim Karl Blessing Verlag, München, in der Penguin Random House Verlagsgruppe GmbH. Aus dem Italienischen von Bruno Genzler.

Rosendorfer, Herbert (1934, Bozen – 2012, ebd.)

Die Menschen von Tschagoi (Titel von den Herausgeberinnen). Auszug aus: ders., *Martha. Von einem schadhaften Leben*. Mit freundlicher Genehmigung der Herbig Verlagsbuchhandlung Stuttgart. Copyright © 2014 in der Langen Müller Verlag GmbH.

Tucholsky, Kurt (1890, Berlin – 1935, Göteborg)

Ein Ehepaar erzählt einen Witz. Erschienen in: ders., *Gesammelte Werke in zehn Bänden*. Band 9. Rowohlt Verlag GmbH, Reinbek bei Hamburg, 1975.

Zoderer, Joseph (* 1935, Meran)

Wir gingen. Aus: ders., *Der Himmel über Meran*. Copyright © Haymon Verlag, Innsbruck 2005.

Donna Leon
Flüchtiges Begehren

Commissario Brunettis
dreißigster Fall

Roman · Diogenes

Aus dem Amerikanischen von Werner Schmitz
320 Seiten
Auch erhältlich als eBook, Hörbuch und Hörbuch-Download

Samstagabend auf dem Campo Santa Margherita. Nach einem Drink lassen sich zwei Touristinnen von ein paar Einheimischen zu einer Spritztour in die Lagune verführen. In der Dunkelheit rammt das Boot einen Pfahl, und die Amerikanerinnen enden bewusstlos auf dem Steg des Ospedale. Warum alarmierten ihre Begleiter nicht die Notaufnahme, wenn alles nur ein Unfall war? Je hartnäckiger Brunetti ermittelt, desto näher kommt er einem Monstrum, vor dem sich selbst die Mafia fürchtet.

Roman
272 Seiten
Auch erhältlich als eBook

Wer ist schuld am Ersten Weltkrieg? Im Jahr 1918 wird die Frage immer drängender. Da erhält der Bestsellerautor Gustav Meyrink in seiner Villa am Starnberger See ein Angebot vom Auswärtigen Amt: Ob er – gegen gutes Honorar – bereit wäre, einen Roman zu schreiben, der den Freimaurern die Verantwortung für das Blutvergießen zuschiebt. Der ganz und gar unpatriotische Schriftsteller und Yogi kassiert den Vorschuss – und bringt sich damit in Teufels Küche.

Roman
Aus dem Italienischen von Peter Klöss
320 Seiten
Auch erhältlich als eBook, Hörbuch und Hörbuch-Download

Sie lassen die eigene Familie zurück, um sich um
fremde Menschen zu kümmern – die Frauen aus
Osteuropa. Daniela ist eine von ihnen. Sie arbeitet
in Mailand, rund um die Uhr, ist zuverlässig und
liebevoll als Pflegerin und als Kinderfrau. Doch je
mehr sie fremden Familien hilft, desto heftiger
vermisst sie die eigenen Kinder. Als ihrem heran-
wachsenden Sohn etwas zustößt, muss sie eine
Entscheidung treffen.

»Jede Art zu schreiben ist erlaubt –
nur die langweilige nicht.«

VOLTAIRE

Auf **diogenes.ch/newsletter** erfahren Sie zuerst von Neuerscheinungen und Neuigkeiten unserer Autoren.

Oder schauen Sie hier vorbei: